# 大學生了沒

## 聰明的讀書技巧

THE **STUDY SKILLS** HANDBOOK

作者 Stella Cottrell　譯者 洪翠薇

## 緒論 1



## 第一章 為大學作準備 11

## 第三章 智力與學習 75



## 第四章 C.R.E.A.M. 學習策略 97

## 第五章 團體學習與合作 157

## 第六章 研究技巧 187

## 第七章 學術寫作 237

## 第十三章 計畫你的下一步 455

# 緒論

學習大綱

- 本書的學習目標。
- 深度學習 & 速成祕訣。
- 如何使用本書？
- 本書該從何讀起？
- 七種學習的好方法。

# 01 本書的學習目標

Introducing

**本書的學習目標**

- 幫助你事先了解高等教育（大學或專校）。
- 鼓勵你想想自己已經擁有的技巧，那是你在學生或工作生涯中都會需要的東西。
- 提供資源，幫助你評估、反省，並成功達成學習。
- 提供技巧建議，幫助建立積極正面的學習方式和良好的學習習慣。
- 對於令許多學生都感到頭痛的活動，提供處理的對策。
- 幫助你更了解學習、智力和記憶如何運作，以及如何建立批判式和分析式的思考風格。
- 讓你了解，一個學生的成功並不只在於「聰明」。就像在其他領域達到成功一樣，**對任何學生來說，良好的成績都是可以達到的**。

## 深度學習 & 速成祕訣

就讀高等教育所需要的學習技巧，只有透過高等教育的學習才能獲得。這好比不可能會有一隻已長大的雞，從蛋裡跑出來一樣，學習技巧也不可能一夜成熟。**學習技巧要透過練習、嘗試、犯錯，以及他人的意見和自我反省等動作，在你經歷課程不同的階段時，逐漸發展成熟**。你可能會很驚訝，單靠**持續的學習**，就能增長你的思考和語言能力。

確實有一些基本的方法，能讓你從一開始就打好基礎，幫你找到捷徑，加快學習過程。這本手冊的內容，是根據十年來，從學生實際學習的經驗中發展出來的。本書的要旨，已經廣被教師和學生所採用，他們提供了各方面的意見，對本書貢獻良多。

懂得**自省**、**積極**和**自我評估**的**深度學習**方法，長期下來能幫助你建立更深的理解力，而**速成祕訣**對學生來說也很珍貴，尤其是要應付緊急需要時。**「速成祕訣」和「深度學習」，這兩種方法本書都有提供。要符合你當前和長期的學習需要，就要在兩種方法之間有彈性地轉換。**

# 02 如何使用本書

How to use this book



這是一本只要你有需要，就可以隨時拿來瀏覽的指南，你也可以針對某個特定的方向閱讀相關章節。只要你覺得有助益，本書的各單元可以獨立閱讀。本書每一章都著重於一個不同的學習層面，不過隨著你的學習有了進展，你就會注意到，這些學習技巧其實是互相關聯的。建立某方面的學習能力，也會對其他層面有所幫助。

## ❶ 瀏覽「學習大綱」

每一篇開始的第一頁都會先列出學習大綱，瀏覽這個大綱，能幫助你決定自己需不需要閱讀這個章節。

每個章節談論好幾個主題，而每個主題都由會最上方的標題帶出，讓你更容易在翻閱時，迅速找到你需要的內容。

## ❷「省思日誌」

當「**省思日誌**」出現時，就是在提醒你在自己的學習日誌裡，記下你的想法。

## ❸ 善用「影印頁」

一些自我評估表、清單、計畫單和記錄單的頁面，可以複印起來重覆使用，你可以放大影印到 A4 甚至 A3 大小的紙上。將使用過的複印本和你

的「省思日誌」一起留下來，日後當作參考。在單元標題的右方，如果出現「 影印頁」的圖樣時，就是告訴你這一頁可以複印使用來做自我評量或計畫。

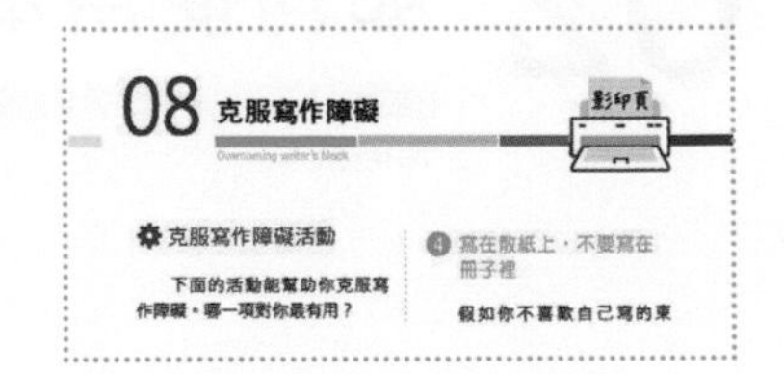


## 4 插圖和版面設計

書裡的插圖和不同的版面設計，主要功能是用視覺幫助加強記憶。即使你不太會畫圖，你也可以在自己的筆記裡使用類似的圖示，當作視覺上的提示。（這也能幫助你更快找到你要的東西。）圖案帶來的變化性，也能透過不同的感官，促進學習效果。〈第 10 章〉有更多相關的說明。

## 5 自我評量問卷

自我評量問卷能以下面兩種方式幫助你：

- ✔ 將主要的學習技巧，細分成次要的小技巧。
- ✔ 讓你能明確地找出是哪些元素使某個學習技巧顯得困難，並注意到你過去遺漏了什麼步驟或活動。

如果問卷能幫助你找出缺少的東西，有時候光只是看過一遍就夠了。利用這些問卷控管學習的進程，並找出你的強項。

## 6 具挑戰性的章節

不要被看起來困難的章節或不知道的字嚇跑了。有些章節你可能要閱讀好幾次，但這對進階的學習來說，是很正常的。當你看這樣的東西幾個星期、並經過思考之後，裡面的想法和字彙就會變成你的日常用字。

認識專門用語和基礎理論，能增強你的學習功力。這能使你的思路更敏銳，讓你能更精確地描述事物，並改善你整體的表現。

# 03 本書該從何讀起？

Where to begin



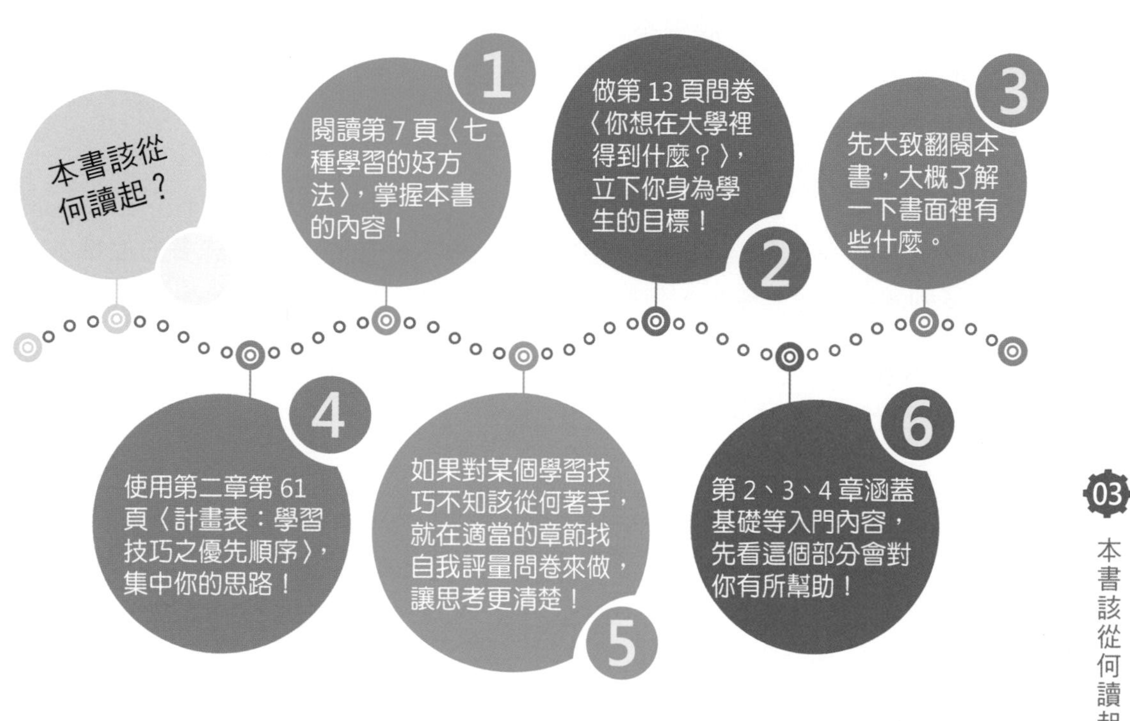




## ❶ 如果你想申請大學，或不了解大學生活

從〈第 1 章：為大學作準備〉開始看起，能讓你對於大學種種有一些概念，並幫助你判斷自己是否準備好要上大學了，還針對如何為第一學期作準備提供建議。〈第 4 章〉也會有這方面的幫助。如果做到以下的步驟，也會對你有幫助：

- ✔ 找出你現有的技巧和特質（見 55–60 頁）
- ✔ 檢視你的動機：我想從大學得到什麼？（見 13 頁和 148 頁）
- ✔ 建立閱讀的自信（見 197–208 頁）
- ✔ 建立寫作的自信（見 239–250 頁）

## ❷ 如果你完成了高等技術文憑或中等教育

那你可能會發現每一章前面的部分，可以很快地看過去。第 4、5、8、9、10、11 章，對你來説可能是最實用的。如果你覺得讀一本使用圖像當作學習工具的書，讓你不太自在，請看第 88 頁和第 11 章關於「記憶」的部分，應該會更能理解這種學習方式。

## ❸ 有閱讀障礙的學生

高等教育中，有些學生有閱讀障礙，這本書在設計時，許多方面都有考量到閱讀障礙的學生，包括：

- ✔ 內容
- ✔ 視覺圖像的使用
- ✔ 版面設計
- ✔ 對結構的重視
- ✔ 使用多種類、利用不同感官的學習方法

## ❹ 設下自己的步調

如果你已經好一陣子沒學習，或覺得學習困難，那麼對自己仁慈一點。要適應高等教育的環境，建立學習習慣，尤其是學術性的寫作技巧，需要花時間練習。 大學第一年的成績不一定會計入總成績內，這表示你將有時間練習、改進。

## ❺ 找出自己的學習方式

成功的學習有許多途徑，去試驗、探索、發揮創意，找出最適合你的方式。〈第 2 章〉到〈第 4 章〉鼓勵你找出屬於自己的學習模式，並對於如何在學習上試驗，提供了一些建議。

# 04 七種學習的好方法

Seven approaches to learning



## ❶ 學習可以像冒險

如果你覺得有壓力或很無趣，學習會變得很困難。本書鼓勵大家講求效率，不要被道德的迷思困住，找出讓學習更有趣的方法。學分班可能會花上好幾年，所以你要找出學得開心的方法。

兒童不需要太努力，就能學到很多東西，他們只靠放鬆、觀察、遊戲、角色扮演、動手嘗試、犯錯，以及對事物的熱忱。他們不將挫折視為失敗，也不擔心其他人的眼光，也不會對自己說洩氣話。當一個小孩跌倒時，他會爬起來再往前進，最後走路就變得簡單了。成人也可以用這種方式學習，只要他們願意讓自己這麼做。



## ❷ 使用不同的感官

我們越使用自己的視覺、聽覺和觸覺，越多用細部的肌肉動作來看、說話、寫字、打字、畫圖或動身體，我們就提供大腦越多機會，運用自己喜愛的感官方式，來吸收訊息。

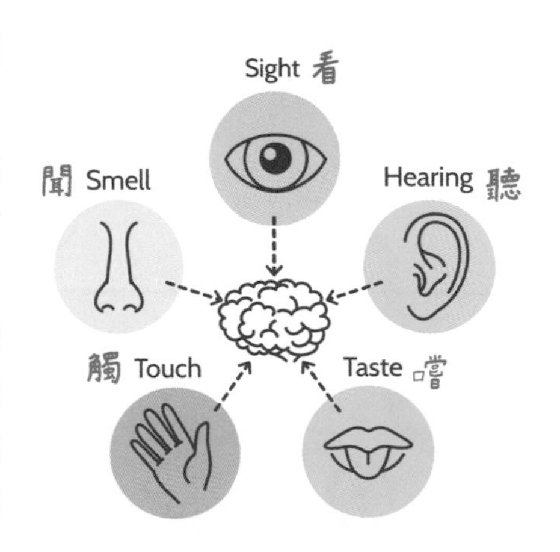


使用多種感官，也會給大腦更多連結和聯想，讓你事後能更容易找到你要的資訊，這能幫助記憶和學習。本書鼓勵你充分使用你的感官，並將動作融入你的學習中，這會讓學習更容易，而且更有趣。

## 3 找出吸引你的東西

**想著你想要的結果，會比強迫自己只是為了盡責而念書來得容易。**學習的某些部分可能不是那麼吸引你，像是寫論文、趕作業期限、參加考試等等，不過這些事通常也能帶來最大的滿足感和回報。

你可以找到學習中有什麼層面是吸引你的，例如想像你在一個巨大的電影銀幕裡，享受著學習，或想著你之後得到的回報。聽自己的聲音告訴自己，你現在達到了什麼成就。你的想像力會抓到那些誘因，想盡辦法讓它成真。

## 4 積極學習

當我們積極參與時，對學習的了解會更深刻：

- ✔ 用得到的訊息玩文字遊戲
- ✔ 努力去了解意義
- ✔ 嘗試不同的選擇
- ✔ 做決定
- ✔ 將訊息互相連結

因此，**本書有大部分的篇幅要求你「做」點什麼，來增進你對某個主題積極投入的程度。**

## ❺ 對自己的學習負責

你在〈第 1 章〉會看到，大學通常都期望你做好靠自己學習、不仰賴他人的準備，尤其是像拼字或文字之類的基礎。身為大學生，你將被要求為自己的學習負更大的責任。

你能對自己表示負責的方式，就是確認自己對即將面對的學習階段真的做好了準備。許多學生在進入大學時，並沒有做好適當的準備，而這可能會使學習變得更有壓力、更困難，也會減損自信。所以，要確定自己做好了準備。

## ❻ 相信自己的腦力

許多學生擔心自己是否不夠聰明，無法應付課程；有些人之前在校的成績不理想，擔心自己沒有當好學生的「天分」。像這樣的恐慌只會讓學習變得更困難。

因此，本書將腦力（見第 3 章）和壓力（見第 12 章）列入討論。許多學生原本在國高中表現並不理想，但他們藉由下功夫準備，在大學表現得很好。

## ❼ 認識你的學習喜好

每個人都有一套自己獨特的學習方式，不過大家也有許多共通的地方。有些理論家將大家分類，像是「視覺派」、「聽覺派」、「動覺派」，或是「內向」和「外向」，有許多像這樣的分類方式。然而，重要的並不是在於找出你屬於哪一「派」，而是找出哪些不同的元素，能幫助你達到最佳的學習效果。

如果你將自己歸到某一「派」之下，你可能會受到那一派的局限。你可能會被這種形象困住，然後一直將自己視為「偏重視覺的內向派」，或「混亂的外向派」，這可能會讓你的學習方式變得不知變通。**你真正需要做的，是去嘗試那些你還沒充分利用的各種策略及技巧**。人腦很能靈活變通，有能力的學習者，能夠視手邊的工作而定，輕易在不同學習策略、風格之間轉換。

明白自己怎麼學習，效果會最好，這樣才能將新學到的東西，融入自己現在的學習方法中。你也能更清楚看出自己在學校表現好壞的原因，看看教學方式是否符合你個人的學習偏好。

# 第一章

# 為大學作準備

**學習大綱**

- 評估你是否已為大學做好準備？
- 了解你在高等教育將會碰上什麼，以及學生生涯將面對什麼？
- 探討你的焦慮和應變能力。
- 為大學做準備，讓自己準備好接受它提供的東西。
- 了解在高等教育獨立學習的重要性。
- 了解數位學習如何運用在高等教育的學習上。

# 01 自我檢測：你準備好迎接高等教育了嗎？

Are you ready for higher education?

❤ 下列的清單裡，你有越多項目符合你的情況，你就越可能已經為高等教育做好準備。在符合你的敘述前的框框裡打勾。

- ☐ 1 你在中等教育程度的課程裡整體表現良好，而且所讀的科目和你進大學進修的科目有關。
- ☐ 2 中等教育對你來說，讀得不算太辛苦。
- ☐ 3 你想要讀的課程，與你目前的職業和工作相關（例如，以護士身分讀護理的學士學位）。
- ☐ 4 你有普通中學教育證書，許多課程需要用到的數學你也會。
- ☐ 5 你常閱讀程度較高的文字，例如每週讀一份大報，一年讀個幾本書（不管是用看的，還是聽有聲書）。
- ☐ 6 你最近有寫論文、報告、企畫案或類似程度寫作的經驗。
- ☐ 7 你對於大部分時間靠自己努力、不仰賴他人的方式，有足夠的自信（大學可能會對於海外或身障學生提供特殊幫助）。
- ☐ 8 你覺得自己對於本章〈7. 大學的各種教學方式〉所描述的學習環境，已經做好了準備。
- ☐ 9 你能夠面對本章〈19. 自我檢測：焦慮與焦慮的原因〉中所敘述的焦慮。
- ☐ 10 你能將你的個人技能，轉化成學習上的技巧。（見 60 頁）
- ☐ 11 你的打字或文書處理技巧很好。
- ☐ 12 你對使用圖書館感到很自在。

如果你打勾的項目很少，這可能表示你低估了自己，或者你需要更多準備。和在學校服務的工作人員談談，或找你的高中、當地大學的老師、學生顧問、大學的入學處，跟他們討論上列的清單中你覺得比較弱的部分。最重要的是，在你開始之前，要覺得自己已經準備好了，腦力上、情緒上和經濟上都是，不要匆忙趕著進入大學就讀。

# 02 自我檢測：你想在大學裡得到什麼？

What do I want from university?

我們的想像力是很有力量的。試試看「不要」去想著某件事，例如想想你是不是忘了關家裡的瓦斯爐，你會很快發現，想像力多輕易就讓你看到你家被燒個精光的景象！你只要給想像力一個開端，它就會自己活動起來。

你能夠透過許多方式用，運用想像力來幫助學習。思考一下，五年之後的你，會希望自己在大學有什麼成就？你可能會發現，在你發揮想像力之際，自己對日後工作或校園的活動方向，將會有所改變。你也可以日後在不同的時間，回頭來看這份自我檢測，看看你之前重視的東西有沒有改變。

想像五年後的自己在回想大學時的成就，從未來的立場，將表格內的成果，按照你覺得重要的程度以數字排序。現在，這些順序對於你在大學該如何運用自己的時間，傳達了什麼樣的訊息？好好享受這本書帶來的樂趣，還有你的大學時光吧！

| | 我想在大學裡得到什麼？ | 重要順序 |
|---|---|---|
| 1 | 交到好朋友 | |
| 2 | 拿到好的學位 | |
| 3 | 充分利用大學資源 | |
| 4 | 發展新興趣 | |
| 5 | 發展對找工作有幫助的技能 | |
| 6 | 學會與人更融洽地共事 | |
| 7 | 學會表達自己 | |
| 8 | 過得很開心 | |
| 9 | 對自己更了解 | |
| 10 | 學會更佳的思考和推理技巧 | |
| 11 | 開發自己的創意 | |
| 12 | 照顧好自己身心的健康 | |
| 13 | 擔任需要負責的職務 | |
| 14 | 學會以成人的方式有效率地自我管理 | |
| 15 | 增長自己的智慧 | |
| 16 | 學會以冷靜的態度來處理強大的壓力 | |
| 17 | 學會如何在工作、友誼和家庭之間取得平衡 | |

# 03 為課程作準備

Preparing for courses

本章談到如何為大學的第一個學期，在實質上和心理上作準備。如果你已經知道在高等教育會面對什麼，你可能會想快速翻閱過本章；如果你正就讀成人教育或高中，你可以將本章留到以後再看；不過你也可能對大學不太了解，而且好奇大學是什麼情況？你能不能應付？你是否準備好了呢？假如你離開學校已經好幾年了，或是家裡第一位上大學的成員，更會有這些想法。

在大學學習，有一些地方和中等教育或專校是很不同的。接下來的內容，將帶你大致認識可能碰到的情況。本章第一單元〈**你準備好迎接高等教育了嗎？**〉可以當作準則。如果你幾乎都準備好了，下面也有一些建議，可以讓進入大學的過渡期輕鬆一點。

在課程開始前做好準備，對你會很有利。一般來說，大學對於較基礎的部分，並不會提供太多幫助來幫你「補強」，而是期望你自己做好準備。看看本章〈**1. 自我檢測：你準備好迎接高等教育了嗎？**〉的清單：在你進入大學之前，如果你能做到這些選項都能回答「是」，將對你大有幫助。

不要急著想接觸你還沒準備好面對的學習領域——你可能會付出很大的代價，不論是金錢、壓力、健康或人際關係上都是。當地的成人教育學校，可能會提供「入門」和其他銜接大學的課程，或者大學本身可能也會提供「基礎學年」的學習。空中大學就有提供函授教育課程。也有一種兩年制的「基礎學位」，將以工作為基礎的學習融入其中，可以銜接到正式學位的課程。

換句話說，現在有許多進大學的不同管道，大學或專校批准入學許可的教職員，能針對哪種管道最適合你來提供建議。

# 04 如何選擇課程?

Choosing your subject

## ❶ 找出合理的進程

根據你之前所接受的教育與訓練，選擇一個合理銜接的學分課程，這會是明智之舉。這能確保你擁有適當的基礎知識、需要用上的行話知識，以及在面對該課程時所需的其他技能。也有可能你會碰到自己沒有適當基礎的課程，如果遇到這種情形，就詢問課程批准的導師，看看你要如何趕上進度，可別低估了可能需要做的額外功課。

## ❷ 檢視課程內容

仔細閱讀課程大綱，並找出你要做些什麼，有時課程的標題會誤導方向。舉例來說，有的課程看似很具創意或很實用，但其實它們遠比聽起來的感覺還重理論性。幾乎所有的課程，都會包含大量的**閱讀**和**寫作**。

## ❸ 建立協調一致的學習計畫

有些大學容許你綜合學習差異性很大的課程。這可能會讓學習比較有趣，但整體來說，也會增加很大的負擔。相關的科目會相互補足，負擔也會因此減輕，也能對該科目有更深的了解。

## ❹ 將工作機會列入考慮

假如你想從事某個特定的行業，要確認你選擇的課程是受該行業認可的。舉例來說，並不是所有的教育或心理課程都被公司行號接受，如果你有任何疑問，可以和職業顧問或大學入學許可導師談談。某些大學設有諮詢中心，針對成年學生該選哪些課程？需要修哪些預備課程？先前學的課程是否受這個學位承認？諸如此類等等問題，提供指導。

# 05 如何選擇適自己的大學？

Choosing a university

每一所大學，都有各自的特色和行事作風，所以要針對你感興趣的幾所大學，深入了解細節。

## ❶ 看看校方簡介

學校官網、維基百科、學校圖書館、當地公共圖書館或就業服務處，會有學校簡介和聯絡地址。

## ❷ 找個非假日的時間，去和入學指導老師談談

和入學指導老師談談，了解一下課程的實際內容，例如你的研討會和個別指導團體會有多少人參加？他們使用什麼教學方法？

## ❸ 拜訪大學校園

在系所附近看看，尤其是圖書館，他們組織良好嗎？教職員是否友善？你想在那裡學習嗎？有些大學在主要校區以外一段距離的地方，會另外設有的校區，先弄清楚你會在哪裡上課？

## ❹ 你要住在哪裡？

確認住宿情況，考慮交通工具，你要怎麼從住處到達上課的地方？

## ❺ 考慮到日常生活

你在這裡會覺得自在嗎？能夠融入嗎？要選擇在求學期間應該會讓你過得快樂的地方。

# 06 大學新鮮人須知

The student's year

學年通常在九月開始，新生應先了解學校各方面的須知，拿到學期講義，得知交作業的時間和方式，並得到學生社團和活動的相關訊息。要空出時間參觀學生社團和活動，因為這很重要。

## 1 選擇課程

你可能要選擇不同程度的單元課程或選修課，綜合起來成為你的學位課程。選擇一系列的單元課程，最終目的是拿到某個特定的資格，例如建築或社工的學位。

## 2 教師

你可能一整個學期甚或一整個學年的課程都一樣，你也會有一名學年導師或個人導師，他會關切你的整體學習狀況。假如你遭遇生活或課業上的問題，可能讓你無法完成學業，就找你的導師談。

## 3 評分

不同課程的評分方式，也會有所不同。有些課只根據作業評分，有些根據考試成績，更有些是根據作業和考試綜合評比。考試通常在每學期末舉辦，不過有些課會把考試留到一學年的最後。假如你的課依作業成績評分，你可能要交論文、報告、個案研究或企畫，或向你的研討會小組作口頭報告。

## 4 繳交作業：期限和延期

嚴格遵守交作業期限很重要，但事先提出正當理由要求延期，是有可能被允許。如果出現不可抗拒的因素，你可以要求向考試委員會當面提出解釋。假如有任何錯過期限的可能性，遇上了特殊狀況，例如家庭或健康因素，一定要馬上和老師談。你拖得越久，老師將你的個人狀況列入考量的機率就越低。

## 5 暑假

在七月到九月之間，會有一段時間讓你可以趕上學習的進度，重考不及格的考試，替下個學期做準備，好好休息。還有，對許多學生來說，這也是打工賺錢的機會。

# 07 大學的各種教學方式

Teaching methods

教學方式有許多種類，而且大學使用的教學方式變得越來越有彈性，所以你可能會碰上風格迥異的教學方式，例如：

## 1 講座

講座根據課程和科目而有所不同，第 228–230 頁有相關細節。不過一般情況為：

- 班級大小：50 到 300 人
- 長度：1 到 3 小時
- 每週：5 到 20 小時
- 沒有個別指導

每個單元或選修科目通常會有一系列的講座，你可能會在每個單元和不同的學生分在一起。當講師說話、把筆記唸出來，或是在投影機的銀幕上播放資料時，學生會仔細聽並做筆記。有些講師鼓勵學生提問題，課堂上還會有小活動，而有些則沒有。有時候講座是透過觀看影片來教授，或是從另一個校區傳送過來。

## 2 個別指導

個別指導通常用來針對你的成果提供意見，並討論你整體的進展。它可能是講師唯一能就學習問題幫助你的時間，所以事先準備好你的問題是很重要的。

- 班級大小：小團體或一對一
- 長度：通常最多 1 個小時
- 頻率：可能每學期一到兩次

## 3 研討會

通常會包含團體討論，內容為課堂上談的主題，或是指定閱讀的內容。開始討論時，通常會要求一名或一組學生在大家面前發言。即使你不是被指定發言的人，最好也要事前閱讀課堂上做的筆記和相關背景資料，為研討會做準備。相關細節見第 5 章。

- 班級大小：12 到 30 人
- 長度：1 到 3 個小時
- 每週總時間：視情形而定，一般是一週一到三次。

## ❹ 分組作業

可能會是分組討論或互相支援，或是做分組報告，學生通常要自己組成合作的小組。（見〈第5章〉）

## ❺ 職業實習課程

基礎課程和職業課程，會要求學生花時間上職業實習課。上課的時候，可能會有一名專校的講師或工作場所的人監督，或兩者都有。

## ❻ 實驗室、工作室的操作及實習

理科學生大部分的時間，可能都會在實驗室裡實際操作；藝術系學生則主要會在大學裡分配到的工作室裡工作，這類實務演練的份量會因課程而異。（見234–235頁）

## ❼ 遠距離教學

某些課程主要是在學習者家中進行，課程資料會經由郵寄或網路寄給學生，可能會經由信件、email、在當地中心進行視訊會談，或參加當地的會談等方式，來和導師接觸。

## ❽ 獨立念書

這是大學學習中最普遍、可能也是最具挑戰性的一項特色。除了排在課表上的活動，例如課堂，幾乎所有課程都期望學生利用其他時間自己念書。（見本章第13、14、15單元）

# 08 與教師的聯繫&大學的時程

Seeing lecturers & uni week

## 與教師的聯繫

大學講師會比高中或專校老師還要難找，畢竟教書只是他們其中一項工作。他們可能有研究要做、在其他大學有考試或講堂，也可能在別的地方當顧問；有些講師只簽訂一週教幾個小時的合約；而導師可能要和許多學生見面。基於以上這些理由，你需要事前提早約好。大學的學科領域或系所有自己的傳統，而即使是講師個人，也可能在行事作風上有特別強烈的偏好。你要注意這種現象，並注意你教師的偏好。（詳見 294 頁）

## 大學的時程

全職大學生一週的上課時數，可視為每個自修時數的標準。這表示你一週要花 35 到 40 個小時念書，包括在家或在圖書館獨自念書，以及學校排定的課堂。大學規畫時間的方式有很大的不同，有些課程要求學生一週上 15 個小時的課，並利用一週內其他時間，針對該科目做研究、閱讀、思考及寫作業。實用性課程可能一週只有 2 小時在上課，一學年內要寫的作業也很少，大部分的時間都花在職業實習上，或在工作室裡工作。

活動 1-1

❤ **大學的時程適合你嗎？**

- 如果你對於自己如何使用時間有很強烈的偏好，記得事先調查某個課程是如何分配一週的時間，以及它使用的教學方法是什嗎？

# 09 技能學習&檔案紀錄

Skills and personal development

## 技能學習

大部分的大學提供不同機會，讓你可以發展各種技能，但每所大學用的方式不同。大學提供許多機會，讓你培養責任感並獲得更廣泛的經驗與知識，善加利用這些機會，對你將有很大的幫助。當你應徵工作，你的雇主知道你有過這些機會時，他們會想知道你如何加以利用。找出雇主想要的技能和經驗，並製造參與的機會，尤其是找到方法發展：

- 人際關係技巧
- 解決問題的能力
- 創意思考能力
- 個人管理能力

## 學習的檔案紀錄

學習的檔案紀錄包含三樣元素：個人發展計畫、一份成績單，以及個人記錄。

### 1 個人發展計畫

大學會為各種程度的個人發展計畫，提供有系統組織的機會。每所大學處理這個計畫的方式都不一樣。多數的大學會提供以下的活動：

- 工作經驗
- 在當地學校諮詢
- 志工工作
- 當課程的「學生代表」

有些大學也會設計課程，增加個人發展的機會。舉例來說，校方可能會針對職業規畫、技能發展，或以工作為基礎的學習，提供助學貸款。可能也會有許多機會是可以透過學生社團、學生會或當地的團體獲得的。

## 2 成績單

當你畢業時，會得到一份成績單，上面有你成功完成的課程細節記錄。在某些大學，成績單上還會逐項記錄你在課程中發展的技能。

## 3 個人記錄

以對你和你未來的雇主有意義的方式，做一份自己的記錄，追蹤你的進步和成就。（更多細節可見第 2 章和第 13 章）你的個人記錄可以包括：

- ✔ 自我回顧的手札
- ✔ 一份記錄，裡面包含你在生活中和工作上建立技能的證明
- ✔ 一份記錄，裡面包含你在課外活動中建立技能和特質的證明
- ✔ 所修過課程的證書

# 10 進入大學之前的八個準備事項

Eight things before starting at university

## 1 熟悉這本書

先瀏覽這本書，大概了解書裡包含了什麼，以及書裡的什麼地方可以找到什麼東西。有些資料可能現在就對你有用，有些可能要等到你接觸到學習的某些層面才需要。

## 2 回顧過去的學習

寫一本學習日誌，見 108–112 頁。從做以下的活動開始：

**活動 1-2**

### ❤ 怎麼學習對你效果最好？

回想對你來說很輕鬆或很快樂的學習過程：它可能是在學校的某個科目，或是工作，或甚至是組合你的櫃子。在你的日誌裡，記下任何關於**為什麼**這項學習是輕鬆的原因。

是什麼讓它成為良好的學習經驗？是教學方式？你對該主題的興趣？因為它是視覺上的，還是用到了數字？或是因為每個步驟都很清楚？

你在〈第2章〉（第55到58頁）的活動筆記，可能會對這項活動有幫助。現在，回想一次困難或不愉快的學習經驗。寫下你的想法。

- 那次經驗中，發生什麼事是和之前美好經驗不一樣的？
- 有什麼能讓那次經驗好過些？
- 這兩次經驗，對於你怎樣學習效果最好有什麼啟發？

## ❸ 閱讀你收到的文宣資料

閱讀大學寄給你的每樣東西，像是手冊或科目指南等等。當學期開始時，你可能會變得太忙而沒空看這些，但其中可能會有很重要的資料。要特別注意：

- ✔ 關於學習開始時，你需要閱讀的課程讀物細節。
- ✔ 重要的日期，像是註冊日、選課時間、介紹週、和導師見面的時間、迎新日、交作業的期限、學期開始和結束的時間，將這些寫進日記裡，記住不要在這些時間安排別的事情，因為這些日期不太可能變動。
- ✔ 關於哪裡能得到幫助的資料。

## ❹ 設立「一般資料」檔案

在一份個別的檔案夾中，將所有你拿到的一般資料放在一起，像是關於大學常規、提供幫助的資源、碰到問題的申訴管道、學生社團及設備等等。你永遠不曉得自己什麼時候會用到這些東西。

## ❺ 熟悉圖書館

如果你不是圖書館的常客，就花點時間在當地的圖書館或當地學校的圖書館裡看看。很多學生擔心自己在圖書館裡會表現得很笨拙，尤其是使用圖書館裡的科技產品，像是電腦查詢書或微縮片，或是試圖弄懂索書號系統等等。

最好在學期開始前克服這些恐懼。圖書館管理員就是用來幫助不懂如何使用圖書館的人，如果你需要幫助，就找他們。

## ❻ 認識書店

在販賣學術用書的書店裡晃晃，找出和你科目相關的書放在哪個架上，並大略瀏覽這些書的作者和書名。了解一下新書展示在哪裡，還有訂書要花多少時間才能拿到。經常去書店看看有哪些新書，這能讓你大略了解你的科目領域中，哪些事物具有話題性。

## 7 開始建立你的學習技巧

如果你離開教育系統一陣子了，你可以利用以下的建議，來幫助你建立學習的習慣。本書相關章節的開頭，也列了一些有用的意見。

### 1 寫作

- ✔ 每天寫日誌（見 111 頁）。
- ✔ 練習從你在閱讀時做的筆記寫出短文。
- ✔ 見第 7 章。

### 2 電腦文書處理

如果你不熟文書處理，看看你能不能在當地的專校參加短期課程，或他們有沒有開放的電腦學習中心供你使用。在大學的課程裡，大概都需要用到文書處理。另外，如果你在大學開始前就練好打字的速度，對你有很大的幫助。

### 3 閱讀

- ✔ 如果你還沒有這個習慣，開始閱讀優質報刊吧。在你讀一篇文章時，記下裡面的重點，練習只寫幾個關鍵字，而不是寫完整的句子或從文章照抄。
- ✔ 閱讀具有挑戰性的書籍。選擇你很有興趣的主題。

- ✔ 以比平常快的速度看文章，即使你覺得自己沒有了解全部的意思。看看你是不是還能抓住文章的要旨。在快速閱讀下還能夠抓住大意，對學術研究是很有用的。
- ✔ 為你的課程作背景閱讀。在每個科目的範圍內，找出普遍或基本的東西來看，這能讓你對該科目有個概念，細節等以後再說。（見 197–208 頁）

## 4 習慣久坐看書

- ✔ 每週至少一到兩次，找出時間閱讀並寫作。
- ✔ 當你在閱讀時，準備紙筆放在旁邊，隨時寫下你的想法。
- ✔ 針對你讀到比較有趣東西，寫下幾句話。
- ✔ 幾天之後，回頭看看你寫了什麼，並加上進一步的意見、想法或細節。重新寫一份筆記，讓文字更通順。

## 8 做好準備

- ✔ 請看〈第 4 章：C.R.E.A.M 學習對策〉，了解如何安排時間和空間。
- ✔ 在學期開始前，安排好個人私事，並針對緊急情況做出備用計畫。
- ✔ 如果你對於註冊或開學日期有疑問，聯絡你的大學。
- ✔ 確認自己在介紹週的活動時間沒有安排其他事情。

# 11 自我檢測：你的個人資源有哪些？

What are my personal resources?

❤ 你有沒有想過自己能用的所有資源有哪些？試試利用關鍵字腦力激盪，在下面的圖表中加入自己的想法。如果你覺得自己可用的資源很少，你可以找指導老師談談，可能會有幫助。

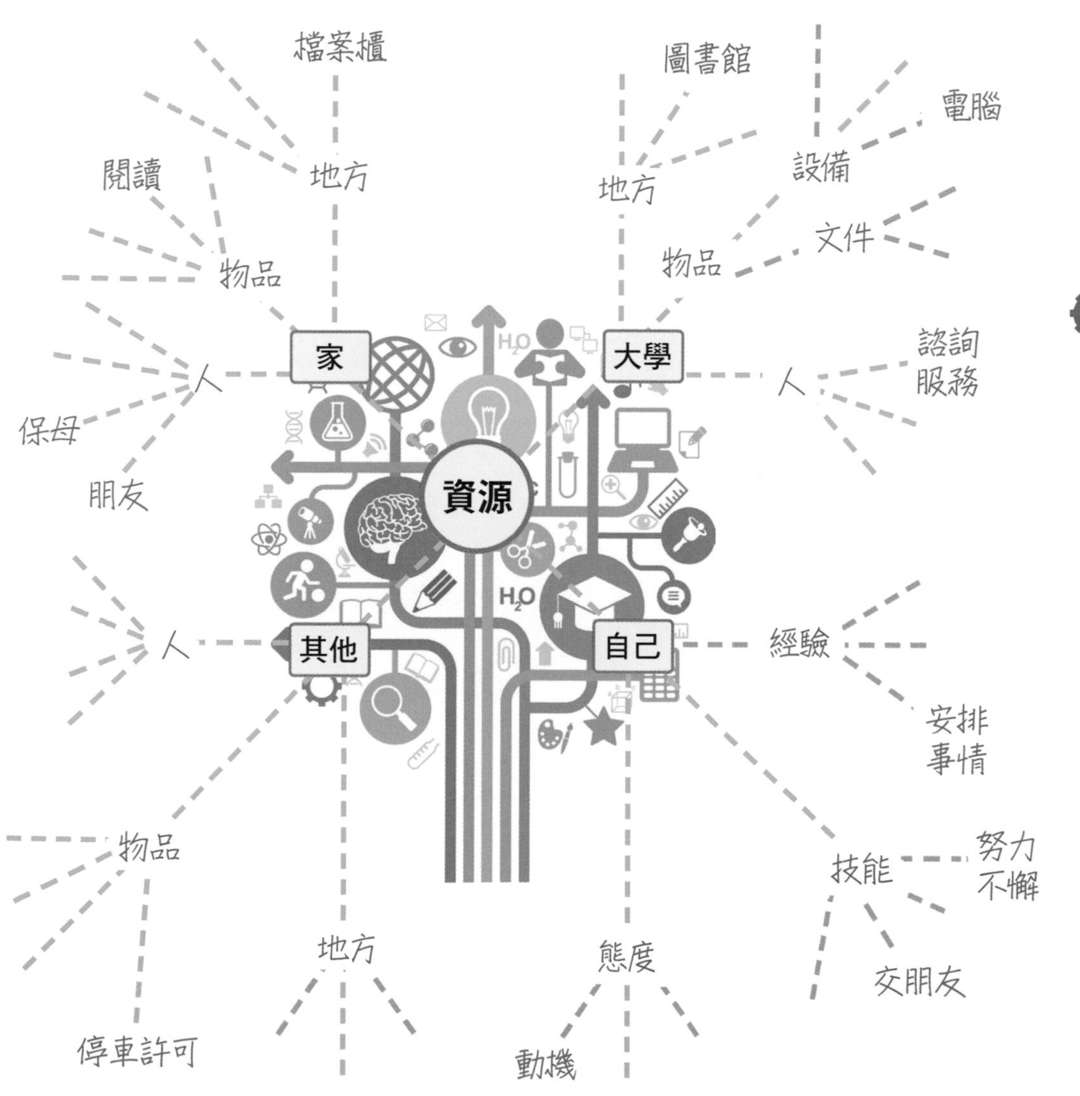

# 12 大學生應具備的能力

What is expected from you?

在大學不像你在高中一樣，每天從早到晚關在教室裡，老師會告訴你該做什麼。身為大學學生，你會被要求具備以下特質：

## ❶ 獨立

你要能「自立自強」。然而學校也有提供幫助，學生會和學生服務中心會有相關細節。

## ❷ 自動自發

你要能靠自己完成功課。

## ❸ 樂意與他人共事

你將需要和朋友一起規畫課程。

## ❹ 靠自己解決問題的能力

要面對大學的環境，你要能：

- ✔ 適應新面孔和新環境
- ✔ 在可能很大的團體中生存
- ✔ 學習方式要有彈性

## ❺ 設立目標，改善成果的能力

## ❻ 規畫時間的能力

你需要有追蹤時間的能力（見第4章）：

- ✔ 知道自己何時何地該上課、參加活動和考試
- ✔ 知道何時該交作業
- ✔ 遵守交作業的期限

## ❼ 找出自己何時、何地、用什麼方法學習效果最佳

# 13 什麼是獨立學習？

Independent study

獨立學習是所有大學課程的共同特色，份量和種類則因課程而異。

## 1 個人學習學程

在某些情況下，課程計畫是以個人需要為準來協調的，這種課程通常稱為「個人學習學分」。在這類課程中，學生個別規畫自己的課程計畫和時間表，主要利用各種資料來源學習。校方每隔一段時間會提供諮詢，但很少有教學課程。這些可能是跨領域的課程，跨越傳統科目的界線，而且通常是以研究為主。配合個人設計的學程，需要得到校方的許可或批准，以確保該課程與其他課程的水準與品質是同等的。通常，校方同意之後，會批准一份類似學習合約的文件。

## 2 一般學程的獨立學習

在大部分的課程中，「獨立學習」代表了在課堂之間的時間自己念書。一開始，你會得到比較多指導，不過可能還是比你在高中或專校得到的指導少。隨著課程的進行，對於學習過程你會有更多選擇，以及更大的個人安排空間。獨立學習的份量會逐漸增加，到你寫博士論文的時候，就幾乎全靠獨立學習了。

## 3 獨立的程度

每學年的每項課程，都會包含不同程度的獨立學習。獨立學習要做到什麼程度，要看以下的要素你能做到多少：

- ✔ 規畫自己的學分和學位
- ✔ 利用各種資源學習，而不單只靠課堂講解
- ✔ 對於單元課程或選修課有選擇空間
- ✔ 決定學習的步調

- ✔ 每週都要花時間獨立學習
- ✔ 要出席課堂
- ✔ 能選擇你要於何時何地學習
- ✔ 能選擇作業的題目
- ✔ 能選擇自己的成績如何被決定

獨立學習可以完全照你的喜好安排。大學給你很大的自由，讓你能依適合自己的方式去體驗學習。你的學習技巧越好，就越容易安排自由時間，這樣你就能在成功地獨立學習的同時，也學得愉快。是否能善加處理獨立學習的過程，就看你個人了。

活動 1-3

### ❤「獨立學習」讓你聯想到什麼？

想想你想要什麼樣的獨立學習？用鉛筆將你覺得和「獨立學習」相關的字打勾，把你想要補充的東西填入空白欄。

| | | | | | |
|---|---|---|---|---|---|
| ☐ | 1 | 自由 | ☐ | 13 | 追求自己的興趣 |
| ☐ | 2 | 單獨努力 | ☐ | 14 | 更少的指導 |
| ☐ | 3 | 有掌控權 | ☐ | 15 | 能隨心所欲 |
| ☐ | 4 | 被孤立 | ☐ | 16 | 靠自己努力 |
| ☐ | 5 | 良好的學習管理 | ☐ | 17 | 享樂 |
| ☐ | 6 | 時間自由 | ☐ | 18 | 尋求支援 |
| ☐ | 7 | 管理自己的時間 | ☐ | 19 | |
| ☐ | 8 | 自己創造成功 | ☐ | 20 | |
| ☐ | 9 | 失敗 | ☐ | 21 | |
| ☐ | 10 | 更少的幫助 | ☐ | 22 | |
| ☐ | 11 | 成熟 | ☐ | 23 | |
| ☐ | 12 | 責任 | ☐ | 24 | |

# 14 如何掌控你自己的獨立學習？

Independent learning: taking control

在高等教育中，大家會期望你夠成熟，能在沒有老師指導的情況下，長時間靠自己學習。要達到這個目標，你會面對比高中、專科更多的責任。這可能會讓你覺得自己的學習缺乏組織，也可能讓你感覺得到解放，因為你有更多的自由，能以適合自己的方式學習。要好好利用這一點，就要對自己的學習深入了解，才能學得更有效率（相關細節請看 87–94 頁和〈第 4 章〉）。

## 1 做選擇

你要負起責任，在課程範圍內，合理地選擇選修課程，以及計畫課外活動。你的選擇會影響到你的課程，以及未來的職業。這可能很令人緊張，但也會讓你覺得十分興奮，因為你能對自己的人生有更多的掌控。

學校寄給你的文宣資料上，通常會清楚告訴你如何做選擇，以及如何尋求幫助。校方會提供指導，但你要自己去了解何時何地能得到指導，也要自己閱讀你拿到的資料。

## 2 尋找資源和支援

你會收到一份列出書目、可用設備和支援來源的建議，通常這些資料會印在手冊或類似的文宣資料中發送給你。然而，這些建議在你需要知道的資料中，只佔了一部分。你將要自己找出：

- ✔ 需要進一步閱讀哪些資料？
- ✔ 有哪些資源可利用？
- ✔ 校方提供了哪些支援？
- ✔ 何時該利用這些東西？

在高中或專校時，老師會告訴你：

- ✔ 該讀書裡的哪幾頁？
- ✔ 要怎麼解讀作業題目？
- ✔ 要怎麼理解你讀到的東西？
- ✔ 作業裡要包含哪些資料？
- ✔ 要如何組織你的回答？

然而在大學裡，會要求你自己進行許多這類的工作。你將需要另外花時間，去仔細思考這類問題。

## ❸ 時間管理

課表上的活動，只會佔掉你一小部分的時間。你將負責在課堂和交作業的期限之間，安排你自己的時間。

一開始，這可能會顯得很困難，尤其是遲交作業的藉口，老師大多不會接受。如果你錯過交作業的期限，可能要重修部分或所有的課程。因此，良好的時間管理技巧是必備的，相關細節請見 129 到 141 頁。

## ❹ 持續努力

當你靠自己念書時，集中注意力以及維持你的動力很重要。你的動力隨著時間改變，是很自然的事，這一點不需要擔心，但事先思考和計畫會比較好。大多數人都覺得別人的支持，能幫助維持他們的動力。請見「動機的學習」（第 146–153 頁）和「學習支援網絡」（第 164–165 頁）。

# 15 獨立學習的好處＆挑戰＆風險

Benefits, challenges & risks

| | 好處 | 挑戰 | 風險 |
|---|---|---|---|
| 1 | 更能控制自己的學習時間 | 要有效地安排時間<br>要趕上交作業的期限<br>要有效利用閒暇時間，增加有利的個人經歷 | 可能會失去時間觀念<br>浪費時間<br>低估念書會花多少時間<br>忘記做該做的事<br>錯過重要的作業期限 |
| 2 | 更能控制自己的閒暇時間 | 要能區別閒暇時間和獨立學習的時間<br>要分配出時間來放鬆、休息，並玩得開心 | 把閒暇時間都拿來念書<br>錯把沒課堂的時間都當成閒暇時間<br>錯過拓展對將來應徵工作有利的個人經歷 |
| 3 | 對於念書的時間和地點有更多選擇 | 要幫日常生活建立固定模式<br>要安排一個念書的時間<br>要配合不同的學習活動，找出最佳的時間地點 | 無法認真靜下來念書<br>無法創造出一個讓你能不間斷地念書的學習環境 |
| 4 | 對於學習方式有更多選擇 | 要針對不同的挑戰，辨別出你的學習方式<br>要為你的學習和目標的達成負起責任 | 不願意花時間探索、發展自己的學習方式<br>照你最喜歡、卻不是對你最有益的方式去進行（假如兩者不同的話） |
| 5 | 對於你自己的成功負起更多責任 | 要找出你學習的障礙，並去解決它<br>要找出改善你的表現的方法<br>要有效地利用你得到的評語，並從錯誤中學習 | 無法明白自己之前學習的障礙<br>沒有處理自己的弱點<br>太輕易放棄<br>忽視自己得到的評語<br>因為一開始的失敗變得沮喪，而未從失敗中學習，改善自己的表現 |

| | 好處 | 挑戰 | 風險 |
|---|---|---|---|
| 6 | 對於你要花多少精力在感興趣的主題上，有更多選擇空間 | ♦ 要在過度廣泛而缺乏深度的興趣，和太過鑽研狹隘的主題之間取得平衡<br>♦ 要拓展你的興趣 | ♦ 花太多時間在感興趣的主題上，結果忽略了完成學分必修的科目<br>♦ 只專精過度狹隘的主題 |
| 7 | 不會有老師一直盯著你 | ♦ 要在幾乎沒人指導的情況下，維持自己的方向<br>♦ 維持自己的動力<br>♦ 要負責為自己遇到的問題找答案<br>♦ 要知道自己何時需要幫助，並主動去尋求幫助 | ♦ 忽略重要的事<br>♦ 趕不上念書的進度<br>♦ 失去動力<br>♦ 對自己該做什麼感到茫然，卻不尋求幫助<br>♦ 不去找出可利用的幫助，或不去利用幫助<br>♦ 遇上問題馬上就找人幫忙，而沒有自己先解決看目 |
| 8 | 對於科目的選擇有更多自主權 | ♦ 要有條理地安排一系列課程，是讓你感興趣、且符合你的目標的 | ♦ 選了一系列互相搭配起來效果不好的科目，或無法對你感興趣的職業有幫助 |

# 16 e學習

Types of e-learning

## e學習的簡介

許多大學課程都將電子學習（e學習）納入課程來支援學習。會用到多少e學習，因講師的不同而有很大的差異。主要特色有以下幾點：

### 1 閱讀以電子方式提供的資料

這是最普遍的以電子支援課程的方式。要閱讀的資料可能包括：

- ✔ 一個關於課程的網站或網頁
- ✔ 課程筆記的複本
- ✔ 相關網站或電子期刊
- ✔ 複習的筆記和活動
- ✔ 一份課程的快訊

### 2 互動式資料

互動式資料製作起來很昂貴，因此不適合用在所有學習上。它們可能包含：

- ✔ 練習技術性科目的課程
- ✔ 互動式影片，讓你能看到太昂貴或難以實地造訪的地點
- ✔ 以遊戲方式進行的學習
- ✔ 模擬的案例研究

### 3 以電腦為輔助的評分

你的課程，可能有部分或全部是透過你在電腦上回答問題，來評分的。電腦化的評分要求很高：你的複習，通常要比面對申論題為主的考試還要仔細。

## ❹ 電腦程式化的評分

你的課程可能會提供電腦化的評量，讓你練習。如果是這樣，你可以利用它來測試自己所學的知識，並找出需要改進的地方。

## ❺ 電子通訊

- ✔ 與講師互通電子郵件
- ✔ 與同學互通電子郵件
- ✔ 與其他課程的學生互通電子郵件
- ✔ 用電子郵件交作業
- ✔ 電子佈告欄或公報

## ❻ 網路攝影機或影片連結

可能會使用連接到網路的攝影機或影片的連結，來參加遠距離教學。

## ❼ 以電子方式主持的學習

以電子方式主持的學習，可能包含一個使用電子討論版、電子會議或聊天室的討論群組。講師可以用幾種方式「主持」其中的互動，包括：

- ✔ 設立討論版，讓相關人士聯繫
- ✔ 提出關鍵問題來刺激討論，或提出可供討論的資料
- ✔ 分派工作給群組的成員
- ✔ 控管參與討論的人有哪些
- ✔ 接觸並支援參加者

## ❽ 虛擬的學習環境

有些大學在推廣虛擬學習環境（VLE, virtual learning environ-ments），或學習環境管理（MLE, managed learning environments），包括特別設計的電子學習環境。這樣的學習環境，提供了以下可能：

- ✔ 你可以登入一個你的專屬網頁。
- ✔ 所有的聯絡，例如社交活動、工作機會、考試結果、成果記錄等等，能經由單一系統處理。

- ✔ 提醒和指示，例如活動、作業期限等，都能在你登入時提供給你。
- ✔ 本頁提到的部分或全部活動，都能建入系統。
- ✔ 講師能以電子方式，監控你的積極度和參與度。

## e 學習的基本必備資訊技術

大部分的 e 課程，都會要求你本身擁有一些基本的資訊技術。然而，進階的 e 學習就應該會有人給予幫助，教你如何使用專門的軟體。

如果你需要電腦技能方面的訓練，就要找出在哪裡可以得到這樣的訓練。可能可以透過講師、圖書館、支援單位，或是當地的專校。要盡快進行，你將會需要這些技巧。

活動 1-4

### ❤ 評量你的基本資訊相關能力

你對以下的項目有自信嗎？在有自信的項目前打勾：

- ☐ 1 開電腦的電源
- ☐ 2 使用滑鼠
- ☐ 3 開機登入系統
- ☐ 4 開啟、關閉檔案，以及幫檔案命名
- ☐ 5 使用「開始」按鈕來打開程式
- ☐ 6 將資料存到隨身碟中
- ☐ 7 開啟、關閉光碟片上的檔案
- ☐ 8 開啟檔案到你要的頁面，以及順暢瀏覽檔案
- ☐ 9 基本使用鍵盤的技巧
- ☐ 10 複製、剪下和貼上文字
- ☐ 11 列印文件
- ☐ 12 連接到網路上，瀏覽網路
- ☐ 13 上傳資料至網路硬碟

## e學習使用前須注意的事項

### 1 考慮可能出現的問題技術

要預留時間解決電腦可能出現的問題，例如無法開啟大型檔案，無法打開收到的檔案類型，或是網路無法連線等等。老師會認為你把這些問題事前就考量在內：用這類原因當作遲交作業的藉口，老師通常不會接受。

### 2 處理電腦當機

假如你的電腦當機了，你可以試試同時按下 ALT、CTRL 和 DEL 三個按鍵，就會有個視窗跳出來，告訴你問題在哪裡。你可能會看到像是「程式沒有回應」這樣的訊息，並且出現結束工作的指令，這時你就可以選擇結束這項工作，不過沒存檔的資料大概就不見了。將電腦重新開機，可以解決許多問題，然而這會花掉一些時間，而且沒有存檔的資料都會不見。因此，**在使用電腦的時候，記得一定要隨時將資料存檔**。

### 3 慎選有用的內容

電子媒體提供的機會很多，舉例來說，網路上有許多引人入勝的討論區、聊天群組和群組名單。如果你不慎選對你有用的東西，你的時間可能會被這些東西佔據了。記得一次只選擇一到兩個群組參與。

### 4 搜尋的字彙盡量精確

在使用電子目錄或在網路上搜尋時，先想清楚你要找的到底是什麼。假設你想找跟田鼠相關的資訊：如果你輸入範圍過於廣泛的關鍵字，像是「鼠」，你會找到成千上萬個搜尋結果。輸入好幾個關鍵字，像是「田鼠，英國」，就會出現較少選擇，它們也比較可能與你要找的有關。（相關細節可看第 124–125 頁，和 191–196 頁）

# 17 e學習的訣竅與內容

Successful e-learning





e學習很多樣化，電腦只是一種工具，像紙和筆的作用一樣，能應用在許多情況當中。成功的e學習包含了：

- ✔ 自信地使用電子媒體。
- ✔ 當電子媒體提供了最好的途徑時才使用，而不是因為有得用就用。
- ✔ 懂得在用電腦學習效果最好時選擇電腦，而在使用傳統工具（如書或筆記）最有效率時，選擇使用傳統工具。
- ✔ 積極使用電子工具。

e學習在學習的時間和方法上，有很大的彈性。以下要點可以幫助充分利用：

- ✔ 用你最能理解的方式寫出步驟，不要只是仰賴使用手冊。
- ✔ 多去練習、摸索，直到你對它熟悉為止。
- ✔ 親身參與！好好利用你獲得的機會，尤其是那些特地為你的課程設立的討論空間。許多學生在線上交流意見之後，變得較有自信。
- ✔ 利用電子學習資料內建的連結。
- ✔ 避免用電子方式分享你寫的作業。用這種方式寄送的作業，很容易被別人拿去用。另外，也避免從你得到的電子資料中直接抄襲，這也能以電子方式檢測出來！

將電腦融入學習中，讓使用電腦當作你平常學習計畫中的一部分。e學習的主要內容大致如下：

## 1 通訊

- ✔ 用電子郵件寄訊息給其他同學。
- ✔ 以電子方式將論文寄給老師。

✔ 加入相關的聊天室或討論區。
✔ 在網路上交與趣相近的朋友。

## 2 資料與檔案管理

✔ 固定使用電子行事曆來做日計畫、週計畫或年計畫。
✔ 有約定時，你可以事先設定行事曆提醒。
✔ 列出一份你讀過的書目。假如你在寫另一份作業時，
用到同樣的來源，就可以直接從這裡剪貼。
✔ 將你寫過的所有東西都存在磁碟上。

## 3 尋找資訊

✔ 在大學和當地找到相關服務。
✔ 看看大學目錄裡面提到的閱讀資源。
✔ 圖書館線上訂書，並續借書籍。
✔ 瀏覽網路，尋找研究資料。
✔ 閱讀線上期刊。

## 4 設計你的資料

✔ 利用專用的軟體，設計作業所需的問卷或調查資料。
✔ 設計表格，用來蒐集作業需要的資料。
✔ 選擇適合你的螢幕顏色、字型和大小。

## 5 使用其他軟體

✔ 使用 PowerPoint 這類軟體，來進行你的口頭報告。
✔ 使用電腦的計算機，或像 Excel 這樣的表格程式做計算。
✔ 使用與你的科目相關的統計式套裝軟體，
有些會直接幫你做好所有的數學演算。
✔ 可以隨心所欲地練習計算類的測驗，直到你將答案算對為止。

# 18 電腦使用之健康手冊

Health & safety for e-learning



## 1 將資料列印出來

避免長時間看著電腦螢幕，要常常休息。如果你學習時常會用到電腦，記得要常做視力測試。要減少你盯著螢幕看的時間，可以考慮將資料印出來，或直接使用書面版本的資料。

## 2 戴隱形眼鏡的人

電腦螢幕散發的熱氣，可能會讓隱形眼鏡變乾。改戴眼鏡，使用人工淚液，或記得經常眨眼，都能改善情況。

## 3 光源

將電腦放在與光源呈直角的角度，以避免螢幕刺眼或反光。並避免過亮的光線。

## 4 避免上半身的痠痛

快速打字和重複使用滑鼠及其他控制鍵，都可能造成上半身痠痛，尤其是在有壓力的情況下或姿勢不正確。要經常休息，避免長時間快速點選滑鼠和打字。

## 5 避免頭痛

引起頭痛的原因有許多種，包括螢幕上的字太小，不良的姿勢，長時間工作沒有休息，壓力，刺眼的螢幕，不適當的坐椅，或不良的燈光。

## ❻ 姿勢 & 座位 & 鍵盤和滑鼠的使用

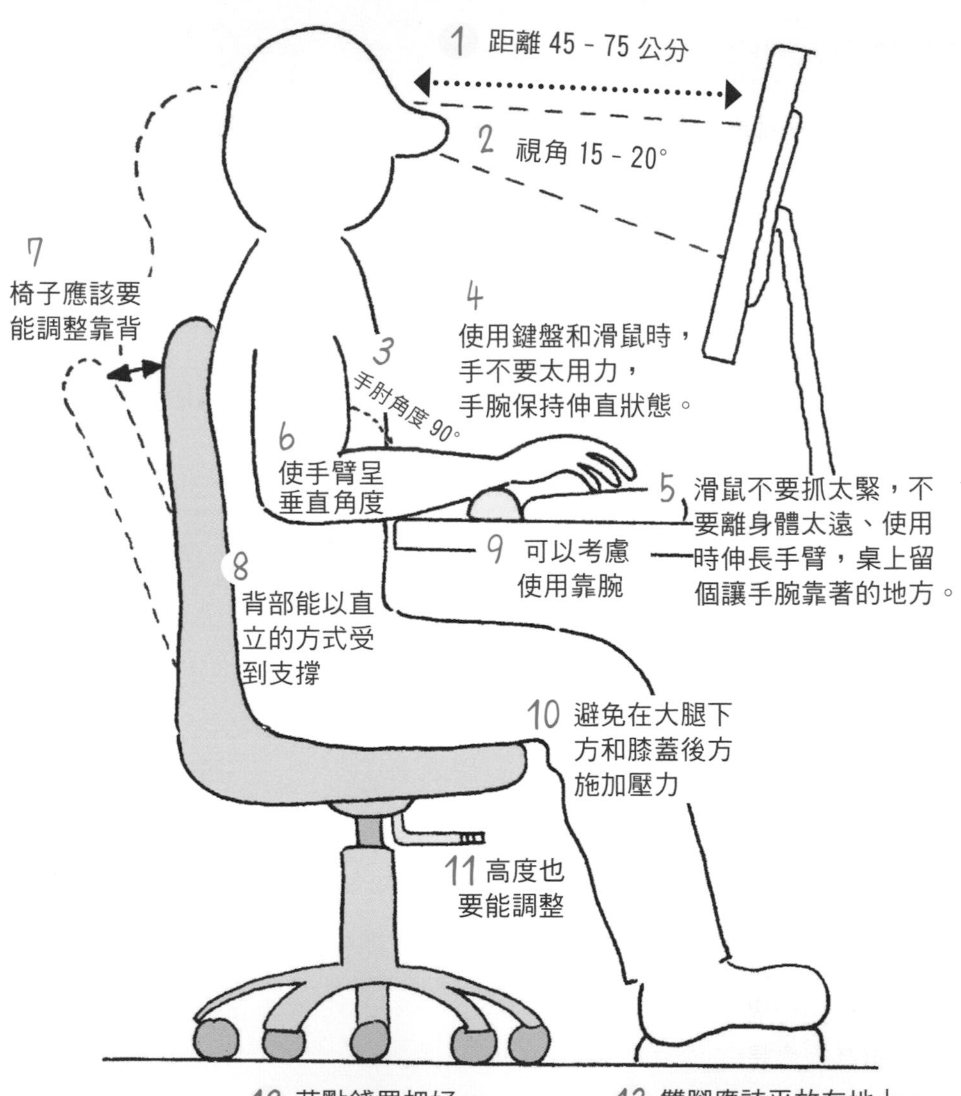


12 花點錢買把好一點、有穩定五支腳架的電腦椅。

13 雙腳應該平放在地上，或放在歇腳物上。將阻礙到腳伸展的物體都移走。

# 19 自我檢測：焦慮與焦慮的原因

Anxieties & resources

當你開始某樣新的事物時，感到焦慮是很自然的事情，而且許多學生都對於進入大學有許多擔憂。如果你能做到以下幾件事情，要面對可能的挑戰與你的焦慮感，會比較容易：

- ✔ 在腦中找出你擔憂的事是什麼
- ✔ 想一想它們嚴重的程度
- ✔ 了解到許多人也有同樣的感受

右邊列出了一些新生常見的擔憂。在符合你的項目前打勾，或在空白處加入其他項目。再看一次你打勾的項目，在每個項目旁邊，寫下下列代表最符合你感覺的數字，然後看下一頁的解析。

1. 我認為這會是個小問題：我能輕易地及時解決它。
2. 我認為這會是個應該正視的問題：我將努力解決它。
3. 我認為這會是個較大的問題：我可能要費盡心力找出方法解決。
4. 我認為這會是個很大的問題：我可能需要幫助。

**❤ 學業功課**

- ☐ 1 趕上其他人的程度
- ☐ 2 找出時間做每件事
- ☐ 3 了解學術性的語言
- ☐ 4 有發言的自信
- ☐ 5 建立自信心
- ☐ 6 寫論文
- ☐ 7 習慣大學生活
- ☐ 8 趕交作業的期限
- ☐ 9 ________
- ☐ 10 ________

**❤ 個人 & 家庭 & 工作**

- ☐ 1 與其他學生交朋友
- ☐ 2 面臨旅行
- ☐ 3 替小孩安排保母
- ☐ 4 別人視我為異類
- ☐ 5 要達到工作上的要求
- ☐ 6 家庭責任
- ☐ 7 ________
- ☐ 8 ________

# 20 如何處理焦慮？

Managing anxieties

省思日誌 1-1

- 你對於自己要怎麼處理這些擔憂，有什麼初步的想法？
- 你在過去使用過什麼對策，來面對新環境或難題？
- 這些對策中，有哪些是現在可以用上的？

## 研究並了解焦慮

給自己一些時間安定下來，觀察看看你需要做些什麼，是很重要的。許多大學第一年步調都比較慢，就是要給你一段時間找到自己的步調。

將注意力集中在計畫自己的活動上，不要去擔心其他學生表現得多好。有些人會玩心理遊戲，對別人說自己不用功，可以在一夜之間寫好論文。事實上，很少有人真的能做到，你絕對不要期望自己可以這麼做，而且這也不是合理的學習方式。

去尋找支援也是很重要的，很多學生對於學習的某些方面很擔憂，找人分擔這些心情是有幫助的。找時間和班上其他同學聚聚。一旦你和同學建立起關係之後，你對於加入他們就會比較有信心了。

接下來的章節，將針對如何處理學習的不同層面，像是發言、論文寫作、遵守作業期限、處理壓力，以及將自己導向成功的方法等等，提出實用的建議。將注意力集中在你學習的動機，並下定決心好好享受你的課程。將自己想成是踏上一段冒險，而不是去受審判！

## 處理其他的焦慮

大學生將面對安排家庭和工作義務的壓力，這種壓力是在過去沒遇過的，因此在解決問題的時候，要更為靈活，並善加安排管理時間。

在很多大專院校，學生服務中心和學生會針對金錢管理、找工作、補助金、兒童看護、健康照顧、諮詢、身障，以及其他許多學生會遇到的問題提供建議。假如你遇到覺得難以解決的問題，早一點找他們談談。如果你的問題在變嚴重之前就提出來處理，顧問也更能幫助你。

## 作行動計畫

回頭看看你在第 43 頁勾選的項目。

### 1 設定優先順序

- 什麼事要馬上完成？
- 什麼事可以等一下？
- 你要以什麼順序來處理這些問題？
- 使用第 140 頁的「優先順序安排計畫表」。

### 2 有哪些資源可以幫助

- 有什麼幫助可以利用？和校方接觸、詢問他們。
- 填寫本章〈11 自我檢測：你的個人資源有哪些？〉。
- 找可能也擔心同樣問題的學生聊聊。看看你能不能找一些你覺得相處起來很自在的學生，組織一個支援團體。

### 3 自省

- 將自己擔心的事情寫下來並加以探索，對你會有幫助。
- 將你的感覺記下來。
- 寫下幾種可能的選項，並在這中間做抉擇（見 150 至 154 頁）。
- 記錄你如何處理每個問題，以後可以回頭評估你的進展。

## 處理焦慮的範例分享

下列短文是一些學生寫的，內容是關於他們的第一個學期。你可能會注意到，他們的時間似乎壓得很緊；組織技巧是這些文章很重要的主題。然而，這些學生也找出時間來放鬆自己、和朋友見面，以及使用大學設備，例如運動或戲劇社，這些對於整體的大學經驗也是很重要的。

### 典型的一天

每個星期二，我早上 10 點到 12 點有課，這門課的老師不只是講課而已：她會將時間分割成小型習作、討論、看影片等等。當全班 90 個人都分成小組討論時，教室會變得很吵，但久了就習慣了。這天其他時間沒別的事要做，但我既然人在學校，我會去圖書館為第二天的課程作準備，或為了每隔週三要參加的研討會看些東西。有時候，我會在星期二下午去體育館運動，傍晚再看書。

克莉絲娜

### 我星期四的學生生活

匆忙送孩子去安親班；在 10 點趕到實驗室。這時，時間會突然改變，我完全投入在自己做的事情當中，也就是我和另外兩個人合作的計畫。我可以花上好幾個小時在混合與測量上，並和他人比較我的發現。我們會談談手邊在做什麼東西、為什麼要這麼做，並針對彼此不同的結果提出建議。我總是在問講師我是不是顯得很沒把握，有些講師會幫助我，有些不會。下午我有一門課要上；我最近做好安排，以便在星期四晚上參加戲劇社的社團活動。

查理

## 我的第一學期

在以前的學校經歷那段可怕的時光後，我十分擔心自己在成人階段再回頭當學生，是不是會遇到什麼可怕的遭遇。我拿到頭幾份被批改過的作業時，成績並不理想，當時我覺得自己應該離開學校。

幸運的是，有人成功地勸阻了我。我努力找機會和其他較年長的學生見面，發現當中許多人和我有類似的經歷。其人一人鼓勵我去找老師，針對作業上的評語問更多細節。我本來並不想尋求幫助，因為我怕講師會認為我的程度不夠好，無法應付這門課。一點一點地，我的成績開始好轉，有些還很不錯。這增加了我的信心。

我原來就料想學業會很困難，但沒料到當學生的其他方面也同樣困難。我花了很長的時間才敢在餐飲部吃飯，那裡看起來是那麼大，又那麼喧鬧。我以前通常都一下課就匆匆離開，不會和陌生人交談。我搭的火車班次很不固定，所以我常常在遲到。我妹妹本來要幫我照顧小孩，卻搬家了。處理這些事情，讓我處理問題的技巧變得很好。

我要說當學生是有許多積極面的。我現在認識了其他人，所以對來上課充滿期待。我覺得自己像是逃進只屬於我的時間當中。我喜歡能在圖書館裡念書，而且在我專心的時候不被打擾。

我會建議新生給自己一個機會去適應，就算苗頭不對也不要慌張。如果他們有小孩，我只能說我最後終於訂下計畫來處理每件事，真的是意義重大。我真希望自己一開始就幫小孩的部分做好安排，因為孩子的事對我的學業造成的影響最大。我也建議新學生去找和自己有類似經歷的人，在互相交談的過程中，你們可以想出處理問題的好主意，並且互相加油打氣。

到你完成課程的時候，你應該會發現自己對很多事的看法都變了。對我來說，和其他人進行討論成為一項令我十分興奮的活動。最重要的是，我認為學生應該這麼想：「我可能不會再有這樣的機會了，我要怎麼充分利用呢？」學校有很多設施可以使用，這是一個很好的機會，你可以嘗試一些以前自己從來沒想到去嘗試的事，組織你自己的團體、學空手道，或去探險。念大學是很棒的機會，但你要靠自己去善加利用。

莎夏

# 21 回顧

Review

在這一章裡，你看了一些為第一學期做準備的方法。一開始，你看到選擇適當科目和大學的基本要訣。去了解不同的選修科目會對你有幫助，盡可能和學生、入學導師和職涯諮詢人員談談。一些十分私人的考量會影響到你最終的選擇，但在你填寫入學申請表格之前，仔細想清楚你做的選擇對你有什麼意義。閱讀第 146–153 頁關於「動力」的部分，可能會對你有幫助。

你能不能在大學拿到學位，與你是否在開學前為課程做好準備息息相關。這和你是否有「能力」是完全不同的問題。某些國家中，幾乎所有人都念到高學歷，因此看來只要有充足的準備，就有很的實力。假如你還沒準備好，去當地的進修學校或圖書館，看看有什麼準備課程是你可以念的。

你現在對於高等教育的環境、第一學期會遇到哪些教學方式、大學的一週和一年、時間如何分割，以及一些專門用語有了初步的了解。到校遠走訪一趟，並和在那裡上課的學生談談，會讓你對大學的情況更清楚。

身為大學生，你需要為自己的學習負起比在高中或專科更大的責任。這會使學習更為刺激，而你需要建立好的學習與解決問題的技巧。

最後，第一學期剛開始的時候，你可能需要花點時間找到自己的方向，尤其一開始有許多新面孔要認識，大學校園裡又有那麼多有趣的事能做。你對於學期準備得越完善，就越容易找到學習的步調，也就更有時間享受大學生活的各種面向了。

活動 1-5

## ❤ 我準備好了嗎？

你對以下的項目有自信嗎？在有自信的項目前打勾：

- ☐ 1 你在本章〈2. 自我檢測：你想在大學裡得到什麼？〉的問卷裡，勾選了好幾個項目。
- ☐ 2 你能找到資源來化解你的焦慮。
- ☐ 3 你擁有很符合學術研究需要的技巧。（見 60 頁「將個人技巧轉變成學術技巧」）
- ☐ 4 你覺得自己準備好了，也對念大學躍躍欲試，你應該就能充滿自信地開始大學生涯。

第二章

# 成功的學習技巧

學習大綱

- 思考什麼是「技巧」？
- 考量五種主要的學習技巧元素。
- 建立你進大學時，對自己的技巧和特質的了解。
- 認識你目前學習技巧中的強項，和需要再發展的部分。
- 為建立學習技巧設立優先順序。
- 考量到你在大學中可能發展的多種技巧。
- 為自己的技巧和特質建立一個側寫，為應徵工作做準備。
- 監控並記錄你的成就。

# 01 簡介

Introduction

## 技巧（skills）

擁有學習技巧，就能隨心所欲地在已學會的事物上表現良好。一項技巧，就是一項學會的事物，能藉由練習和自省建立起來。技巧是可以磨練的，就像跑步選手將他們的動作、呼吸及步調練到完美一樣。

磨練一項技巧，與發展個人特質也有關，像是：

- ✔ 自我意識
- ✔ 毅力
- ✔ 時間管理
- ✔ 參與
- ✔ 自我動力
- ✔ 積極思考
- ✔ 決心

這些特質也是成功學習的關鍵重點：較明顯的學習技巧，像是知道如何寫論文和利用技巧通過考試，都只是一部分而已。

大部分的大學生都希望自己的學位，能讓他們得到好的工作。很多雇主對於你擁有較廣的技巧，會比對於你的學位或成績更感興趣。本章探討學術研究如何是個好機會，能發展日後可用在工作上的技巧。

## 次要的技巧（sub-skills）

每項技巧都是以次要的技巧組成的，這些元素能構成一項技巧。如果有一項次要技巧比較弱，可能會影響到整體的好表現。舉例來說，你可能具有寫出好論文的潛力，但你在組織你的想法或使用段落上卻較弱。本書集中在探討次要技巧上，使你能建立更廣的學習技巧。

**省思日誌 2-1**

- 你對於什麼是「技巧」，有什麼想法？
- 你認為技巧該如何建立？

# 02 如何培養成功的學習技巧？

Five study-skills components

## 1 自我認識與評量

要發展一項技巧，你需要先知道自己的起跑點在哪裡，以下是一些你須先自問的問題：

- 你目前的長處和短處在哪裡？
- 你想要達到什麼成果？
- 你需要改善什麼地方？
- 要怎麼改善？
- 有什麼資源可利用？
- 有什麼事可能會阻礙到你的目標？

建立這種自覺的方式，包括填寫自我評量問卷、寫自省的日誌、團體討論，以及閱讀老師在你作業上寫的評語。

## 2 知道你自己需要什麼

想要得分，就要先知道得分點在哪裡。在學術上，這代表你要找出自己面對什麼要求，還有你的講師想要什麼。關於這些東西的重要資訊，通常在課程手冊和講義上都有提供。針對每個科目，了解以下訊息：

- 課程本身：課程的內容。
- 課程結果或目標：學期末你應該知道要做什麼？能做到什麼？
- 分數是怎麼打的：做什麼會得到高分？什麼又會害你失去分數？
- 每個講師的特殊喜好：如果有疑問，就提問。

### 3 運用方法、組織、策略

如果你有一套方法而且組織能力良好，學習起來就會輕鬆又省時。有技巧的學生會使用策略，經由練習，這些策略就會變得幾乎是習慣了。

### 4 信心和認可

要在沒有不當壓力的情況下成功，你要覺得自己的學習和達到成就，是你的權力。然而，許多學生認為自己在學業上不會有成功，這可能是因為他們在高中時的經驗，或是他們家中沒有其他人拿過學位；常常也是因為這些人對於智能，尤其是自己的智能，有一些既定的想法。

因此，〈第 3 章〉著重在智能和學習所代表的意義。如果你想做個成功的學生，很重要的一點是，你要相信自己有可能成功。

### 5 熟練：練習和習慣

所有的技巧都能藉由練習、他人的建議和監督，而加以改善。你學得越多、越反省自己的學習，你就越能：

- ✔ 擅於找出捷徑
- ✔ 對需要改進的次要技巧有所自覺
- ✔ 能找出你的行為模式
- ✔ 能持續更長時間集中注意力在學習上
- ✔ 能習慣性地發揮你的次要技巧

學習得又好又輕鬆的方法，會成為你的習慣。在大學第一年建立固有的學習習慣是很重要的，尤其如果你好一陣子沒念書了，或不習慣去面對這麼多沒有課的時間。

當你考量到這些學習技巧元素時，可以清楚地看到，**好的學習技巧跟「天生聰明」沒有什麼關係，而是和自覺、策略、自信和練習有很大的關係，導向你學習整體的發展**。這些不同的層面，在本書的幾個章節中都有分別談到。

# 03 找出你現有的學習技巧和特質

Skills & qualities you have now

這個部分提供你檢測自己的學習技巧的機會，它能檢視你現有的次要技巧，像是觀察、選擇，以及對他人的關懷，如何把它們轉換成學習上的能力，而學習能力日後又可能轉換成職業技巧。

在這個過程中，你能找出自己目前學習上的優先順序，並點出你的技巧和特質，放在一份你的個人檔案中，這麼一來，你就可以自行監控自己的進展。這份記錄在以後應徵工作時也能派上用場。做技巧檢測，最重要的幾個目的在於：

- 讓你熟悉自我檢測的方式，而不仰賴他人的判斷。
- 讓你了解自己的強項，進一步向他人表現出自己最好的一面。
- 讓你能建立信心，以及看出你可能弱點的洞察力。
- 讓你學會自行設定發展新技巧的優先順序。

想著一件你擅長的事情、你克服過的困難，或一項你個人的成就，不管是多小的事。它可能是一份好成績、某種運動技巧、學開車，或申請大學獲准。

- 你做了什麼，讓這些情況最後得以成功？
- 你發揮了哪種技巧、態度和特質？
- 你有練習嗎？
- 你是不是用特別的方式激勵自己？
- 你有找別人幫助嗎？
- 你相信靠自己一人就可以做得到嗎？

## 範例 找出自己現有的學習技巧和特質

### ❤ 假設某年你的花園或陽台植物長得很漂亮，這是怎麼發生的？

許多小事，都可能帶來完美的成果，例如你可能小心翼翼地看天氣幫植物澆水，如果是這樣的話，那你就用到了觀察和推論的能力。你可能在想待在室內的時候，卻出去除雜草，或是在雨中修剪樹枝；這種時候，你將花園的長遠目標放在心上，展現出奉獻精神和毅力。

你可能在配合你的花園情況前提下，從許多種選擇裡挑出一些新植物，並且按照特定的指示去栽種它們。你可能也做了些調查：閱讀園藝的書和種子包裝上的文字，和其他園丁談過，或是看電視上相關的節目。你可能購買了特別的肥料和花盆，或用特定的方式整理土地，在特定的時候修剪枝葉：這樣的照顧會用上對細節的注意力、時間管理能力，還有處理難題的能力。

這些技巧，全都和學習有關。不論你的經驗是下廚、騎腳踏車、運動或養育小孩，你都很可能在這些經驗中，建立起像前面提到的多方面的能力。重要的是，**去辨別你已經擁有哪些特質和能力**，如此一來，你就能在需要的時候用上它們。

## 活動 2-1

### ❤ 找出來自過去經驗的技巧

比照上面花園的範例，寫下一件你做得好的事情中的所有元素。注意你藉此發現的個人特質和態度。

- 你對於發現自己有這些技巧，是不是很驚訝呢？
- 你是不是常會低估或高估自己？

# 04 善用現有的學習技巧和特質

Current skills



## 現有的學習技巧

在做〈活動 2-1：找出來自過去經驗的技巧〉時，你很可能發現自己擁有比想像中還多的技巧。如果沒有的話，找一個了解你的人一起進行這份活動，或利用另一頁的清單當作提醒。許多人已經擁有可以利用在高等教育學習中的特質和技巧了。

從高中進入大學的學生，擁有不久前的學習經驗，以及固有的個人學習習慣等優勢。年長的學生通常在時間管理、背負責任、展現毅力上有經驗，也能評估其他人的看法。這些在學習上是很珍貴的本錢。

將你做〈活動 2-1：找出來自過去經驗的技巧〉時寫下的筆記留在手邊，接下來的活動會用到。

活動 2-2

### 現有的技巧

- 影印在第 59 頁的「自我檢測：你現有的學習技巧和特質」清單，以便日後再使用。
- 在你的影印本上，勾選你擅長的項目。
- 在你表現特別傑出的項目旁打星星。
- 針對每個你勾選的技巧和特質，從有星號的開始，想出一個例子是你能展現出該項技巧或特質的。寫下你的例子。
- 如果你覺得難以想起，右邊的「提示表」列出了一些可能發展這些技巧的情況。
- 將這份清單貼在你看得到的地方，給自己打氣！

活動 2-3

❤ 我是在哪裡建立起現有的技巧和特質的？

| | | |
|---|---|---|
| □ 1 高中或專科 | □ 8 獨立學習 | □ 15 友誼 |
| □ 2 職場 | □ 9 緊急事件 | □ 16 旅遊／休假 |
| □ 3 應徵工作 | □ 10 個人發展 | □ 17 俱樂部／社團 |
| □ 4 家庭生活 | □ 11 週末打工 | □ 18 個人挫折 |
| □ 5 家庭責任 | □ 12 失業 | □ 19 健康狀況不好 |
| □ 6 照顧他人 | □ 13 當志工 | □ 20 運動 |
| □ 7 興趣與嗜好 | □ 14 建立家庭 | |

如果你沒有勾選很多項目，你可能要再回頭從過去的經驗裡找例子，或和一位朋友一同看這份清單。你也許太謙虛了！

## 評估你的技巧並設定優先順序

接下來幾頁提供資源，讓你可以：

- ✔ 幫助你評估你現在關於長處和短處的檔案
- ✔ 將學習技巧與生活、工作技巧做連結
- ✔ 設定你建立技巧的優先順序
- ✔ 監控你的進展

## 更新你的個人檔案

明白自己現有的技巧能增加自信，進而增加你成功的機會。在你進行課程之際，你的技巧記錄和自我評價會改變。花點時間去更新你的記錄，每六個月最少一次。參見第一章〈14. 如何掌控你自己的獨立學習？〉。

# 05 自我檢測：你現有的學習技巧和特質

Self-evaluation: Current skills & qualities

### ❤ 現有的技巧和特質

- ☐ 1 人
- ☐ 2 能和來自不同背景的人相處
- ☐ 3 能察覺並了解他人的觀點
- ☐ 4 面對一般大眾
- ☐ 5 團隊合作
- ☐ 6 應付其他人
- ☐ 7 教導或訓練他人
- ☐ 8 溝通協調
- ☐ 9 幫助其他人下決定
- ☐ 10 對他人的感受很敏銳
- ☐ 11 關懷他人
- ☐ 12 能解讀他人的肢體語言
- ☐ 13 用電話應付他人
- ☐ 14 能應付「難搞」的人
- ☐ 15 講話清楚扼要
- ☐ 16 能從他人身上得到指示
- ☐ 17 站出來說話對抗不公的勇氣
- ☐ 18 其他

### ❤ 活動

- ☐ 1 創意、設計和編排
- ☐ 2 能洞悉整體局面的能力
- ☐ 3 分類並組織資料（如歸檔）
- ☐ 4 善於辯論
- ☐ 5 下決定
- ☐ 6 處理改變和過渡期
- ☐ 7 排定優先順序
- ☐ 8 排定日常工作表
- ☐ 9 配合截稿日安排工作
- ☐ 10 在危機中臨危不亂
- ☐ 11 幫忙準備會議
- ☐ 12 能閱讀複雜的文字
- ☐ 13 文書處理
- ☐ 14 熟悉電腦
- ☐ 15 能面對數字
- ☐ 16 銷售
- ☐ 17 解決問題
- ☐ 18 實際的事物
- ☐ 19 找出事物運作的方式
- ☐ 20 寫報告或正式信函
- ☐ 21 其他

### ❤ 個人特質

- ☐ 1 能認清個人需要並尋求幫助
- ☐ 2 能從錯誤中學習
- ☐ 3 重視管理
- ☐ 4 願意冒險實驗
- ☐ 5 有魄力
- ☐ 6 有決心和毅力
- ☐ 7 設立自己目標的能力
- ☐ 8 維持高度積極
- ☐ 9 能為自己的行為負責
- ☐ 10 相信自己的能力
- ☐ 11 其他

# 06 自我檢測：將個人技巧轉變成學術技巧

Self-evaluation: Turning personal skills into academic skills

上一單元〈5. 自我檢測：你現有的學習技巧和特質〉中，包含了一些與某些特定課程較相關的技巧，例如「銷售」與行銷就比與歷史相關。下面的練習，就以大多數學術課程需要的一般技巧為前提，提供你了解自己現有技巧的機會，以及評估你在這些技巧的表現有多好。這會讓你更清楚自己有多少能力面對學術研究。

| **學術上的技巧**（日常生活中會用到，並且與學術相關的技巧） | **評分**（5至1分，5＝很好；1＝很弱） | **舉例**（你在何時何地建立起這項技巧？） |
|---|---|---|
| 1 面對期限 | 4 | ✓確保孩子準時上學。<br>✓雖然生病，還是順利交出報告。 |
| 2 自動自發，並且在面對難題時仍能堅持到底 | | |
| 3 有「試試看」以及表達自己意見的自信 | | |
| 4 從不同的來源蒐集資源（做研究） | | |
| 5 閱讀複雜的文章或表格，並找出它的主旨 | | |
| 6 能從一堆資料中，選出適當的相關資訊 | | |
| 7 比較不同的意見，並判斷以什麼立場決定誰對誰錯最佳 | | |
| 8 能評估一件事的「正面與負面」，也就是好處和壞處 | | |
| 9 以自己的方式寫東西 | | |
| 10 能提出好理由，辯論自己的觀點 | | |

# 07 計畫表：學習技巧之優先順序

Planner: Study skills, priorities

空格A：如果該敘述對你來說是正確的，就勾選。

空格B：評估要學會這項技巧的重要程度：6 = 不重要；10 = 必要

空格C：評估你目前多擅長這項技巧：1 = 很弱；5 = 很好

空格D：將B空格裡的數字減掉C空格裡的數字，寫進D空格裡。空格D裡數字最高的項目，可能就是你要優先處理的項目。然後翻到下一頁。

| ❶ 學習技巧描述 | A 敘述正確（打勾） | B 需要這項技巧嗎（6-10 分） | C 目前的程度（1-5 分） | D 優先順序（B 減 C） |
|---|---|---|---|---|
| 1 我知道自己用什麼方法學習效果最好，也知道如何自省、評估成果 | | | | |
| 2 我很自動自發，並且知道如何在能力範圍內立下目標 | | | | |
| 3 我有很好的時間、空間管理技巧，也能安排組織我手邊的工作 | | | | |
| 4 我對於進行新任務或新作業有一套方法 | | | | |
| 5 我對自己研究調查的功夫很有自信 | | | | |
| 6 我知道在不同的情況下閱讀時，該用什麼方法最好 | | | | |
| 7 我能有效地記下、組織、存放、找到並使用我的筆記（見 210 頁的清單） | | | | |
| 8 我能有效利用上課時間，從課堂中獲得最大的效果 | | | | |
| 9 我知道如何準備、進行口頭報告，表現自己最好的一面（見 171 頁） | | | | |
| 10 我知道如何好好利用團體作業和研討會（見 181 頁的次要技巧清單） | | | | |
| 11 我能適當地處理一定範圍的寫作 | | | | |
| 12 我知道如何使用電腦科技，用來幫助我的學習 | | | | |
| 13 我能以批判及分析的方式去思考，並評估我的論點和他人的論點 | | | | |
| 14 我有很好的記憶方法 | | | | |
| 15 我有很好的修改方法和考試技巧（見 439 和 448 頁的次要技巧清單） | | | | |

影印頁

空格A：利用第一階段的分數，決定每個項目是否真的要優先處理
是不是能以後再說？有沒有其他人能做到？或有沒有其他選擇？

空格B：排出先後順序，將你接下來要著手進行的項目，以黃筆標示出來；完成之後，以紅筆標示。

空格C：列出本書中與該學習技巧相關的頁數。

| ❷ 學習技巧 | A 要優先進行的打勾，或「以後再做」，或有其他選擇 | B 排出先後順序 | C 相關頁數 |
|---|---|---|---|
| 1 我要找出自己用什麼方法學習效果最好，以及何自省、評估自己的成果 | | | 108-123, 155 |
| 2 我要更為自動自發，並且學會如何在能力範圍內立下目標 | | | 146-154 |
| 3 我要改善我的組織能力，以及時間、空間管理技巧 | | | 118-141, 216-217, 264-265 |
| 4 我要建立一套寫作業的方法 | | | 118-121, 246-248 |
| 5 我要建立研究調查的功夫 | | | 第 6、9、10 章 |
| 6 我要建立閱讀技巧 | | | 197-208 |
| 7 我要改善我記筆記的功夫，並有效地組織、利用筆記 | | | 209-223 |
| 8 我要有效利用上課時間，從課堂中獲得最大的效果 | | | 228-230 |
| 9 我要改善自己口頭報告的能力 | | | 168-171 |
| 10 我要好好利用與他人合作的機會（如團體作業和研討會等等） | | | 第 5 章 |
| 11 我要建立寫作能力 | | | 第 7、8、9 章 |
| 12 我要多使用電腦科技來幫助我的學習 | | | 124-128, 191-196, 278-279 |
| 13 我要建立自己批判及分析的思考能力 | | | 第 10 章 |
| 14 我要改進我的記憶方法 | | | 第 11 章 |
| 15 我要建立良好的複習方法和考試技巧 | | | 第 12 章 |

# 08 計畫表：學習技巧之行動計畫

Planner: Study skills, action plan

回頭去看你在第 1、2 章做的的測驗答案，以及寫好的自我評量表。統合關於你目前長處的各種想法，你想發展的領域，以及你的優先順序。

日期

1 關於我現有的長處、技巧及特質摘要：我到目前為止的成就

2 關於我需要加強、建立和改善的部分的摘要

3 我的優先順序：我要做什麼、什麼時候進行，以及如何進行？

4 我要怎麼知道自己改善了？（例：我期望自己在學業上、個人方面，或他人對我的態度有什麼改變？）

# 09 自我檢測：監控技巧發展的過程

Self-evaluation: Monitoring skills development

**要建立的技巧：** **日期：**

1 我目前對這項技巧有多少自信（圈選一項）：

① 很低　② 低　③ 還可以　④ 高　⑤ 很高

2 我目前在這項技巧上展現出哪些層面：

3 目標：我希望自己能做到什麼（我想建立的方向、次要技巧和特質）

4 記錄進展

記下你建立這項技巧的步驟。「進步」的定義是什麼，由你自己決定。它可能是達成一項個人目標（例如某項作業得到一個特定的分數），或是往你的某個目標前進了一步（例如第一次在課堂上提問，或如果你本來覺得時間管理很困難，而你成功建立了一個讓自己準時的方法）。

| 日期 | 成就（我做到了什麼以前做不到的事） | 例證（證據或舉例） |
| --- | --- | --- |
| | | |
| | | |
| | | |
| | | |

# 10 個人檔案史

Personal profiles

## 什麼是個人檔案史？

個人檔案史是關於你的簡略介紹，你的技巧、個人特質、特徵和成就。它有好幾個用途，以下是特別重要的：

- 它讓你大略了解自己的概況，你能利用它建立個人發展計畫。
- 編寫個人檔案史能讓你建立自省和自我分析的習慣。
- 自我評量和自我描寫的經驗，對於面試工作是很寶貴的準備工作。

在這一章你已經開始組成關於你長處、特質和優先選擇的簡單資料了。如果你影印這些頁面，你可以重複使用它們，在進行課程的時候更新你的個人資料。當你為工作面試準備履歷表時，這份簡介能幫助你，將你在其他領域的成就及技巧加進去即可。

「軟技巧」是像口頭溝通和團隊合作等等的技巧，它們比學術技巧更難數量化。評量你的「軟技巧」（soft skills）能用來為工作建立一份技巧檔案（見 67 和 68 頁）。

## 雇主在尋找什麼？

從下面的圖表中可以看見，雇主想找擁有「軟技巧」的畢業生。淺色的長條標明雇主對該項技巧的需求程度，而深色長條標示有多少學生展現出這些技巧。

**活動 2-4**

**你想建立什麼樣的技巧？**

- 在下面圖表中的這些技巧中，哪些是你最有自信的？
- 哪些是你在大學時能建立起來的？

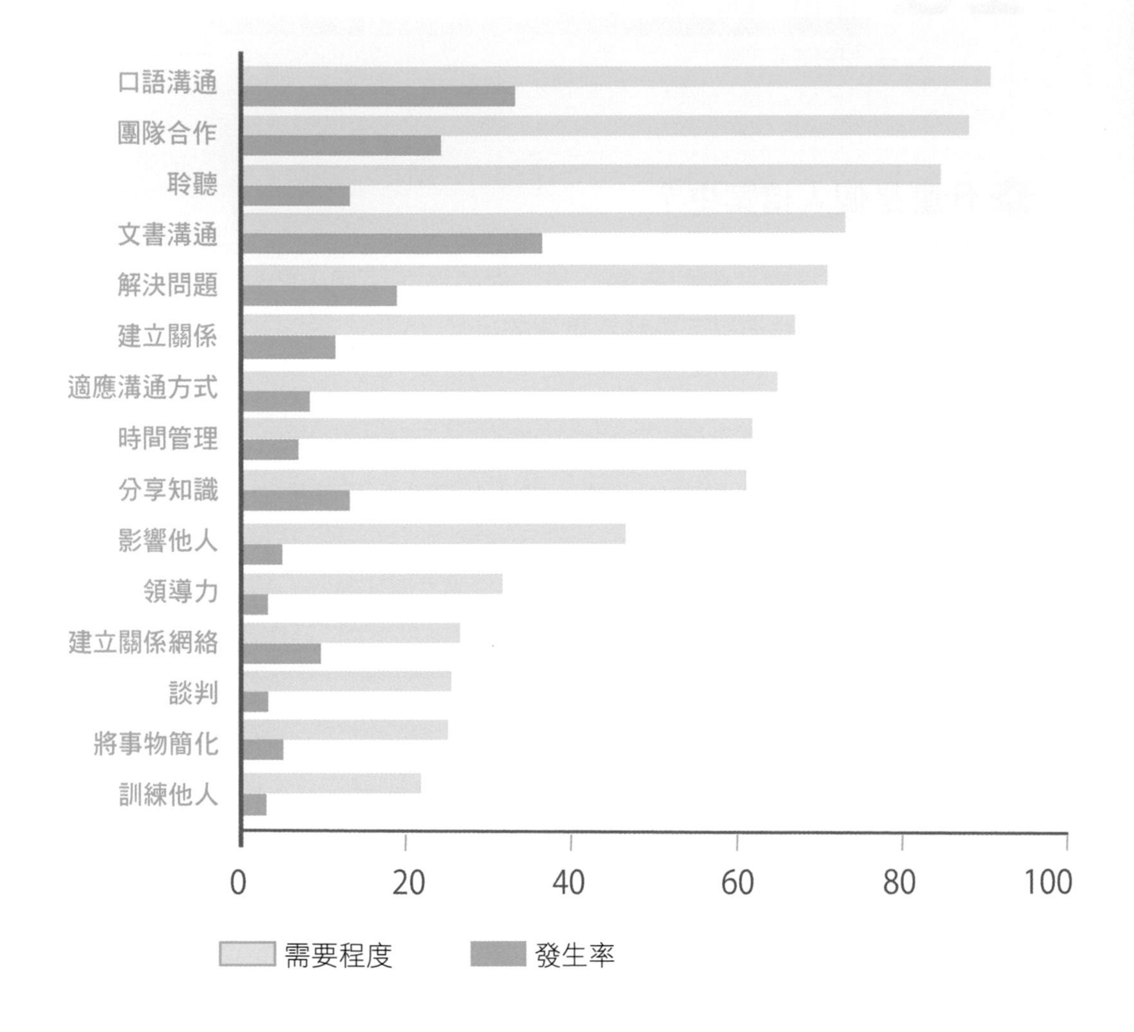


節錄自鎮 TMP 世界調查：*Soft Skills, Hard Facts* (London: TMP Worldwide Research）

# 11 可轉換的職場軟技能

Transferable & soft employment skills

就如同你發現自己進大學時本身具備的能力，可以轉化成學術上的技巧一樣，你也能將學術上的技巧轉化成工作上需要的「可轉換」及「軟性」技巧。這些技巧在「團隊領導人」和其他管理階層更是特別需要。在下面的表格中，列出一些你可以以學生身分發展的軟技巧。在下一頁中，為自己安排出要建立的技巧。這對在你大學的最後一年尤其有用，但如果你早一點開始做，你對於利用大學提供的各種機會，會更有準備。

| 學術活動領域 | 可能可發展成「可轉換」及軟技巧 |
|---|---|
| 1 個人發展計畫 | 自我管理；事前計畫；為改善表現負起責任；增進個人效率；自省的能力；發展技巧 |
| 2 出席課堂、研討會、個別指導時間等 | 時間管理；彈性地工作 |
| 3 課堂 | 聆聽的技巧；辨識並選擇相關的觀點；文書溝通；資料管理 |
| 4 研討會，團隊合作，小組作業 | 團隊合作；溝通協調；口語溝通；學會從別人那裡接收指令並給予指令；承擔責任；解決問題；聆聽；和來自不同背景的人合作；處理不同意見；人際關係管理；分享知識 |
| 5 口頭報告 | 公開發言；說服並影響他人；建立立場；時間管理；報告的技巧；使用視聽器材輔助；作計畫；分享知識；適應溝通方式 |
| 6 寫論文和其他形式的學術式寫作 | 文書溝通技巧；架構一項論點或提出強烈的建議；配合字數限制寫作；配合期限工作；分析工作；分享知識；將工作分割成小單元；注意細節 |
| 7 數學和統計 | 解決問題；呈現資料；解讀資料；分享知識 |
| 8 觀察 | 聆聽的技巧；和來自不同背景的人合作；管理資料；注意細節 |
| 9 研究調查 | 時間管理；處理大量資料；配合期限工作 |
| 10 考試和複習 | 配合期限工作；處理壓力與危機；做計畫 |

# 12 自我檢測：將學術技巧轉變成可轉換的軟技巧

Self-evaluation: Transferable & soft employment skills

利用你在〈第 2 章〉完成的測驗來填寫下面的簡介表格，列出你在大學或其他地方建立的軟性與可轉換技巧。特別要看本章〈5. 自我檢測：你現有的學習技巧和特質〉。前四個職業相關的項目已經填好了，將其他你特別擅長的加進去。

| 技巧、特質、個人特徵和成就 | 特定的範例 |
|---|---|
| 1 口語溝通 | |
| 2 團隊合作 | |
| 3 聆聽 | |
| 4 文書溝通 | |
| 5 | |
| 6 | |
| 7 | |

- 其他我能提供的可轉換技巧

☐ 有駕照　☐ 懂電腦　☐ 語言：

# 13 記錄你的過程與成就

Recording achievement

## 慶祝成果

當你達到一項目標，或朝目標跨出了重要的一步時：

- 表彰你的成就：將你的成就歸功到你身上。
- 慶祝：給自己一項與這項成就相襯的回報。
- 記錄：記下事情的經過。
- 使用：利用你的成果，當作你全力以赴時能達成的成果例證。當你應徵工作時，或要找到動力時，利用你的記錄找出不同成就的例證。

## 成果記錄和個人記錄

成果記錄可以從簡單的資格清單，到很細節的自我檢討日誌。大學會給你一份正式的成績單，將你學術上的成就都列在上面，例如你通過的課程或單元。然而，只有你才會知道：

- 你的自信心程度改變了多少？
- 你個人有多少成長？
- 你達到多少個人目標？
- 你如何辦到的？你採取的步驟，以及你為了成功，用到的個人特質與資源？
- 你如何保持自己的動力？
- 在這個過程中，對於自己，你學到了什麼？

保留你**如何**達成目標的記錄，和你達成**什麼**目標的記錄一樣重要。這些記錄讓你能利用經驗，並隨著時間標示出你的改變。像這樣的記錄有時候被稱為「個人檔案」、「進步檔案」、「成果記錄」或「個人記錄」。

# 14 建立你的個人檔案

Maintaining a personal portfolio

## 建立個人檔案的目的

- 將相關的文件放在一起。
- 幫助你進行自我檢討。
- 讓你更注重自我評估和個人發展的過程。
- 應徵工作，你可以帶著去面試。
- 在你需要的時候，它能幫你保存有用的例證和資料，例如當你應徵工作或參加其他課程等等。

## 一定要有個人檔案嗎？

你的課程可能會要求你寫個人檔案。然而，就算你不一定要做個人檔案，你可能會發現這麼做對你是有益的，它可以整理你對自己該做什麼的想法，並且掌控你的進展。

## 檢查並更新你的個人檔案

要經常更新你的個人檔案，至少一年更新一至兩次，以及你達到一個新目標時。重複閱讀或改寫自己以前寫的東西，能幫助你重拾注意力。

## 個人檔案記錄

一個檔案，是一份配合一項主題而集合各種資訊的資料。舉例來說，個人檔案就是一份關於你個人發展的資料集合。

要讓個人檔案內容有意義，又容易使用的話，你就要：

- ✔ 將它分段落。
- ✔ 將每個內容都貼標籤註明，並加上目錄頁。
- ✔ 經常更新，並刪掉舊的資料。
- ✔ 放一份最新的個人目標進去。

## 個人目標

將你目前的所在處、你想成為什麼，以及你如何達到該項目標等等細節集合在一起。它可以很簡短，包含以下的東西：

- ✔ 長期和短期目標。
- ✔ 你到目前為止朝目標邁進了多少（在高中、專校、大學或工作各階段）？
- ✔ 這些目標及成就，對你個人的意義是什麼？
- ✔ 你在過程中對自己有哪些認識（如何保持動力、怎樣學習效果最好、為了成功你需要什麼）？
- ✔ 你已經擁有的技巧和特質，並說明的例證。
- ✔ 你接下來要做什麼（眼前的目標）？

## 學業檔案

有些課程會要求你交一份個人檔案，讓老師監督或評分。這些檔案和個人檔案是不同的。當你交檔案時：

- ✔ 要有選擇性：只放必要的東西進去。選擇好的例證，不要把每件事都丟進檔案裡。
- ✔ 明確指示老師要在哪裡找到每樣例證，用來支持你在個人聲明裡的論點，或配合作業的評分標準。將檔案裡的例證加註，或標示出來。
- ✔ 刪除或編輯提到他人姓名或私人細節的東西。
- ✔ 將每一頁標頁碼，並編寫一份目錄。

# 15 個人檔案裡要寫什麼？

影印頁

Developing a portfolio

❶ 每個章節都要有一個完整的目錄。

❷ 自我評量和個人資料頁面，計畫表以及行動計畫。

❸ 一份寫明你建立了什麼職業和技術性技巧的檔案。

❹ 一份最新的課程與訓練清單。

❺ 證書（考試、駕照等等）。

❻ 一份最新的清單，內容寫明你的工作經驗，註明日期、公司的地址、工作簡述、主要工作內容、你在工作上發揮的技巧或特質，以及你在該份工作中學到了什麼。

❼ 你的履歷表（CV）。（職業顧問能幫助你編寫）

❽ 你希望自己在七年之後會達到什麼地位，以及你要做什麼來達成這個目標。

❾ 相關的作業和興趣的例子，但不要洩露他人的祕密，內容包含工作期間執行的報告、美術作品集等等，或是你為學生雜誌所寫的文章。

❿ 個人目標，見本章〈14. 建立你的個人檔案〉。

⓫ 畢業證書和成績單。

# 16 回顧

Review

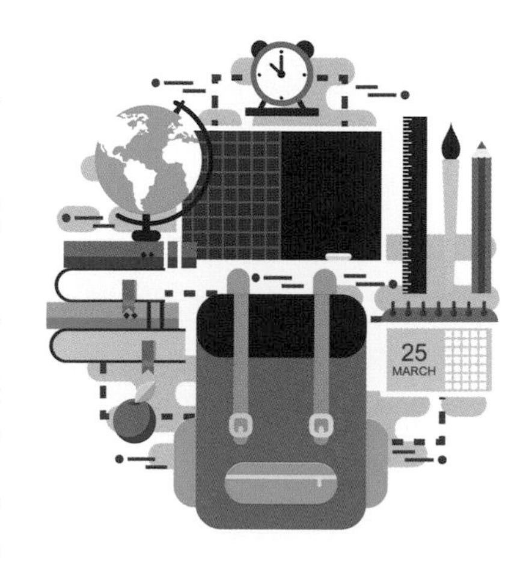


「學習技巧」一詞的意義常被放寬。大家很容易只看結果、寫好的論文或考試的好成績，想像只要知道幾個要訣，就能達成這些目標。而另有一些人則極端地認為自己永遠不可能拿到高分。

本章和第 3、4 章當中，強調只有在學習技巧被視為一個定義較廣、整體的學習過程時，才會真正進步。當它發揮最佳效果時，其過程能讓你更了解自己，以及你如何在任何情況下發揮潛能，而不是只有在學業上。這包含了建立對於個人意見、態度與精神狀況，如何地影響你對成功的了解。這樣的過程中，建立在自我檢討和自我評估上的自覺態度十分必要，如此一來你才知道自己擅長什麼和為什麼，什麼該改善，以及如何改善。

本章鼓勵你以不同的方式，檢視自己現有的特質與技巧。自我評量的過程能以十分機械式的方式開始，例如填寫問卷、為自己評分、排定優先順序，以及組合關於自己的資料。不過，過了一段時間後，這可以發展成一個更深入的自我檢討、與自我發展的進程，它對你生活各方面都能有所助益，包括你的學習。

有些學生覺得自己好像沒有學術技巧；也有一些人，尤其是直接從高中進入大學的人，擔心自己畢業後是否擁有能找到工作的適當技巧。因此，找到學業上技巧和其他方面的技巧之間有什麼不同，是很重要的。每個人上大學時，都擁有自己的經驗和技巧，它們包含了可以轉換成學業技巧的次要技巧，而學業技巧又能建立對於工作有很大助益的技巧與思考方式。然而，技巧通常並不能從一個情況傳換到另一個情況，除非這個人能看出兩種情況的相似之處。這需要創意性自省的能力，而且可能需要別人幫助，但十分值得。在職場上表現良好的畢業生，不一定比別人更厲害，但他們懂得辨別自己的技巧，所以可以很有自信地在應徵時談論自己的長處，並提供例證。

學生可能也會覺得不知道該從哪裡著手，去建立自己的學習技巧。指出或側寫自己的技巧，看出需要改善的弱點，排定優先順序並安排行動計畫，這些都是本書探討的主題。不過，本書也鼓勵各位檢視你的意見、精神狀態以及信仰，它們可能影響到學習。第 3 和 4 章著重在態度和方法，它們可以幫助或妨礙學習。

〈第 3 章：智力與學習〉收錄在本書中，因為許多學生在本書編寫期間，向我們表達他們對自己的學習能力或智力的懷疑。這些學生大部分都曾遭遇過信心上的危機，有時是因為一個偶然的評論。早期關於失敗的創傷，可能會持續很多年，消磨一個人的自尊，並且阻礙正面的結果。

檢視那些深植人心、關於智力的錯誤觀念，再看看關於學習的事實，能幫助一些學生重新評估自己的學習，進而表現得很好。如果你覺得你符合這種情況，現在往下讀〈第 3 章〉應該會讓你覺得有幫助；如果不符合，你可能會想晚一點再回頭看這個章節。

# 智力與學習

## 學習大綱

- 建立你對自己智力與學習看法的自覺。
- 衡量這些看法和別人的看法，對你之前學習可能造成的影響。
- 考量到關於智力的不同理論。
- 回顧不同的學習，以及使學習更便利的條件。
- 做一項使你的學習達到最佳效果的計畫。
- 探討學習技能如何能更整體地融入你的整個學習發展過程。

# 01 簡介

Introduction

本章比其他章節更理論性，而且需要你探討自己對於學習的信念。如果你現在的心情比較想做些活動性的東西，也許改天再看這一章較好。

學習技巧，是學習很重要的一個層面，它使學習的過程變得較輕鬆些。然而，「學習」不是只有技巧而已。本章著重在學習過程本身，探討智力如何透過學習而發展，以及要讓學習發生，需要哪些條件。

大家常常認為，「成功」理所當然就是「聰明」的結果，而聰不聰明則是一出生就註定的。尤其對於年長的學生來說，這更是他們成長時面對的教育教條。

雖然如此，世界上卻有許多成功人士，在中等教育的表現並不好，大學也是一樣的情況，而有時候連大學的教學部門也是！每個人都要靠自己去發現，以前別人對我們的一些評語不見得是正確的；他們對我們的看法，並不代表我們真正的潛能，也無法決定我們未來的可能。沒有人知道自己能達到什麼成就，但通常都能超乎我們自己的想像。

對自己的信賴和對的學習條件，都對學習者的成長十分必要。要建立自己身為學習者的自信，你要去了解自己的學習史，以及察覺到可能限制學習的信念與習慣。

# 02 我有足夠的智力上大學嗎？

Am I intelligent enough for university?

我有足夠的智力上大學嗎？這個「幽靈問題」跟隨著每個大學生，即使他們的成績很好也一樣。他們擔心自己「其實」沒有足以成功的智力。

## 我有足夠的智力上大學嗎？

### 我一直都很幸運……

引起這種焦慮的原因之一，是學生很少被教導去評估自己的成果。沒人提供他們任何標準，讓他們為自己的表現評分；他們反而覺得自己是偶然機會之下的犧牲品：好成績或壞成績「是天註定的」，或只能靠運氣，或是反映他們「天生的智力」程度。

### 焦慮心態

這可能會讓學生感到無助或茫然，即使成績好也一樣。學生可能會覺得很脆弱，並擔心突然發現自己很笨。焦慮心態可能會造成惡性循環：焦慮的學生無法定下心學習，無法集中注意力，無法吸收自己看的東西，無法記得學過的東西，而這更加強了他們的懷疑，認為自己「真的」缺乏聰明才智。這種情況很常見，因此看清「智力」的定義是很重要的。

## 什麼是智力？

❤ **在你認為符合自己的敘述前打勾。**

- ☐ 1 智力是潛在的整體智能，因為是天生的，所以一輩子都不會改變。
- ☐ 2 智力有很多種類。
- ☐ 3 智力是可以建立的。
- ☐ 4 智力端賴你的人生機會。
- ☐ 5 所謂的智力是由環境和文化決定。
- ☐ 6 智力是將你知道的東西應用在新事物上（舉一反三）。
- ☐ 7 智力的高低在於你知道多少東西。
- ☐ 8 智力很容易衡量。
- ☐ 9 智力是習慣和練習養成的。

❤ **下一單元將逐項介紹此九種觀點。**

省思日誌 3-1

❤ 什麼是智力？

- 記下你自己和別人對於智力的觀點，觀察這是否有可能對你過去的表現造成影響。
- 接著，閱讀後面關於智力的意見。
- 之後，回頭看你寫下的筆記，並記下你對於自己或自己的智力的看法，是否因為閱讀和自省之後有所改變了。

# 03 智力的九種觀點

Views of intelligence

## ❶ 智力是天生的潛在整體智能，一輩子不改變

早期的一些專家，例如 Spearman（1927）或 Terman（1975），他們認為每一個個體都有一個整體的智能程度，也就是大家所知道的「智慧商數」（intelligence quotient）或「智商」（IQ）。他們認為，智力是單一、固定、潛在的能力：在某項智力測驗成績優秀的人，會在大部分或所有智力測驗表現良好；不論人生中遇到什麼事，這些天生高智力的人，整體上都會比天生較低智力的人聰明。最近，心理學家利用同卵雙生的雙胞胎來支持這個論點，辯稱某些特徵（包括智力）有高達 80% 的比例，決定於基因遺傳。

然而，其他的心理學家利用同樣一份資料指出，基因的影響低至 20%，甚至是零（Gardner, 1993）。在這項雙胞胎實驗裡的雙胞胎，常在相似的環境裡成長，而且因為他們外表一樣，他們甚至會引發別人相似的回應，所以他們的生活經驗可能是極為相似。

有強力證據指出，**環境**在智力表現上扮演重要的角色。舉例來說，瑞文氏智力測驗（Raven's Progressive Matrices）是一項用來測量抽象推理能力的測驗，是設計給來自任何語言、任何年齡、任何文化的人們使用的。接受測驗的人，要從一些特定的視覺圖案選項中，選擇一個答案來完成一個較大的視覺圖案系列，並依據年齡評分，算出智商有多少。瑞文氏測驗的分數與其他的 IQ 測驗結果關聯性很高，包括以語言為主的測驗。目前為主，它支援了智力是「整體性」的說法。

雖然瑞文氏測驗理論上應該是不受文化、語言限制的，卻有人發現亞洲的兒童在英國居住五年以後，得分會上升 15 到 20 分，這是很大的變化（Mackintosh and Mascie-Taylor, 1985）。

這暗示著智力測驗測量的東西，頂多只能一瞥一個人至今為止的生活經驗與學習，它無法代表一個人的潛在智力或潛能。

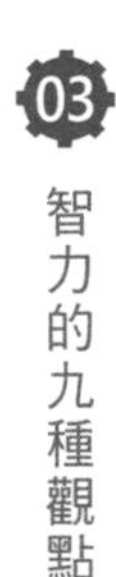

## ❷ 智力有很多種類，不是只有一個整體智能

Thurstone（1960）在對數百位專科學生進行實驗後，下了一個結論：**沒有證據能證明有所謂的單一「整體」智能**。同樣的，Gardner（1993）也主張智力是由許多分別、獨立的系統組成，它們彼此會交互作用。Gardner 認為至少有 7 種主要的「智能」，每一種都包含解決問題的能力，或者創造出在文化和環境的範圍內的相關事物。

Gardner的多元智力

| | | |
|---|---|---|
| 1 | **語言** | 如閱讀、寫作、談話、聆聽、作詩 |
| 2 | **邏輯、數學** | 如數字能力，或法律、科學的思維能力 |
| 3 | **空間** | 如航行船隻或飛機、開車、建築 |
| 4 | **音樂** | 如歌唱、作曲、演奏樂器或欣賞音樂 |
| 5 | **身體運動感** | 如運動、戲劇、舞蹈或製造物品 |
| 6 | **人際關係** | 如諮詢與教學技巧，或理解他人的感受 |
| 7 | **探討自我** | 如自我了解、自我管理，或自省 |

神經心理學的研究指出，不同的認知能力，例如說話，可能是半獨立的能力「分區」，在大腦內部由不同的區域所控制（Karmiloff-Smith, 1992）。有些人在某個領域比較弱，例如無法認得別人的臉；也有些人大部分的技能都表現得不好，但在某個領域特別傑出，像是繪畫或數學計算。這種現象支持了 Gardner 主張智能為「多元」而非單一整體的看法。

省思日誌 3-2

❤ 多元智力

- Gardner 所提出的多元智力中，你最傾向哪方面的發展？
- 你在這些方面的發展比其他方面好，有沒有什麼可能的理由呢？

很明顯的，Gardner 所列出的智力大部分都能發展。例如，人們可以藉由參加研討會來建立人際技巧，以及藉由諮詢和冥想來建立對自我的自覺。科學的思維方式，可藉由練習、訓練和接觸科學研究的用語與集會活動來建立（見 303–306 頁）。寫詩或論文的技巧，也能經由練習來建立。

## 3 智力是可以建立的

日本的「鈴木教學法」（Suzuki method）智能教育計畫，將許多兒童演奏訓練成音樂家程度的小提琴演奏家。這項計畫從兒童出生後不久，就開始讓他們接觸音樂，在年幼時就讓他們每天練習。即使表現較不突出的學生，也能做出會被來自其他文化的人視為神童的表演（Gardner, 1993）。同樣地，從小就接觸多種語言的兒童，常能自然而然地學會多種語言。較晚開始的人，同樣也能成為很好的小提琴家或語言家。

「鈴木教學法」主張**任何人都能藉由學習，達到高水準的重要性**，以及展現環境與練習對於建立技能的重要性。傑出的表現並不是少數人的專利。就像我們一般不會期望一個不太演奏小提琴的人，演奏出極佳的小提琴一樣，我們也不會期望心智不常接受思想與問題挑戰的人，能表現出傑出的智力。大學會提供一部分必要的腦力刺激。在你進行課程的同時，科目的語言和思考方向，會成為你自己思考模式與語言表達的一部分。



## 4 智力端賴人生的機會而定

如「鈴木教學法」的範例所證明的，機會能對你的人生造成很大的影響。學業上的智能可以藉由以下的機會培養：

- ✔ 垂手可得的書籍、設備和恰當的教學。
- ✔ 足夠的時間學習、思考、練習。
- ✔ 需要積極參與和自省的刺激性對話。
- ✔ 對你來說很重要的人，在你特定的學習興趣上，例如幾何學或高級料理廚藝給予確認。
- ✔ 處於一個重視學術智力的文化中。

有一些方法可以增加這類機會，例如利用圖書館、參加專校或大學課程、透過廣播電台或電視節目等。如果你小時候沒有好的機會學習，或你當時還沒對學習做好準備，你可能要花一點時間趕上程度。但你是可以做得到的，每年都有許多成年學生做到。

省思日誌 3-3

❤ **善加利用目前的機會**

● 你能用什麼方式，更善加利用你目前擁有的機會？

## 5 智力是由環境和文化決定

根據這個觀點，智力不止是每個人在腦子裡的東西，更包含了他們可獲得的設備和工具，他們歸檔分類的方式、電腦裡的記憶體大小、使用工具的熟練程度、社會裡的通訊管道、遇到的人等等。智力不是針對一個人獨立測量的東西，而是被視為一種社會現象（Vygotsky, 1978; Resnick, Levine and Teasley, 1991）。

例如，在工業區裡需要的智力，可能和在農業社會或在山裡生活所需的不同。同樣的，教育對女生或對家庭中的老么的重要性，可能會與男孩或較年長的孩子的重要性不同。兒童很能適應外界對自己的要求。

Sternbert（1985）將智力描述為**對於環境背景的一種敏感**。這個理論也可以套用在學習的環境中。一個學習環境可能符合某個人的習慣，使得學習較輕鬆，但對另一個人來說，同樣的教學方式不一定行得通。有些人在安靜的情況下學習得最好，有些覺得靜靜坐著是一種折磨；有些人很難從書上學習，用聽的學習效果更好；有些人在架構完整的課程中學得較好，更有些人在有彈性、開放式的情況下學得最好。

假如你高中的表現不如預期，花點時間回想自己在什麼情況下學習得最好，可能會有收獲，然後拿你實際遇到的教學情況做比較。你也可以考慮到你小時候擅長的事情，以及你當時認為重要的事情。你當時表現出來的興趣，是否被身邊的人分享並重視，像是你的老師、父母和朋友？如果沒有的話，這種情況可能讓你的學習變得困難。

你現在重視的東西，是否受到身邊的人的重視？他們了解並支持你想學習的東西嗎？如果沒有，身為成人的你，現在可以扛起責任，為自己的學習建立起一個好的環境。你可能要在圖書館裡找到一張你喜歡的書桌，或設立一個只有你能使用的學習空間。同樣的，你也能以適合你學習喜好的方式組織資料。例如，你可以將資料錄成音檔，或轉換成影像，只要對你有用的方法都行。整體來說，你的講師沒辦法單獨幫你打造理想的環境，因為每個人的需求都不同，因此你要自己照顧自己的需要。

省思日誌 3-4

❤ **製造有利的學習環境**

- 你要怎麼改變整個學習環境，才不會再重複以前的學習經驗呢？
- 你需要讓自己身處於更多支持你學習喜好的人當中嗎？
  （見第 1 、4 、11 和 12 章，可能會給你一些主意）

## 6 智力是將你所知的應用在新事物上（舉一反三）

Sternberg（1984）強調，任何技能都是由潛在的進步以及次要技巧組成的，他將智力視為面臨新挑戰時，轉換這些技能的容易程度。重要的不止是你能做出要求的事，例如做煎餅、寫論文，而是你能將你已經知道的東西應用在新的情況上，例如做蛋糕或寫報告。然而，將一項技能從一個情境轉換到另一個情境，並不是容易的事。一項關於數學解題的研究調查顯示，要讓技能從一種問題轉換到另一種問題上，要先有人幫助學生針對解決該項問題，去辨識自己的整體特質，以及潛在的本質。

如果學生能找出兩種問題之間類似的基本架構，他們就能將用來解決某項問題的特質，應用在解決另一個問題上。除非老師明確地指出舊學習和新學習的關聯，學生可能不會了解到種問題是相關的。再者，新的學習要與之前所學的複雜程度很才行（Reed, Dempster and Ettinger, 1985）。

如果教學沒有遵循這些方向，學生可能會感到迷惑，甚至放棄。此外，學生可能會認為問題出在自己的智力程度上，而不是問題呈現的方式。一名好的老師會幫助學生看看自己已經學會了什麼，並利用這些當作學習下一步的基礎。

Gardner 認為，不同的智力會交互作用。在多感官或多學科情況下學習的學生，常會發現在某領域的學習，能加強另一領域中的學習。如果你能建立起節奏感，不只能改善音樂和舞蹈，還有數學和拼字。同樣的，對顏色敏感的學生，能利用這點將手邊的資料，以視覺與空間的方式組織架構起來，這能幫助記憶及理解。

在你已經發展的智力與你認為自己比較弱的領域之間，尋找兩者之間的關聯是很重要的。你不需要是音樂、藝術的天才，也能通曉音樂、顏色、形狀和動作，當作學習工具。以沙啞的歌聲唱出化學公式；將你的親友當作法庭人物，用來複習法律；利用彩虹的顏色來為圖形化的筆記排段落順序，都是利用多樣智能讓學習更輕鬆有趣的方法。

省思日誌 3-5

**發揮自己的強項**

- 回頭看看你對〈省思日誌 3-2：多元智力〉第二題（你在這些方面的發展比其他方面好，有沒有什麼可能的理由呢？）的回答。
- 你要如何將自己的強項轉換成其他能力，以幫助學習？

## 7 智力的高低在於你知道多少東西

關於智力的一項很受認同的觀點，就是智力代表回答「大智慧」封閉式問題的能力。這個想法並沒有將智力的各方面考慮進去，例如創造力，或是處理現實生活情況的能力。另一個看法認為，智力是抽象推理的能力，例如擬定假說，以及不需要知道很多事情就能推理得很好的能力。

Donaldson（1978）主張我們推理的方式，仰賴於我們所處的某個特定情況中，以及我們知道些什麼。例如，她證明了*兒童和成人在解讀所聽到的事物時，不但會注意文字本身的意義，還有建立在他們的想法，以及本身知識上的理解*。由此可知，你帶進學習裡的背景知識份量與種類，會影響到你吸收新資訊並用它來推論的難易度。

抽象思考事物的能力，可能要看你在生活中是否遭遇過類似的問題。Butterworth（1992）將像是「慷慨」這種抽象的想法，描述為實際上是社會的真實狀況。生活中的實際體驗，讓我們建立起一個精神上的榜樣，而這個榜樣會提供抽象思考的基礎。如果我們在實際經驗上有所缺乏，像是處理數字，會覺得很難進行較抽象的思考，除非我們補起這段空白。

Butterworth 認為，當我們在不熟悉的情況下面對一個熟悉的問題，我們可能無法辨識出它其實是一樣的問題，這可能會讓不是初學者的我們顯得像是完全的初學者。我們可能需要有人來指出我們已經知道的東西，以及新學的東西兩者之間類似的地方。當我們找出關聯，就能解決問題。

**可塑造的大腦**

人腦有「可塑性」：它可以接受改變和發展。當一個人學會一項新技能時，大腦中不同的神經元之間便架起數以百萬計的新連線，好處理新進來的資訊，就像一組傳送訊息的電話線一樣。你越加以發展一項能力，神經網絡或線路系統就越是精密，因此你的大腦就能更快處理關於這項技能的資訊。

當你開始學一門新科目時，你吸收東西並理出頭緒的速度，端賴你的大腦能利用多少過去的學習經驗。如果你以前曾學過很類似的東西，那麼新學的東西將對你很容易。然而，假如你面對完全陌生的科目，你就沒有太多可用的基礎，你的大腦理解這項新資訊的連結也較少。假如該科目使用的語言對你來説也很陌生，大腦又需要針對這個部分建立新連結。這可能讓你感覺到聽起來或讀起來較困難：你可能比較快累，或覺得自己的大腦「死了」，或什麼都看不懂。不過，當你從不同的角度去看同樣的東西時，新的連結會越來越強，學習也會漸漸輕鬆起來。

## 8 智力是可以被測量的

智力測驗只能測出能被測量的東西，然而人類出色的地方有許多部分是無法輕易測量的，像是藝術和音樂創作力、情感成熟度、直覺、對他人需求的感受度、在緊急情況下保持冷靜頭腦的能力、模仿別人的能力，以及發明的能力。

有些人可能很精通這些領域，卻在以語言為主的考試中表現得不好。在以語言或數字為主的 GCSE 測驗中表現不好的學生，通常在大學的藝術課程中表現很優秀。同樣的，有些人語言程度不好，卻很擅長電腦科學。愛因斯坦在學校的成績並不理想，而智力測驗應該要和學校成績互相關聯才對。愛因斯坦聲稱，他最初得到相對論的靈感時，他正在做白日夢，想像他駕馭著一束日光遨遊。這種想像力是很難用智力測驗測量出來的。

## 9 智力是習慣和練習養成的

本書建立在一個前提上，這個前提就是我們認為智力通常仰賴好的學習習慣、策略和可以培養的技能。舉例來說，研究調查顯示擅長解決問題的學生，比其他學生花更多時間去找出問題到底出在哪裡，然後才試圖去解決它；而其他學生只看到問題的表面，看不到問題的本質，而這本質和如何解決問題是有關聯的。

有些學生會失敗，是因為他們並沒有花足夠的時間去思考他們手邊有的範例和資料；有些人則是毫不思考一項行動的意義，就直接抄襲範例的做法（Keane, Kahney and Brayshaw, 1989）。成功的學生使用可以學習的策略來解決問題。

雖然以上提到的研究，指的是解決某種特定的問題，它的結果也可以應用在一般大學生身上。有些學生學習時，只是粗略地看過去，在書上東抄西抄，並沒有真正了解為何老師會分派這項作業、這些資料有什麼含意，或它對自己本身有什麼關聯。大多數的大學作業，都會讓你從中受益，你會花時間去複習，弄清楚問題究竟要問什麼，標題裡有什麼文章，老師要求寫這份作業的原因，以及能用的最佳策略是什麼。隨著時間過去，這種研究方式就會成為習慣。

省思日誌 3-6

**❤ 關於智力的九種觀點**

- 這九種關於智力的觀點，你對哪一種最熟悉？
- 哪一種對你來說最有道理？
- 哪一種最能鼓勵學習？

# 04 什麼是「學習」？五種學習的面向

What is learning?

我們已經看過智力如何能經由學習過程來培養。在每個新的學習階段，去思考如何學習這個階段的東西是很重要的。許多人從來沒有學過如何學習，而許多大學現在也提供「學習如何學習」的課程。

那麼，什麼是「學習」？很顯然的，學習不是只有學習技能而已，它是一個多面向的過程，跟每個學習者本身，及其學習史、現在的學習環境，還有這些因素彼此的交互關係有關。我們可以說在我們同時了解一件事物，並且能向人解釋、教導或示範這項事物時，學習就產生了。不同學習的方式有很大的差異，以下列出五種不同的學習面向。

## 1 有意識 & 無意識的學習

### 1 有意識的學習

當我們知道自己在學習時，學習是有意識的，就像當我們準備好要背一首詩或一組電話號碼時，或當我們發現到自己了解新東西時那樣。典型有意識的學習方式有：

- ✔重複某項事物
- ✔將它寫出來
- ✔檢查自己是不是記得這項事物
- ✔告訴別人自己知道的東西

### 2 無意識的學習

對於感官接收到的訊息，我們只對一小部分有意識，而這些訊息大腦都會處理。在我們沒有察覺的時候發生學習，它就是無意識的學習。

有時候無意識的學習可能會在之後融入有意識的學習，就像我們感覺到自己就是知道一件不知道已經學過的事物那樣。你可能親身經驗過搭車走在不熟悉的地方時，你突然認出該走哪條路，或對於自己不假思索地回答某個問題感到驚訝，心想：「我怎麼知道的？」

## ❷ 不同程度的專注力

我們專注的程度可能會有所不同，依以下情況而定：

- ✔ 我們學習時的心理或身體的狀況
- ✔ 資料呈現給我們的方式
- ✔ 面對的資料是不是全新的

就像我們前面提到愛因斯坦和光束的例子，學習可以在放鬆、有知覺的情況下發生，不一定總是需要費很大的努力和專注力。你一定有碰過自己努力去記一件事，最後卻很快忘記的情況，例如一組電話號碼，然而卻在沒花太多注意力的情況下輕鬆記起一件事，例如廣告看板或歌曲裡的一句歌詞。

## ❸ 透過不同的感官順序

在學習時，每個人都有自己喜好的看、聽、說、寫，和使用的順序。

活動 3-1

### ❤ 練習透過不同的感官順序去學習

針對自己的喜好做實驗，列出一些你覺得很難拼的字（或其他你需要學會的資訊），試試看用不同的感官順序去學。

- 看看它！大聲說出來！寫下來！檢查自己寫了什麼！
- 大聲說出來！看看它！寫下來！檢查自己寫了什麼！
- 將它畫出來！看看它！大聲說出來！寫下來！檢查自己寫了什麼！
- 錄下來！聽聽它！重複它！寫下來！看看自己寫了什麼！檢查它！

哪個順序對你來說效果最好？（關於其他視覺、聽覺和動覺的活動，請見420－423頁。）

### 4 依照細節或是從整體來看

有些人在先了解整體架構時，學習的效果最好；如果一開始給太多細節，他們會感到困惑或無法應付。

另外有些人藉由一點一滴累積細節，讓整體架構慢慢浮現時學習效果最好。除非他們先實際了解細節，否則整體架構可能對他們沒有意義。

### 5 用直接的路徑或較曲折豐富的路徑

有些人會找出較有效率的「高速公路」，只學他們需要的東西。而有些人要走景色較豐富的路徑，蒐集不一定必要、卻會讓學習更有趣的資訊。景色豐富的路徑能導入更深入的吸收，而且可能也是更豐富的經驗。然而，這種方式所製造出的資料，對你目前手邊的任務而言，可能不一定是必要的。

哪一種方式較適當，就要看你需要學習的東西是什麼、你為什麼要學習這樣東西，以及你有多少時間去學這樣東西。

### 6 綜合的方法

大多數的情況下，我們會看環境提供的資訊，並依據我們的需要和著重的地方，在以上這五種學習面向之間轉移。在你明白這五種面向，以及你自己特有的學習方式之後，會更容易建立良好的學習策略。

有些條件對學習是必要的，有些則是你想要的。明白這些條件能讓你創造最佳的學習環境。

# 05 六項學習的條件

Six conditions for learning

有人以為強記「事實」就是學習的全部，當然如果你的腦中準備了充足的資訊以備不時之需是有用的；但**對多數大學課程來說，重要的不是你能在回答裡放入多少事實，而是你如何使用一項資訊**。你會被期望證明：

- ✔ 你可以評估並選擇哪些東西相關且重要，而哪些東西可以被省略。
- ✔ 你明白想法是如何關連、彼此連結。
- ✔ 你對課程充分理解。
- ✔ 你能架構自己的想法和知識，進而提出具說服力的論點。

❤ 要讓學習發生並確知學習已經完成，需要六項學習的條件：

1 新經驗　4 吸收
2 根基　5 了解
3 練習　6 實際操作

## ❶ 新經驗

為了學習，我們要使自己暴露在陌生的事物當中：新觀念、新資訊、新情境、新挑戰、新情感等等。

舉例來說，想像看看當漢娜將手放進火裡時，她並沒有感到痛苦。這項發現可能會挑戰你先前學到的東西：被火燒時應該會覺得痛。這可能會刺激出一連串的問題，像是痛覺為什麼沒有發生？

新經驗是個學習的機會，基於好奇心、求知欲，以及想了解事物如何環環相扣的欲望。大腦會努力將新資訊和我們原來知道的東西結合，也就是吸收知識。如果不可能結合，大腦便會調整舊知識，以適應新資訊。

## ❷ 學習的根基

如果學習是建立在之前學過的東西上，會比較輕鬆，假如這項學習能使用類似或相關的經驗，當作理解新資訊的基礎的話。因此，如果我們被要求去敘述對在一個圖表裡看到的物品有哪些認識，我們只能描述我們看到的東西。

不過，如果我們得知它是「水果」，我們就知道該如何對它做反應，以及該對它有什麼期望：它可以拿來吃、它的味道大概會是甜的，它不太可能會移動、發出聲音、攻擊我們或想去散步。而如果我們得知它是「動物」，或是一種「樂器」，我們也會自動喚起各自不同系列的知識。我們的知識是幫助我們了解這個世界的模型。

課業上的學習也是如此。舉例來說，當我們有足夠的字彙時，閱讀起來就比較輕鬆；如果要一直用字典查單字，對正在閱讀的東西注意力會一直被打斷，會失去那個流暢感，影響到對文章的理解。我們也要努力弄懂正在閱讀的東西，同時還要記得新字的意義，並將這些資訊全拼湊在一起。這會導致負擔過重，所以常常在這個階段覺得自己「無法學習」。事實上，大腦正學習很多東西，只是同時學太多了。

你的大腦需要時間去吸收新的資訊，除了知道每樣東西獨立的意義，還可能需要看看這些資訊該如何組合，才能感覺到真的「了解」了這些資訊。看起來學習得很快的人，可能只是基礎知識紮實，而且曾經實際解決過類似的問題。

## 3 練習

學習課業和學習身體的活動（像是跳舞和足球 ）類似，我們通常需要重複一項動作或一項新的資訊才能吸收，而且還需要常回頭溫習或練習；否則我們的記憶會生鏽，漸漸就把它忘了。不論是寫論文、閱讀學術性的文章，或是踢足球、畫畫、演奏小提琴，或做蛋奶酥，這個道理都一樣真確。如果你回想自己在學校學了什麼，你大概會有個模糊的整體概念，即使細節有些朦朧。第二次學這些科目的時候，你會學得更快；就算只是迅速翻閱舊的教科書，也可能都會讓整個相關領域的知識浮現腦海。

## 4 吸收新知識

### 1 淺度的「表面」吸收

有時候我們在吸收新資訊時，可能只是淺度的吸收。舉例來說，上述漢娜的例子，我們可能只是注意到、並且記得她手伸進火中不會痛，就不再深入去思考了。我們可能將它視為事實記起來，就像學習數學表格，或將它記錄在筆記本上。

不過，記憶和記錄只是學習的一部分。如果我們只使用表面的學習，就無法建立基礎架構的概念，或了解到學到的東西代表什麼意義。這將使在不同情況應用新知識變得困難。

### 2 深度吸收：理解你所學的

另外，我們可能會試著去理解漢娜的經驗，並找出解釋。我們可能會問自己問題來刺激思考，從許多不同角度來探索這個問題。也許漢娜善於以心靈力量戰勝外在物質？也許她有神經上的問題而無法感到痛覺？也許她的確會痛，只是不表現出來？

我們可能也會開始好奇，「痛覺」到底是什麼？痛覺如何運作的？它是由腦部調整的嗎？還是身體裡的化學反應？還是取決於我們的心態？或者這種火和我們平常知道的火不一樣？也許問題的答案不在漢娜身上，而在化學物質裡？

**當你從不同角度去分析漢娜的經驗，提出新問題，並用可能的答案去實驗時，你就經歷了深度的吸收。**

## 5 進行到另一個層面的了解

為了要了解一種新現象，例如漢娜的手放在火裡時，到底發生了什麼事，我們可能需要改變之前的固定觀念。我們可能覺得每個人碰到火都會痛。

- ✔ 當我們明白有些情況下，某些人不會像別人一樣感到痛覺時，我們會進行到另一個層面的了解。
- ✔ 當我們明白這種現象為什麼發生時，就進行到了更深層的理解。
- ✔ 當我們了解到自己如何形成固有的信念，以及為什麼現在的信念不同時，我們就進行到再深一層的學習：了解到知識是如何建立起來的，以及我們如何知道、理解一切事物。

當我們以這種方式學習時，應該準備好以開放的心胸，接納新的看事情以及做事的方式，甚至還有對自己全新的看法，以及對我們如何建立信念的看法。這使學習令人興奮，也是為什麼有這麼多學生回頭念研究所課程的原因。

## 6 實際操作

我們無法確定自己是否學到東西，除非我們加以測試，對自己和其他人實地證明我們的確了解某項知識。

有種方法可以測試我們對一項新資訊的了解程度，就是實際操作。有些情況下可能會有實際的使用，例如修理某項機械或製作一項新設計；另一些情況，例如理解痛覺如何運作，我們可以藉由向他人解釋來表現自己確實了解。如果我們可以用以下方式證明：

- ✔ 以文字、演講、圖表的方式或實際演練的方式證明
- ✔ 在演練時不需要確認細節
- ✔ 向觀者以清楚且合理的方式證明

這麼一來，我們的思路就很可能是清楚的，而我們的學習也就告一階段了。如果我們無法實地演練我們覺得了解的東西，那我們的思考可能很混亂，對這件事的了解也不完整。我們可能需要回頭檢查學過的東西。以下的步驟可能有幫助：

- ✔ 採取不同的角度來看這個主題
- ✔ 使用不同的書籍
- ✔ 看看之前是否遺漏了什麼步驟

在〈第 11 章〉和〈第 4 章〉裡，關於解讀資訊的部分，可能也會有幫助。

# 06 最理想的學習

Optimal learning

## 這樣學比較簡單

### ❶ 生理狀態佳

- 不飢不渴，不累不倦，不缺醣份。

- 多喝水，讓頭腦清晰，補給身體能量。（飲料沒有水的效果，累或思緒混濁時，就喝些水吧。）

- 食用穀類食物（米、燕麥、大麥等），它們能緩慢釋放自然的糖分，幫助平衡能量。

- 壓力，可能使你的能量從大腦移轉到肌肉。放鬆並充滿興致，學習效果最好。

### ❷ 相信自己學得來

- 相信自己的智力
- 相信自己有學習的權利
- 創造出積極學習的心情

### ❸ 組織資料

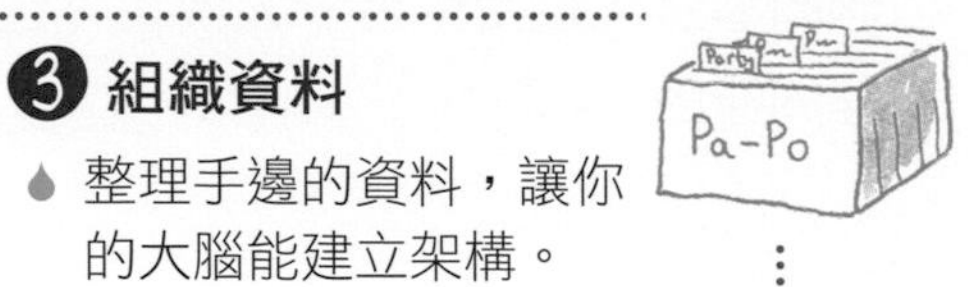


- 整理手邊的資料，讓你的大腦能建立架構。

### ❹ 使用 C.R.E.A.M 對策

- 有創意，能自省，有效率，積極，有動力。（見第 4 章）

### ❺ 充分使用大腦

- 右腦和左腦並用
- 腦部的三位一體（見 414 頁）
- 使用所有感官來為資訊解碼（見 420 頁）

### ❻ 充分運用五項學習技能

- 有自覺
- 能理解到你面臨的要求
- 有方法和策略
- 有自信和認可
- 能熟悉、練習和習慣

### ❼ 樂在學習中

- 讓學習變得有趣
- 確認學的東西對你有意義
- 確認你真的在乎學習的結果
- 全心全意投入正在學習的東西

### ❽ 和其他人一起學習

- 見第 5 章

### ❾ 當學習的媒介適合你

- 抄錄、畫圖、演出、錄音……，吸收更容易。按照最適合你的方式去做。
- 使用不同的版面、顏色、字型、尺寸……。
- 將資料個人化，使它成為你的東西。

# 07 回顧

Review

省思日誌 3-7

回頭看你為每個單元寫的關於智能的筆記。在你的筆記本中，注意你現在對於以下問題有什麼想法：

- 在你讀完這個章節之後，你的想法是否有改變或增強？
- 你自己的學習史如何？
- 當你還小時，你在學習上是受到鼓勵還是被阻礙？這造成了什麼影響？
- 你目前的學習是否受到過去的模式影響？
- 如果是，你需要做任何改變，來改進你的學習嗎？
- 你若要達到最理想的學習，什麼是必要的？
- 根據你在本章節讀到的內容，列出 3 項你現在能做到、可加強學習的事。
- 你的學習技能需求，和你其他學習發展的需求如何融合？

本章提供機會讓你回顧自己對於智力和學習的態度，以及你的態度如何能影響你的學習能力。它以一個較宏觀的定義來檢視學習技能，並探討了智力、生活經驗與學習之間的關係。

關於智力，有許多不同的觀點。有一些傳統的觀點過於設限，它們減低人們的自尊，讓他們更難學習，還忽視了他們在新領域發展的潛力。

不同的文化和不同的環境，需要發展不同方面的智力。一個人在早期得到多少關於他們學習喜好和科目選擇的支持，可能對於他們的表現和自尊有長遠的影響。身為一位成年學習者，你對自己的學習已經比小時候在學校有更多掌控。你現在可以決定去改變你的環境情況、你的社會網絡、你的心態和你的學習習慣，也可以將你所學的東西加以個人化，來支持你自己的學習偏好。你能給自己成功的機會。

本章也探討實際經驗和過去的學習，如何影響我們新領域的學習，包括處理課業上的資料，或寫論文等等。假如這些技能是因為缺乏適當的過去經驗而未充分發展，學習可能因此看似困難，而我們也會覺得自己的智能較不足。另一方面，就如同〈第 2 章〉所解釋的，課業學習所需的次要技能，通常和我們在生活其他領域用到的技能類似。沒有一個學生是真的從零開始的。

最後，本章鼓勵各位將不同的學習方式列入考慮。當你漸漸習慣高等教育時，你會發現有彈性的學習方法能讓學習更有效率，也更有趣。這個概念將在〈第 4 章：C.R.E.A.M 學習法〉中探討得更深入。

# C.R.E.A.M. 學習策略

學習大綱

- 了解到 C.R.E.A.M. 學習策略每個方面對學習過程有何貢獻，並懂得如何將它應用到你自己的學習上。
- 對於如何採取更有創意、更積極的學習手法培養想法。
- 明白當「高尚的學生」和當「有效率的學生」之間的不同。
- 建立工具，以更有效地組織你的學習空間與時間。
- 學習當使用資訊科技時，如何能更有組織、達到更高效率的學習。
- 探索及淨化你的學習動機，並學會如何為自己設下明確、可達成的目標。
- 以〈第 2 章〉和〈第 3 章〉開端的自我回顧為基礎，進一步加強。

# 01 何謂C.R.E.A.M.？

Introduction

## 何謂 C.R.E.A.M.？

| | |
|---|---|
| Creative | 創意：有自信去利用自己獨特的策略及風格，並將想像力發揮在學習上！ |
| Reflective | 自省：能接納自己的經驗，分析並評估自己的表現，並從中學習！ |
| Effective | 效率：安排組織自己的空間、時間、優先順序、心理狀態和資源（包括資訊科技，也就是IT），使它們發揮最佳效果！ |
| Active | 積極：將自己融入其中，身心都實際參與操作，以真正了解自己學到的東西！ |
| Motivated | 動力：注意自己想要的結果，利用短程和長程的目標，驅使自己前進！ |

發展以上任何一方面，都能加強其他的部分。舉例來說，動力就與反省自己真正想要的東西有關；積極學習和創意需要動力，同時也幫助你維持動力；好的組織策略，是想像力和反省的產物等等。

# 02 找出你自己的創意路線

Finding your creative streak

創意對於新作業初期的構思特別重要。你可以之後再用邏輯思考方式，來評估要採用哪一個點子。

## 阻礙創意的心態

- 這是在浪費時間！
- 這真幼稚！
- 工作時間就該認真工作，等玩樂的時間再來玩！
- 做事該有一套正確的做法！
- 這沒有道理！
- 我沒有創意！
- 我做不到！

省思日誌 4-1

**阻礙你創意的心態有哪些？**

- 你是否有以上的任一種心態？
- 你年紀小的時候，是否接收到什麼訊息，阻礙了你現在的創造力？
- 如何培養創造力？

### 1 腦力激盪：從側面思考

選擇任意兩樣東西，例如一個杯子和一棵植物。盡可能想出這兩樣東西彼此的相關性，例如尺寸、顏色、破碎的方式、是否彼此相反、如何旋轉、是何時購買的。你如何能將這種腦力激盪，應用在課程功課上呢？

### 2 人會找到想要的東西

- 從房間裡找出三樣圓形狀的東西。
- 找出三樣可以打開的東西。

你可能會突然發現，房間裡充滿了這樣的東西。如果你要找出新的做事方式，或要找出答案，你也會找出來的。

## ❸ 正確答案不只一個

想出一個答案之後，再去找另一個。下一個答案可能會更好，或是提供你調整前一個答案的方法。

## ❹ 結合不同事物

**取一種動物的前半段，然後另一種動物的後半段，你發明了什麼新動物？**發明的精髓，就在於將兩種不同的想法或內容混合在一起，創造新的可能性。這對學業上思考也有幫助，例如比較不同的觀點。

## ❺ 使用譬喻

**讓某樣東西取代或代表另一樣東西**，這就是使用譬喻或類比。試試用不同的觀點去看一樣東西或一項學習問題，將問題視覺化或具體化。從學術內容中取出一個議題，看看若將它放進柳橙或蘋果的世界裡，或刀、叉、鹽、胡椒的世界，它看起來會如何？如果你不能理解某件事，**利用物品在桌上將它描繪出來**，就像將軍利用玩具兵排出不同的戰略一樣。

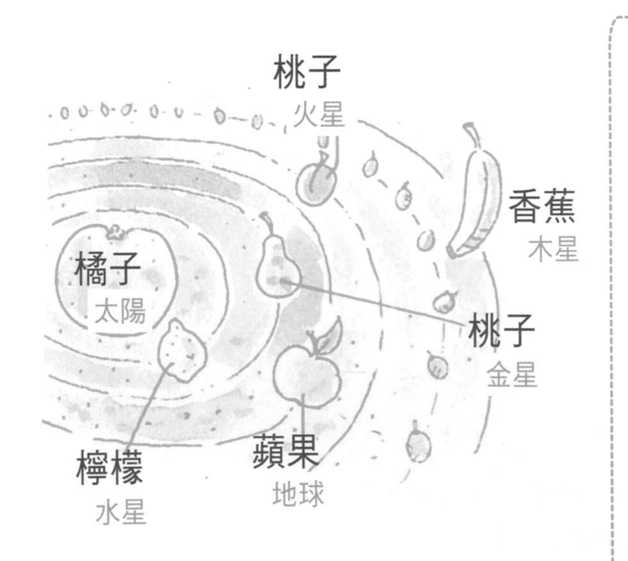


活動 4-1

**❤ 尋找關聯性**

完成以下的句子，看看你能想出多少點子：

- 寫論文就像做蛋糕，因為……
- 學習就像足球比賽，因為……
- 當學生就像當三明治一樣，因為……

你還能想出哪些其他的譬喻，可以用來形容學習呢？

# 03 如何激發創意點子？

Be a professor & other ideas

## 1 角色扮演

在我們心裡甚至在身體裡，有著各種不同的次要人格：可能是一個批評自己的內在批評家，一個愛玩的小孩能看見事情好玩的一面，一個挺身而出解決問題的英雄等等許多人格。聆聽自己的內在的聲音，你會漸漸察覺到這些不同的內在人格。

活動 4-2

**❤ 想像你是世界的頂尖專家**

當你不知從何著手一項工作時，你可以想像自己是個教授或發明家，正面對著一個世界級的重大問題。專家不會覺得問題容易解決，但他們更願意面對看似不可能的任務。

做第一線研究工作的人，不能在書裡找答案，因為書裡還不會有答案！就像愛因斯坦做關於光束的白日夢那樣，他們可能會玩味不同的想法，衡量看起來很瘋狂的選擇，追求異想天開，想像「如果這麼做的話……」，衍生出許多答案，然後更仔細去檢視它們，看看其中有沒有哪一樣行得通。

你也可以這麼做。你內心的教授，看起來是什麼樣子呢？聲音聽起來如何？當你變身成教授時，你的手和頭如何擺動？讓你的教授活起來，和你談談解決學習問題的可能辦法。

## 2 隨筆將想法記在筆記裡

重視每個想法，就像作家和藝術家那樣。在筆記本裡或貼上隨手寫下你的點子，在床邊擺一枝筆和一本筆記。之後，回頭看看哪個點子能用。可能有很多想法派不上用場，這是創作過程必經的一部分，但有時候只要有一個能用就夠了。

## ❸ 對不知道的東西產生好奇

有創意的人隨時都好奇，他們想知道每件事，搞不好這樣東西哪天能和別的東西湊在一起。

如果你對於未知的事物感到害怕，是很難有創造力的。讓你心中那個什麼事都想試試看的好奇寶寶出來活動吧。

## ❹ 製造打破常規的機會

當你換一種方式去做時（即使那不是最快的方法），你會發現有趣的新事物。檢視你一向習慣的做法，問自己：

- ✔ 為什麼我要用這種方法做？
- ✔ 現在，最初的原因變了嗎？
- ✔ 我還能用什麼別的方法做？

## ❺ 想像其他的可能做法

### 1 問自己假設性的問題

假如週末有三天，將會如何？假如這份論文明天就得交，將會如何？假如我被規定只能用 100 字寫我的研究報告，我將會放什麼東西進去？

### 2 別人會怎麼做？

想想看：畢卡索可能會怎麼處理這項學習問題？那曼德拉呢？甘地呢？推理小說作家克莉絲蒂？莫札特？政治家？舞蹈老師？你的媽媽？你內心的教授？誰的方法最能幫助你並給你靈感呢？

# 04 創意學習計畫表

Planner: Creative learning

1 ☐
我們喜歡彼此辯論。
不是啦，其實我們是討論啦。
但也可以說是一種辯論啦。

2 ☐
我在壁紙上做一個大圖表，然後把我學的每樣東西在上面連起來。

3 ☐
我在吸地板時整理思緒，這樣就沒人會聽到我自言自語了。

4 ☐
我把想法對著錄音機說出來。
喂！喂！

5 ☐
我有一本隨身的筆記本，讓我可以隨時記下我的想法。

6 ☐
我們談論很多事
我們分享點子
我們一起解決問題

7 ☐
我喜歡的方法：
a) 想出主要的想法
b) 想標題
c) 從筆記中歸納重點
d) 在一張紙上歸納重點

8 ☐

我寫了很多論文計畫的骨架，並將新資料放入適當的骨架中。

9 ☐
我想像自己是律師，要和自己另一邊的想法辯論。
庭上，因此我認為……

10 ☐
Swahili
Ibo
Farsee
Chinese
Esperanto
我在腦中想像誇張的影像，來幫助我記東西。

11 ☐
我用「看過後遮住」的方法：閱讀某樣東西後，把頁面遮起來，然後寫下記得的東西，之後再回頭檢查自己哪裡寫對了。接著我再故技重施一次。

12 ☐
我把自己的想法很快地寫下來，看看思緒會帶我去哪兒。稍後我再整理它們，看看哪些東西可以用。

# 05 你的學習風格是什麼？

影印頁

What is my learning style?

❤ **下面是一些不同的學習方式，從當中找出與你最貼切的方式。注意你學習的強項，以及你需要發展哪些領域，好增加你的強項。**

## 潛水員

**特徵**

- 你通常會直接跳進去嘗試。
- 你喜歡將事情一次解決。
- 你喜歡試試看某件事是否行得通。
- 你喜歡迅速進行到下一件事。
- 你擅長處理簡短的事情。

**學習強項**

- 你不會浪費時間去擔心。
- 你很早就開始動手做事。
- 你能激勵其他人。
- 你擅長角色扮演活動、解決問題和危機。

**需要發展的領域**

- 自省和計畫。
- 創意思考。
- 考慮不同的可能性。
- 聆聽別人的看法，並與他人合作。
- 增長個人興趣，好讓自己能長時間工作。

## 夢想家

**特徵**

- 你對於一個主題會想很多。
- 你喜歡徹底調查。
- 你將像寫作等較實際的層面留到最後做。
- 你常不知道時間都跑到哪裡去了。
- 你一直在重寫你的時間計畫表。

**學習強項**

- 你擅長自我反省和評估。
- 你有高度創意和許多點子。
- 你能深入探討事情的根源。
- 你擅長感性地聆聽他人。

**需要發展的領域**

- 有效率的學習策略。
- 善加利用時間和組織的技巧。
- 為自己和他人扛起責任。
- 實際參與。
- 設定優先順勢及下決定。
- 果決並願意冒險。

## 邏輯家

### 特徵

- 你喜歡將事情理出頭緒。
- 你喜歡知道事情背後的道理。
- 你的學習方式有條有理。
- 你喜歡解決複雜的問題。
- 你是個完美主義者。

### 學習強項

- 你擅長分析和批判式思考。
- 你擁有組織技巧。
- 你擅長科學、數學、法律和解決問題。
- 你懂得去懷疑事物。

### 需要發展的領域

- 創意和想像力的思考。
- 體認其他人的不同。
- 自我反省。
- 與他人共事。
- 面對壓力。

## 探索家

### 特徵

- 你覺得每件事都很有意思。
- 你喜歡看見事物的整體。
- 你對很多事都知道一點。
- 你對事情的細節感到驚奇，卻不記得它們。
- 你覺得選擇出少數重點很困難。

### 學習強項

- 你有高度的學習動機及興趣。
- 你有廣泛的知識。
- 你能看見事物之間的關聯。
- 你有創意和創造力。

### 需要發展的領域

- 設定目標和優先順序。
- 分析及批判性思考。
- 分類及選擇。
- 編輯技巧。
- 發展細節的記憶力。

# 06 將你的學習風格個人化

Personalize your learning style

## 個人化的學習風格

你很可能會發現，這裡的概括式分類，並沒有將你的一些個人學習特質包含進去。發明一種只屬於你的風格吧！

- 考慮你是否想：
  - 看、聽、說或唱出資訊
  - 獨自工作或和他人合作
  - 有人支援或獨立自主
  - 得到鼓勵和意見
  - 用到某種肢體動作
  - 待在家或在學校
  - 有人指導或靠自己找到方法
- 列出你的學習強項。
- 列出你需要發展的領域。
- 接著，選擇最能概括形容你如何學習的字、詞語、動物或物品。

你可以在你喜歡的科目上用一套學習風格，而在覺得無聊的科目上用另一套。如果你對於嘗試新方法抱持開放的態度，並具彈性和創意，你會變得較圓融、學習上也較有效率，長久下來也有更多選擇及策略可用。

## 讓課程適應你的方法

假如你的課程架構並不符合你的學習偏好，你可以透過所選的學習方式來使它「適應」你。

例1
- 如果你喜歡和他人合作，就組織一個學習團體，或安排和一位朋友一起學習。
- 在圖書館裡進行學習，並參加學生活動。

例2
- 如果你喜歡按照自己的計畫進行，就著重在時間管理上，讓你的時間像是屬於自己的。
- 找別人不可能使用的文章來用。
- 找別人可能還沒想到的例證。

例3
- 如果你喜歡靠耳朵學習，就將課堂錄音下來，並朗讀書的節錄，錄起來在公車上聽。
- 把你的想法錄起來。
- 組成一個支援團體，在討論中學習。

省思日誌 4-2

**❤ 將你的學習風格與課程個人化**

- 在你的筆記裡，註明你能如何安排學習某項課程的方式，好讓它更適合你的學習風格。
- 過兩三個月之後，再試試這項活動，並比較兩次的結果跟評語。

# 07 如何建立自省式的學習？

Reflective learning

身為高等教育的學生，你要為你的學習進程負責，好成長為一名獨立自主的學習者。雖然你會收到老師給你的正式審核結果（評等、成績和評語），不要依賴這些評分和他人的看法是很重要的。

如果你能透過分析和反省的過程自我評估，明白你哪裡做得好？哪裡需要改進？哪些部分該優先處理？你將從中受益。你可以從〈第 2 章〉開始這個過程。

## 建立自省式學習的習慣

如果你建立起花時間反省學習方式的習慣，你學業上的表現很可能會有所改進。你會發現學習更有效率，假如你考慮到以下這些事：

- ✔ 你的動機
- ✔ 你的態度及想法的轉變
- ✔ 你目前的學習策略對手邊的任務是否適切
- ✔ 對於不同的作業，你需要什麼樣的技巧
- ✔ 什麼阻礙了你的學習
- ✔ 你的知識或技巧中有沒有任何缺口

## 五種建立自省能力的方式

1. 固定寫一本學習日誌（見 111 頁）。
2. 自我檢測的問卷。
3. 隨時更新個人檔案或資料夾（見第二章〈15. 個人檔案裡要寫什麼？〉）
4. 將老師給的評語善加利用（見 326–327 頁）。
5. 經常填寫進步表（見 110 頁）。

## 如何評估自己的進步？

### 1 問卷和清單

- ✔ 利用這些當作起點，將思考集中在你的學習上。
- ✔ 從每份問卷中選擇幾個重點，放進你的日誌中討論。

### 2 對自己要公正

當你決定自己一件事做得「好」還是「不好」時，考慮你下判斷的理由。你用什麼標準對自己評分？找出跟做這件事相關的細節，並將它分成較小的任務或次要技巧。

- ✔ 你是否在某些方面表現得比其他方面好？
- ✔ 是什麼讓某些部分比其他的難？

在這些時刻，人們很容易就會過度低估自己：

- ✔ 離開正式教育體系多年
- ✔ 對於某科學得越多時（我們知道得越多，就越發現自己不知道的東西有多少）

### 3 監控你的表現

影印空白問卷，在學期稍後回頭來再填一次。比較不同時間的答案，看看有什麼進展。

經常閱讀你的日誌，對你的進展下評語。

# 08 檢測你做得如何？

How well am I doing?

| 【課程或單元】 | 【日期】 |
| --- | --- |
| 【程度】 | 【學習年度】 |
| 1a 整體來看，我在這個單元的表現如何？ | 1b 我基於什麼標準來做這項自我檢測？（成績？老師的評語？自我檢視？其他方法？） |
| 2a 這個單元內，我表現得最好的是：<br><br>是什麼讓我在這些方面表現良好？ | 2b 我基於什麼標準來做這項自我檢測？ |
| 3a 要在這個單元表現得更好，我需要改善：<br><br>是什麼讓我目前無法有好表現？ | 3b 我要如何實行改善？<br><br>我進行這項改善的時間表是： |
| 4a 自從這項單元開始後，我學到了什麼，或有什麼地方改善了？ | 4b 我如何得知這件事？我怎麼衡量或監控自己學到了什麼？<br>（我在這上面花了多少時間？<br>我的自信心有多高？<br>我了解了多少？<br>我喜愛的程度有多少？） |

# 09 學習日誌

Reflective learning journals

為什麼要寫自省式學習的學習日誌呢？將東西寫下來的動作，能幫助你沉澱思緒和情緒，想出策略，並注意到你的發展跟進步。本書的〈自省日誌〉活動，便是提供思考及記錄的適當時機。

一份書面記錄，將幫助你看見每週和每學期的進展如何。這本日誌是為了你自己而寫，這種記錄會使你注重自己的發展。找一本你喜歡的耐用筆記本，現在就開始寫自省式學習的學習日誌。

## 學習日誌要寫什麼？

寫下任何能幫助檢討的東西。

- ✔ 你對課程、講師、其他學生、你的進步的感覺
- ✔ 讓你感到困難的事：挑戰
- ✔ 你態度或動機上的轉變
- ✔ 你如何處理任務：你的策略
- ✔ 你發現自己哪些事
- ✔ 對於你怎樣學習效果最好的想法
- ✔ 從學習衍生的想法
- ✔ 不同領域的學習如何連起來
- ✔ 你的學習和現實生活如何連接

利用上一頁的〈檢測你做得如何？〉表格來激發想法，並指出你用來自我檢測的標準。

## 範例

我不敢相信我第一篇論文寫得很差！和現在這篇竟然有這麼大的差距！固定把點子寫在冊子裡確實有幫助！

以前我一向先看最難的書，認為這樣才像個真正的學生。現在呢，我會先找簡單的概論來看。

為何我老是遲到？我想是因為我老是想著要準時到，但其實我應該想著提早5分鐘到，那我就會準時了！

## 學習日誌的其他用途

### 1 當作討論的基礎

你可能會想和其他學生討論關於課程的筆記內容。其他人在同一門課的經驗和你有什麼不同？他們是不是研究出什麼學習策略，是可能對你有幫助的？

### 2 為個別指導做準備

檢視你的筆記，然後寫下一份清單，裡頭列出你想在下一次個別指導時間討論的問題，並且按照優先順序寫。

如果你有任何問題，先想出一些可能的解決方式，這樣你和導師的討論範圍會比較小。

### 3 寫作實驗

寫日誌能幫助你建立寫作能力。這本日誌是為了你自己而寫的，也只寫給你看，只要你想，你能在其中實驗不同的寫作風格。這可能會造就能符合課程或老師要求的改變！

省思日誌 4-3

**❤ 現在就開始寫學習日誌！**

- 你對於開始上課有什麼感覺？
- 你期望什麼挑戰？
- 你能如何利用經驗幫助自己迎向挑戰呢？

# 10 努力和效率

Virtue versus effectiveness



## 努力 vs. 效率

埋頭苦幹地學習，並不等於有效率地學習。想想下面的表格，其中列出了萊拉這位學生的學習策略。萊拉覺得她應該要拿到好成績，因為她非常努力。她一星期花 50 個小時在念書，而且都在期限之前完成作業。

### 萊拉的念書策略

| 萊拉覺得自己很努力 | 但她的學習策略卻沒有效率 |
| --- | --- |
| 1 她讀了書單上的每本書 | 同樣的資料在好幾本書裡重複了，她卻沒有選擇書來閱讀。 |
| 2 她每本書都從頭到尾全看過 | 並不是整本書的內容都有用，她並沒有使用閱讀策略（見 199–204 頁）。 |
| 3 她寫的筆記非常仔細 | 她吸收的資訊過多。<br>她的筆記過於重複，要花很長的時間閱讀。<br>她對於自己記下了什麼，並沒有花太多心思去想。<br>她得花很多時間從筆記裡找東西。<br>她得花很多時間重謄筆記。<br>她抄下一大部分，並將它們抄進作業裡，害她丟了分數。 |
| 4 她筆記寫得很整齊，而且以完整的語句記下 | 使用縮寫會節省時間。<br>筆記不用太整齊，只要看得懂且能輕易找到資料就好了。 |

| | |
|---|---|
| 5 她長時間用功，很少休息 | ♦ 她容易感到疲勞，無法清楚思考。<br>♦ 她很容易感到無聊，失去興趣。<br>♦ 她無法專心，會忘記自己要讀什麼。<br>♦ 有時候她會無意識地寫下筆記，根本不了解筆記的內容。 |
| 6 她將自己孤立起來，好密集用功 | ♦ 她錯過了其他人的意見、建議和觀點。 |

省思日誌 4-4

- 你能看出為什麼萊拉這麼努力，她的成績卻變差了？
- 將你想法記在自己的日誌裡。

## 是努力還是有效率？

**❤你認為下面的範例是努力、有效率，還是兩者皆非？**

| | 努力 | 有效率 | 兩者皆非 |
|---|---|---|---|
| 1 將新資訊和你已經知道或學過的東西做連結。 | ☐ | ☐ | ☐ |
| 2 把困難的資料「用力記住」。 | ☐ | ☐ | ☐ |
| 3 從書裡抄大量資料，因為作者的說法比你的好。 | ☐ | ☐ | ☐ |
| 4 質疑你聽到的是真的，或只是個代表的典型。 | ☐ | ☐ | ☐ |
| 5 筆記寫得飛快，好將老師說的每樣東西都寫下來。 | ☐ | ☐ | ☐ |
| 6 在交出論文或報告之前，慢慢閱讀，並大聲朗讀出來。 | ☐ | ☐ | ☐ |

| | | |
|---|---|---|
| 1 | 效率 | 這能幫助你了解並記憶科目。 |
| 2 | 努力 | 這麼做是否有效率，要看你學習的內容和原因。你可能要記憶公式、方程式、名詞和日期，然而對於寫作來說，這個方法並沒有效率。（見第 11 章〉 |
| 3 | 兩者皆非 | 你應該要證明自己了解手邊的資料，而且能用自己的話寫出來。就算是你的筆記，也應該是用自己的話寫的：這也能幫助你避免抄襲。（見 220–221 頁） |
| 4 | 效率 | 你需要藉著提問問題，來建立你的知識和理解。 |
| 5 | 兩者皆非 | 這是個沒效率的方法，你要用自己的話記下重點，而且你最後還會面對超出所需份量的筆記，並得花時間去整理它們。（見第 6 章） |
| 6 | 效率 | 大聲朗讀，能幫助你看到需要修正的錯誤。 |

# 11 你的學習狀況具有效率嗎？

Ineffective approaches

❤ **你是否有以下的想法或習慣？**

- ☐ 1 如果沒在念書，會有罪惡感？
- ☐ 2 如果不將一本書從頭讀到尾，就覺得自己在作弊？
- ☐ 3 擔心自己無法記住每個學過的細節？
- ☐ 4 擔心別人做的筆記比你多很多？
- ☐ 5 在累到無法集中精神時還是要念書？
- ☐ 6 不對自己聽到或看到的東西提出質疑，只是單方面閱聽？
- ☐ 7 坐下來念書，卻讓自己的心思遊盪到別的事情上？
- ☐ 8 死記東西，卻沒有真正地去了解？
- ☐ 9 需要幫助時，卻沒有去尋求幫助？
- ☐ 10 不去將不同科目學到的東西做連結？
- ☐ 11 不將你的學習與真實生活做連結？

❤ **如果是，就別再繼續下去了，這樣的學習很可能是沒效率的，找出最有效率的學習計畫來取代吧！**

省思日誌 4-5

❤ **沒有效率的學習狀況**

- 寫下任何你能想到的其他沒有效率的情況。
- 哪個狀況與你相符合？

# 12 有效率的學習計畫表

Planner: Effective learning

影印頁

❤ 考量這份滿分 11 分的「有效率學習」的清單

| | | | |
|---|---|---|---|
| ☐ | 1 | 關於我的學習習慣，我是否需要更自省、更有自覺？ | 見 108–111、155 頁 |
| ☐ | 2 | 我是否一直確知學習的理由？ | 見 146–154 頁 |
| ☐ | 3 | 我是否需要更多動機？ | 見 146–154 頁 |
| ☐ | 4 | 有沒有我要先處理的焦慮或擔憂？ | 見 26、43–47 頁 |
| ☐ | 5 | 我是否努力有餘，效率不足？ | 見 113–116 頁 |
| ☐ | 6 | 我是不是以自己喜好的學習方式學習？ | 見 103–107 頁 |
| ☐ | 7 | 我是否有效地組織我的時間和空間？ | 見 118–141 頁 |
| ☐ | 8 | 我是否明白要優先發展哪些學習技巧？ | 見 61–63 頁 |
| ☐ | 9 | 我是否處在最佳的學習狀態？ | 見 118–121 頁 |
| ☐ | 10 | 我的學習是否夠積極？ | 見 142–145 頁 |
| ☐ | 11 | 我是否需要更多他人的支持？ | 見 160、164–165 頁 |

## 提早開始作業

你只需要一張紙和一枝筆就可以著手。不要等到拿到所有的書，或整理好書桌才開始（這些都是拖延開始寫作業的藉口）。如果你不想念書，允許自己只讀個 10 分鐘。迅速寫下問題，好集中思緒，將你該做的事，列出一份清單等等。晚點再去進行那些「藉口」（假如你還想去做的話）。不過，你大概會發現你已經被學習吸引進去，而且想繼續進行下去。

盡快讓心思放在思考問題上，這樣就算你去做別的事，你的心思也會繼續思考這個問題，這就是為何一拿到作業就趕快開始看是有效果的。

# 13 定下來念書

Settling down to study

要想念書有效率，就要將你的心理狀態、空間、時間和資料，以最適合你學習的方式組織起來。對許多人來說，要進入念書的心情是很困難的。每個人都各自有造成分心的事物：無止盡的咖啡、上網、打電話聊天、再喝一杯、更多要洗的衣服、看電視，除了定下來專心念書的任何事物。許多人都需要一個「引燃點」來開啟念書時段。

## 給自己念書的引燃點

有個學生每次念完書後，都會清理書桌：他的念書引燃點就是一張乾淨、吸引人的書桌。另一個學生有個儀式：打開電腦開關，裝一杯水，然後把書打開在要讀的那一頁，並等到她覺得準備好才開始。還有個學生是以站在廚房裡邊煮咖啡、邊腦力激盪將點子寫在紙上做開端。在他坐下來之前，就覺得自己已經開始念書了。

什麼行動或想法能引發你念書的心情？如果你不曉得，就先想一些出來試試，直到你找到適合的為止。

## 創造對的環境

- ✔ 什麼樣的念書環境，最適合你不同階段的念書過程？
- ✔ 記下是什麼因素讓你能念書：是要安靜？要放音樂？還是背景的雜音？
- ✔ 你需要待在家念書？去圖書館念書？還是要和朋友一起念書？
- ✔ 你是否需要一張乾淨的書桌？
- ✔ 你還需要什麼別的因素？

## 利用令你分心的事物來幫助念書

### 1 邊動邊念書

如果讓你分心的事物是某動作（例如去商店購物或做家事），那就先花 10 分鐘瀏覽一章，或看過一遍筆記；接著如果你還想去做令人分心的事，就去進行，但在進行時，將你剛看過的東西整個想過一遍，例如邊走路或邊下廚時，在腦海裡重複思考那些資料，看看你還記得多少；計畫你接下來要做什麼，或在動作時試著解決一個學習問題。如果你坐下來念書時，腦筋一片空白，這樣做會特別有幫助。有些人在動的時候學得更好。

### 2 剝奪自己的念書

一開始，只給自己 10 分鐘的時間念書。接著去做別的事情，但繼續想著你在那 10 分鐘內所讀到的東西，例如想想你是否同意剛讀過的東西。作者或老師是否有提供足夠的證據來證明它？在你發展想法時，將它們記下來。如果你卡住了，或想不起某件事，就簡短地回頭看書裡的內容，只是看一下，好喚起你的記憶，然後再帶著更新的記憶和學習，去進行你的粉刷或燙衣服等事務。記得手邊要有紙筆。

### 3 利用使你分心的事物來當作資源

如果你常想分心打電話給朋友，那就請他們幫助你將注意力集中在學業上。要他們問你作業的事，或將他們當做你的回音板。在你講電話時，設下時間限制。

### 4 與你的動機做連結

見 146–154 頁。

# 14 提高效率：何時？何地？怎麼做？

Planner: When, how & where?

如果你覺得很難著手開始一項功課，這可能是因為你沒有建立起正確的念書環境。針對下面列出的五個層面，想想哪個情況最適合你著手並完成一項作業？例如你知道自己在清晨或深夜時，做什麼事的效果最好嗎？你知道什麼時間地點最適合你重寫文章，或閱讀艱深的文字嗎？試驗到你找到什麼時間地點最適合你進行各種不同的作業為止，並且記下來。當你覺得無法定下來進行某項作業時，就看看這一頁和你的筆記。

❤ **針對下面的五個區域，寫下至少一個你現在可以做什麼改變來改善學習的建議。**

**❶ 我是為了自己這麼做的嗎？**

- ☐ 1 我很清楚自己進行這門課程的動機嗎？
- ☐ 2 我有沒有想過如何讓這門課更有趣？
- ☐ 3 我有沒有想過如何讓學習這門課盡可能地好玩？

**❷ 我的期望是否符合現實？**

- ☐ 1 我是否按部就班地進行？
- ☐ 2 我是否設下在能力範圍以內的目標？
- ☐ 3 我是否會在達到目標和其他成就時獎勵自己？
- ☐ 4 我有沒有在休息、吃東西、放鬆和睡覺？
- ☐ 5 我有沒有選定今天要改善的特定學習層面（並且將其他層面留到別的時間處理）？

### ❸ 我的地點是對的嗎？

- ☐ 1 我在哪裡念書的效果好？
- ☐ 2 我有個適合寫字的平台嗎？
- ☐ 3 我覺得舒服嗎？
- ☐ 4 我有沒有好的燈光、空氣是否流通？
- ☐ 5 我有沒有需要的設備？
- ☐ 6 我會不會受到打擾？

### ❹ 我進行的時間對不對？

- ☐ 1 我在一天當中的這個時刻，念書是否有效率？
- ☐ 2 這是進行這項活動的最佳時機嗎？
- ☐ 3 我是否按照優先順序進行？

### ❺ 我對令我分心的事物是否有自覺？

- ☐ 1 我知不知道自己拖延念書的藉口（例如，首先我得……）？
  a.
  b.
  c.
- ☐ 2 我知不知道使自己分心的弱點是哪些（例如：看即時通訊息，喝杯茶，打個簡短的電話，聊天）？
  a.
  b.
  c.
- ☐ 3 我是否有採取行動，來阻止這些令我分心的事物？
- ☐ 4 我是否發揮創意，利用這些令我分心的事物？

# 15 念書空間&念書工具

Organizing space for study

## 念書空間

為念書創造一個個別的空間，你可以把東西擱在那裡，之後再回來看。如果你沒有一張書桌或桌子，將你念書用的東西放在架子或櫃櫥裡。

在靠近窗邊的地方念書較好，這樣才有足夠的光源。背對窗戶，或坐在窗戶的側面，能減少分心。如果你在晚上念書，花點錢買盞閱讀用燈和自然光的日光燈泡很有幫助。

使你的念書空間，成為讓人想一再回來的地方，像是一張舒服的椅子，能吸引你回去念書。在可能的範圍內，將東西清乾淨，紙張擺整齊。這不僅讓你更容易找到東西，也讓念書更放鬆。

## 念書工具

- A4 大小的有線穿孔紙
- 每個科目都要有不同顏色的 A4 大小活頁夾
- 許多檔案分類用品
- 塑膠 L 型夾（用來裝檔案）
- 一個小型的資料夾，來裝一天份的作業，用分類檔案的用品，將它們按科目分類
- 一本吸引人的筆記本，當作你的檢討日誌
- 一本日記，最好要有週計畫
- 網路字典；一本字典和詞彙分類辭典

- 一個計算機
- 必要的書
- 大張的紙或壁紙（或海報的背面），拿來做貼在牆上的表
- 很多色鉛筆、簽字筆、原子筆和螢光筆、一把尺、修正液、膠水等等
- **注意**：確認你清楚自己要買書單上的哪些書

## 1 一台電腦？

- 你需要什麼配備的電腦？大學提供的行不行？
- 它是不是需要和大學的軟體相容？如果是，哪些是特定的建議條件？
- 你需要任何特別的軟體嗎？

## 2 將筆記歸檔

- 見 210 頁。
- 每隔幾天就要將筆記歸檔。
- 找適合裝多餘紙張和文章分類的容器。
- 每樣東西都要貼標籤！

# 16 利用電腦增加學習效率

Using computers

## 為什麼要用電腦？

- 任意快速移動文字
- 編輯文字
- 加以統計
- 使用表格
- 計算字數
- 檢查拼字
- 存放參考資料
- 計算
- 組織資料
- 使用電子郵件、即時通
- 利用網路搜集資料、做調查
- ……

### 1 報告

你可以利用標題、表格、動畫效果、插入網路影音及圖片等工具，製作豐富多彩的報告（見 292 頁）。電腦也能檢查拼字、頁碼和計算字數。

### 2 擬定草稿

擬定作業草稿時，可在電腦中輕鬆編輯、移動、刪除或加入文字，訂正錯誤、修正想法，熟悉 Word 等文字處理軟體的操作，能節省許多時間，能做更多的寫作嘗試。

### 3 處理資料

你能利用電腦資料庫和試算表來快速處理資料，計算長列或數字，並快速完成複雜的統計。

### 4 存放和機動性

你能將大量檔案或資料存在隨身碟或雲端網路上，這讓你能更輕鬆地存放資訊並帶著走。

### 5 使用電腦和網路

使用電腦和網路已是人人必備的技能，在網路上找資料，用 Word 寫文字作業，熟悉每個學科會用到的專業軟體，能協助你快速作出漂亮的作業。若習慣使用電腦，便能加快打字速度及正確性，你不需要專家級的電腦知識，但越能聰明利用電腦和網路，就越能幫助你的學習。若你還不太熟操作方式，可去上一些專業課程或網路線上課程。

### 6 幾乎人人都能使用電腦和網路

- ✔ 不需要在電腦和網路革命中落於人後！
- ✔ 你不需要打字打得很好。
- ✔ 你不需要專家級的電腦知識。
- ✔ 大多數的大學或當地專校，都有提供相關訓練和資訊。
- ✔ 有許多針對各種身心障礙使用者而調整過的電腦。

## 利用電腦學習的組織技巧

使用電腦最可能會遇到的問題有：

- ✔ 不斷重複要去找檔案存檔的位置。

- ✔ 如果電腦出問題，如硬碟壞掉、系統當掉或中毒等，可能會失去檔案。
- ✔ 各式各樣的電腦問題可能會大大浪費你的時間。

## 使用電腦的基本安全動作＆提升使用效率

### 1 每開一個檔案，就要為它正確命名

常常有人存檔時沒有立刻具體明確地命名，使得光看檔名時，無法立即得知該檔案的內容，致使常找不到檔案，就算要用搜尋也會跑出一些不是你想要的檔案，將花費許多時時去找檔案。用一個能明確標示檔案內容的名稱，非常重要；不要使用攏統的名字，如「今天的心得」。

### 2 慎選檔案名稱

用一個能提示檔案內容的名稱。觀察你使用的電腦的規則。例如在許多電腦上，使用點（.）可能是不明智的，因為電腦可能會因此誤判接在後面的字母，讓你更難找到檔案。

### 3 將檔案名稱放在頁首或頁尾

你可以將檔案名稱加在該檔案的每頁的頁首或頁尾，這樣當你印出來時，就會看到檔案名稱，作為日後的提醒。同時，若一份檔案有好幾個版本，要確認自己知道哪個是最新版本。

### 4 資料夾及檔案名稱前面可加數字標示順序

檔案可能越來越多，若散落在一起沒有適當地加以用資料夾分類，會雜亂無序很不方便找。各個資料夾前面可以加上數字，依照常用的順序來編號，最常用的起始編號「1」就會排在第一個，不用一一檢視每個資料夾就可以立刻找到它。資料夾中的檔案也可依照此方式執行，可免去很多找檔案的時間。

### 5 每篇草稿都存成不同的檔案

每篇草稿檔名尾巴還可加上數字標明版本，例如「piaget2.doc」和「piaget3.doc」。「piaget1b.doc」指名這是一份長篇皮亞傑論文第一部分的第二版。另存不同的檔案，萬一檔案不幸毀損時，也不會全部的心血都白費了，至少還有上一個版本的檔案可以補救。

### 6 每幾分鐘就存檔一次

假如電腦因為某種原因出錯，例如突然停電，你可能會失去你上次存檔後做的所有工作。為了避免慘事發生要經常存檔。也可以設定電腦讓它自動存檔，例如每十分鐘存一次。重要的檔案最好每天做完後，也存一份到隨身碟或雲端網路，以免電腦硬碟壞軌遺失資料。

### 7 整理你的隨身碟

- ✔經常存檔到隨身碟中。
- ✔為隨身碟命名。
- ✔將重要檔案的名稱寫在隨身碟的標籤上。在一張索引卡上，列出隨身碟上所有的檔案。
- ✔每個科目使用不同的隨身碟。
- ✔將隨身碟保妥善存放。

### 8 印出一份紙本

將重要的內容印出來。假如電腦或隨身碟有問題，紙本讓你在等待問題解決的期間，能看到檔案的內容。印出來的文字也比在螢幕上的文字容易校閱。

## 9 寫一份檔名清單

列印一份每個隨身碟上的檔名清單，存放在電腦附近。補充寫上幾個字說明檔案內容可能會有幫助，尤其當你能用的短檔名有限，而它們又無法充分說明檔案內容時（重複打開檔案來確認內容很浪費時間）。

## 10 相容性

假如你用家裡的電腦工作，記得確認你的軟體是否和大學的相容，版本不相容會造成檔案無法打開或無法正常顯示。另也要注意字型問題。用 Word 寫好的報告，可轉成 PDF 檔，以免大學缺你用的字型而無正常顯示你辛苦寫成的完美報告。

其他關於如何利用電腦有效率念書的方式，接下來的幾個章節會提到。

# 17 你的時間管理妥當？

Organize your time





活動 4-3

**❤ 你的時間管理妥當？**

| | | 是 | 否 |
|---|---|---|---|
| 1 | 我是否通常準時出現？ | ☐ | ☐ |
| 2 | 我是否有約定都會赴約？ | ☐ | ☐ |
| 3 | 我是否成功地將大多數要做的事都排進來了？ | ☐ | ☐ |
| 4 | 我是否發現自己常在最後時刻趕時間？ | ☐ | ☐ |
| 5 | 我是否都在期限內完成事情？ | ☐ | ☐ |
| 6 | 我有時間可以放鬆一下我自己嗎？ | ☐ | ☐ |
| 7 | 我是否有效率地利用時間？ | ☐ | ☐ |

由於你的時間只有一部分經過正式規畫，你將負責組織自己大部分的念書時間。當你要應付工作、家庭、朋友等責任時，組織時間會是一項挑戰。要好好管理時間，做到以下幾點將對你有助：

- ✔ 對自己的時間管理有自覺
- ✔ 知道自己需要花多少時間完成每項作業
- ✔ 知道學習的許多方面會花比預估更長的時間
- ✔ 為不可預知的事務預留時間
- ✔ 規畫放鬆和娛樂的時間
- ✔ 計畫時間時要很明確

省思日誌 4-6

- 你對上述〈活動 4-3〉這些問題的答案，對於你時間管理做得好不好，有什麼暗示？
- 你是否需要改變自己對時間的態度，好將學習管理得更好？

# 18 改善時間管理&安排優先順序

Improving time management

## 改善你的時間管理

假如你的時間管理需要進一步的改善，你可以：

1. 看看第 134-135 頁的〈節省時間的十個建議〉。
2. 完成第 136 頁的〈念書時間記錄表〉，這樣你就知道自己到底是怎麼用時間的。
3. 做第 137 頁的〈時間都花到哪裡去了？〉表格。
4. 使用第 139 頁的〈時間管理表〉。
5. 使用第 140 頁的〈優先順序安排計畫表〉。
6. 使用第 141 頁的〈從期限往前推算時間計畫表〉。

## 安排優先順序

你可能會發現，你的時間並不容許你做每件要做的事情。如果是這樣，先仔細想想，哪些是要優先做的事才會對你有幫助？

第 140 頁的〈優先順序安排表〉和下面的清單，也許能幫助你對於該做什麼、什麼時候做，理出一些頭緒。

活動 4-4

### 訂定優先順序的清單

你是否對於發現自己有這些技巧，感到驚訝？

- ☐ 1 將每件該做的事都列出來？
- ☐ 2 用一種顏色標出必做的事，再用另一種顏色標示出不那麼急迫的事？
- ☐ 3 點出清單上最急的事？
- ☐ 4 想出做這些事的最佳順序？
- ☐ 5 想出你做每件事分別需要多少時間？
- ☐ 6 將每件必做的事寫進你的時間表和日記？

# 19 寫行事曆

Effective diary-keeping

最好能為一學年準備一本有「週計畫」的行事曆，或是使用手機中的「行事曆」，將一年中重要的日期填進去，例如家庭假日、約診的時間以及學習活動。將每件要做的事都寫進去。

## 行事曆要寫些什麼？

若要有效率，你的行事曆應該完整記錄你該做的事：

- 將所有課業上的期限、考試日期、校外教學等日期寫進去。
- 將每個約定或課堂的地點，以及和誰一同出席都清楚記下。
- 將作業的細節清楚寫入，例如「閱讀書本第 2-4 章的標題部分」。
- **注意：**安排一些空閒時間，用來補上漏掉的東西。

把做以下這些事的時間，都記入行事曆裡：

- 思考關於某學科的事
- 為課堂和研討會做準備
- 為其他正式課程做準備
- 為學業做計畫
- 整理並重新歸檔你的筆記
- 檢討你的學習
- 與其他人討論功課
- 為每個科目做研究調查
- 為作業寫草稿
- 編輯並重寫你寫的東西
- 檢查成果
- 注意：要為突發狀況預留時間

## 如何使用行事曆？

你的行事曆只有在你持續更新並確實使用才有用：

- 隨時把行事曆帶在身邊
- 一天看個幾次，尤其是晚上和早上剛起床時
- 有新的約定時，馬上記進去
- 用鉛筆寫非必要的約定，你就能輕鬆修改
- 每一篇都有組織地寫，你才能一眼就看到哪個時段有做安排了，確保你不會在同一個時段安排兩件事
- 使用行事曆的年計畫表

## 使用顏色編碼和圖形

在行事曆裡使用顏色和圖形，標明不同的活動和科目。如果你持續使用顏色和圖形，過一段時間，會發現自己不用再詳讀每篇的內容：你一眼就看到裡面有些什麼。對於你不喜歡的活動，使用具正面意義或有活力的圖形。

### 1 圖形的範例

社交　寫作　閱讀

課堂　圖書館　研討會

最後定稿　考試　旅行

### 2 行事曆範例

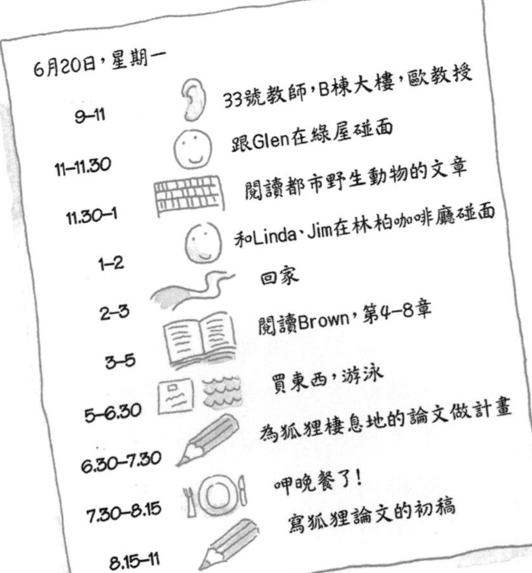


## 列出最新的行事曆清單

- ✔ 在一張紙或利貼上，寫下一份要做的事的新清單。
- ✔ 將這份清單分成「今天」和「近期」（這麼一來，你就會知道你長遠要做的事有什麼）。
- ✔ 將事項寫在大標下，較能一目了然，例如「念書」、「家庭」或任何適用的標題。
- ✔ 將必辦事項打星號，或用螢光筆標起來。
- ✔ 將這份清單貼在（或用迴紋針別在）行事曆最新的那一頁。
- ✔ 將已完成的事項劃掉，你就知道還剩下什麼沒做。

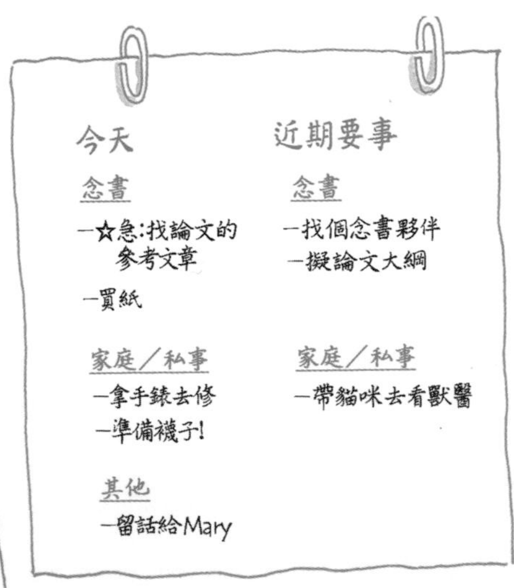

# 20 時間模式&短程目標

Time patterns

## 時間模式

找出適合你的時間模式。你可能偏好以 20 分鐘的短時間念書，或發現隨著時間過去，自己對念書越來越投入。在容許的時間範圍內，盡量配合你的時間模式來安排念書活動。例如，如果你屬於慢熱型，就將較短的活動，像是腦力激盪，安排在一天之內較早的時間。也許你覺得晚上安靜時，較容易寫東西，或者你比較適合在早上比較清醒時寫，就安排在早上的時候做寫作的作業。

## 短程的小型目標

- 為自己立下小型目標當作里程碑，你會比較有成就感。
- 將較大型的作業，例如將一份報告分成較小的工作：例如「閱讀上課筆記」、「找參考資料」等等。
- 將這些再分成更小的工作：如「為第 20-40 頁的商業管理作筆記」。
- 為每個小目標設下實際可用的時間：「做第 25-40 頁的筆記：20 分鐘」。
- 給自己開始的時間，並且確實執行！
- 訂下一個結束的目標時間。然而，如果你到時候還沒做完，繼續做到完畢為止。
- 重點不是你花了多少時間在念書上，而在於完成每項小目標。

### 小型目標在以下這些情況下效果最好

- 經過整合：明確連結到一個較大的計畫，例如你的論文、企畫或課整的整體動機。
- 在能力範圍內，而且要實際：為自己立下做得到的目標。
- 清楚明確：你才知道自己要面對什麼。
- 可加以衡量：例如一系列要閱讀的頁數，或一段要寫的報告長度。
- 有彈性：時間表上留一段空檔時間來應付緊急事件，並且準備好在必要時改變計畫。

# 21 節省時間的十個建議

Ten time-saving suggestions

## 1 省下重寫筆記的時間，並更快找到你寫過的東西

- 寫在打孔的檔案紙上，它能更輕易地在檔案間移動，並在需要時重排順序。相較之下，筆記本不便許多。
- 在寫筆記時，將每個主要重點寫在不同的紙上；然後當你在寫論文或報告時，你能依需要掉換順序。要確定每一頁都標上適當的標題，之後才能放回正確的檔案裡。

## 2 節省寫筆記的時間

- 避免以完整的句子寫筆記，利用標題和關鍵字。
- 不要再整齊地重謄筆記。
- 留多一點空間，之後才能加進細節。
- 同樣的訊息不要寫兩遍，假如兩個作者提出同樣的想法，在空欄處註明參考之前相關的筆記。

## 3 節省找筆記的時間

- 將筆記全放在同一個地方。
- 邊看邊將它們歸檔。
- 在頁面上編碼，並用標籤或顏色編碼來按科目分類，放在最外面的地方，你就能輕易整理並找到資料。
- 註明資料來源。
- 寫一份隨時更新的檔案指南。

## 4 節省閱讀的時間

- 使用「聰明閱讀」策略。（見 199–202 頁〈我是個聰明的讀者嗎？〉）
- 只讀與這一篇論文或作業有關的部分。
- 如果有什麼東西看起來很有意思，但是目前派不上用場，將它寫在一張專門記錄看似值得一讀的東西的索引卡上。

## 5 節省查找參考資料的時間

- ✔ 在你筆記的空白處，寫下該書的參照頁數。
- ✔ 為每本你讀過的書或文章等寫一張索引卡。
  （見 226-227 頁）
- ✔ 或者在電腦裡記一份隨時更新的參考資料名單，有些資料你可能會用在好幾份作業上。

## 6 利用字數限制來集中精力

- ✔ 寫一份 1,500 字的論文，要做的研究、閱讀、筆記都要比寫 3,000 字的論文少。如果你不花少一點時間準備和寫作，你之後會花更多額外的時間，去刪減你的筆記和刪除文字來符合字數限制。
- ✔ 規畫你的作業，以符合字數限制。（見 268–269 頁）

## 7 節省思考的時間

- ✔ 隨身帶一本小冊子，你可以在想到點子時記進去。
- ✔ 試著用「腦力激盪」的方式讓頭腦運轉。
  （見 211–213 與 248 頁）

## 8 節省組織資料的時間

- ✔ 利用編號和螢光筆，將寫在不同頁面上的資料分類，而不要再將所有的東西都重寫一遍。
- ✔ 在寫筆記的初步階段，利用小張的利貼，這樣你可以將想法任意移位。（見 211 頁）

## 9 節省寫作的時間

- ✔ 直接將作業用電腦文字處理程式寫出來。

## 10 避免事半功倍的麻煩

- ✔ 找一個念書夥伴，分擔研究工作和策畫，並共同想點子。

# 22 念書時間記錄表

Record sheet: Study time

❤ **將本頁影印，每個學習階段都填一次，直到你對自己利用時間的方式感到滿意為止。**

| 念書前填寫 | | 念書後填寫 |
|---|---|---|
| 日期 | 地點 | ● 進行時的狀態、時間和地點是最佳的嗎？有沒有可以改善的地方？ |
| 開始時間 | 身心狀態 | |
| ● 我打算念多少久？<br>● 我打算花多少時間休息？<br>● 休息的次數大約是？<br>● 每次休息的長度？ | | ● 我實際念了多久？<br>●<br>● 我在什麼時候休息？<br>● 我有按時間休息嗎？<br>● 如果沒有，我需要做什麼好回到念書上？ |
| ● 念書途中可能被什麼事打斷？<br>（什麼事？）　（多久？）<br>❶<br>❷<br>❸<br>❹ | | ● 我能如何防止被打斷？ |
| 結束時間 | 總共的念書時間 | ● 實際花在念書上的時間 |
| ● 對自己的念書習慣和時間管理，有何想法與觀察？ | | |

# 23 時間都花到哪裡去了？

Where does the time go?

如果你不確定自己的時間都花到哪裡去了，找幾天將你做的每件事都記進日記裡，大約一小時一次，盡量寫得明確一點。看看你一天花多少鐘頭睡覺、上課、看書……，你可以利用下一頁空白的〈時間圓〉圖表，來幫助你追蹤你的時間管理。

## 1 範例：你是如何利用時間的？

用不同顏色或圖形，代表每一種活動，在時間圓上標示它通常發生的時間。以一小時為單位計算。哪些活動被遺漏，或是沒有得到足夠的時間？哪些活動佔用了太多時間？

睡覚：10 小時
吃飯：2 小時
社交：3 小時
私人／居家：3 小時
通車：1 小時

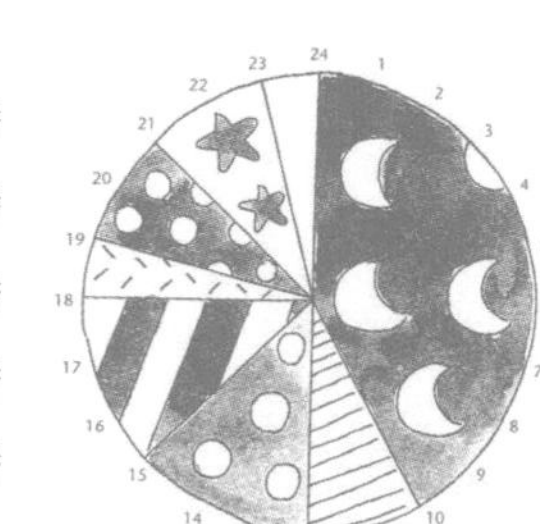

課堂／研討会：2 小時
閱讀：2 小時
写作：1 小時
思考：0 小時
運動／放鬆：0 小時

## 2 範例：你想如何利用時間？

在第二個圓內，將一天中的時間按照你希望使用的方式分割，讓你的一天中不同的活動平衡。這就是你要努力達到的目標。

睡覚：8 小時
吃飯和社交：3 小時
私人／居家：2 小時
通車：1 小時
課堂，研討会：2 小時

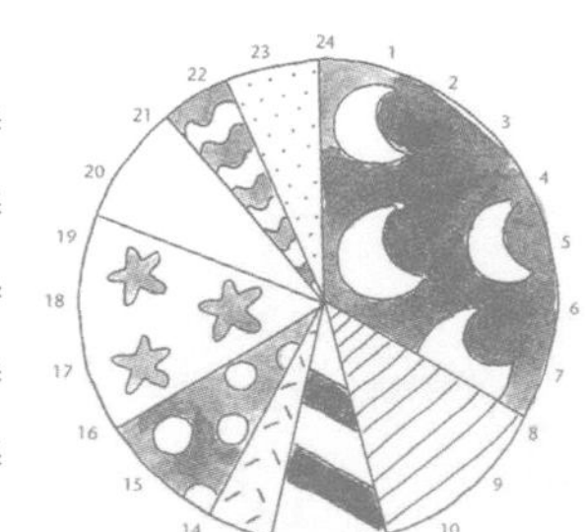

閱讀：3.5 小時
写作：2 小時
思考：1 小時
運動／放鬆：1.5 小時

# 24 時間圓記錄／計畫表

影印頁

Record sheet & planner: Time circle

日期 ________________

☐ 我目前如何利用時間
☐ 我想如何利用時間

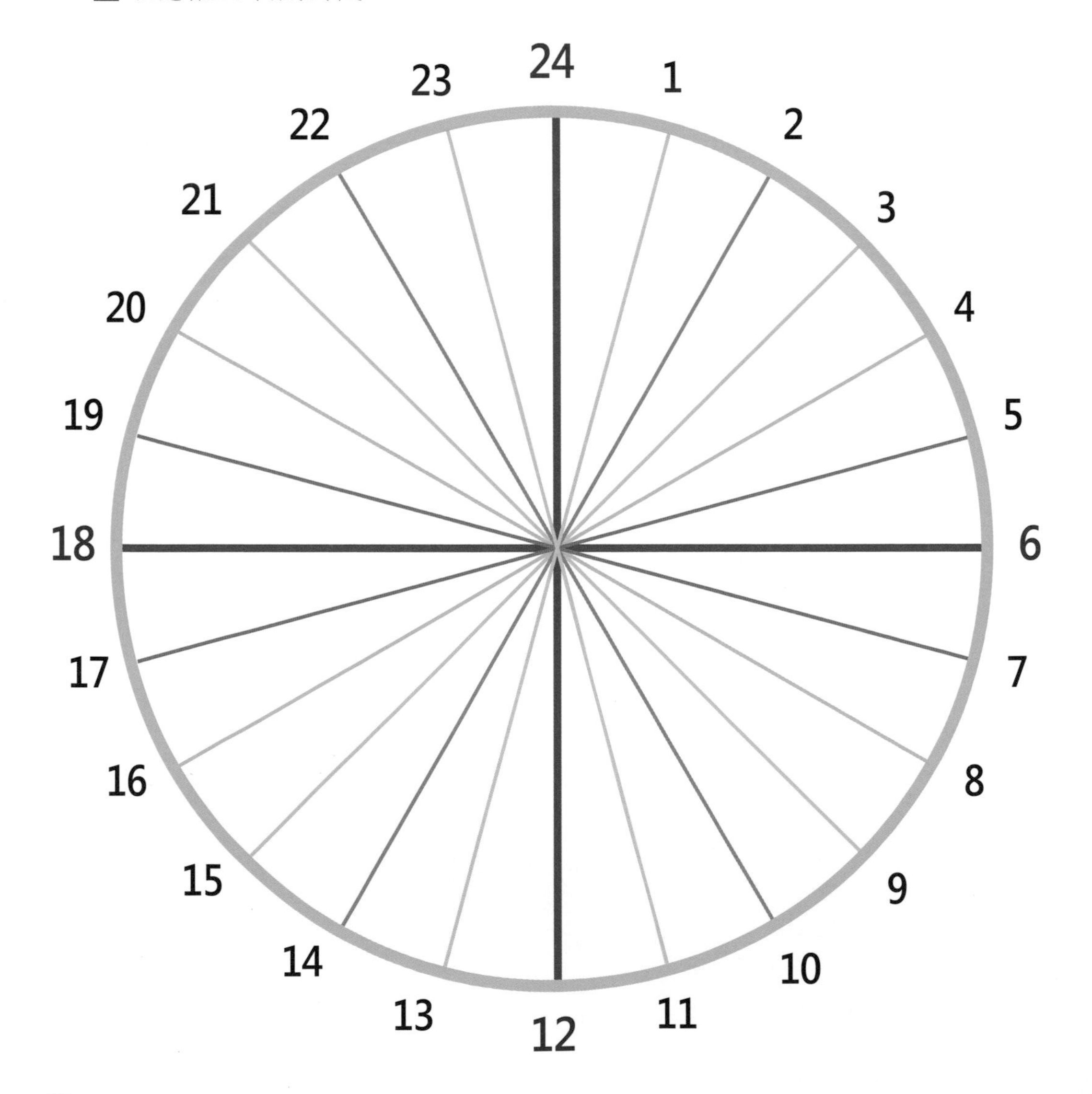

# 25 時間管理表

Time management

| | 【分析】<br>我時間利用得如何？ | 【策略】<br>我要如何改善？ |
|---|---|---|
| 1 我是否有效率地利用時間？ | | |
| 2 我是怎麼浪費時間的？ | | |
| 3 是什麼事或什麼人使我從學習上分心？ | | |
| 4 我是否需要計畫我的時間：<br>• 以年為單位？<br>• 以學期為單位？<br>• 以週為單位？<br>• 以天為單位？<br>• 以每份作業為單位？ | | |
| 5 我是否蹉跎了開始的時間？ | | |
| 6 我是否善加利用空閒時間？ | | |
| 7 我是否常常東摸西摸的時間就過了？（見 142–145 頁的「積極學習」） | | |

# 26 優先順序安排計畫表

Priority organizer

❤ 如果你設定優先順序時遇到困難，試著利用此優先順序安排表。將你要做的下一件事用黃色螢光筆標起來。當你做完之後，用紅色畫起來。

【A 欄】為做這件事的重要性評分。

【B 欄】如果要做這件事，盡快進行的重要性有多高？

【C 欄】將A欄的數字減掉B欄中的數字，所得到的數字越高，就越可能是要優先處理的事項。

【D 欄】標上先後順序的號碼，以及做每件事的日期。

| 要做的事 | A 重要性<br>(6-10 分) | B 迫切性<br>(1-5 分) | C<br>(A-B) | D 優先順序<br>何時做？ |
|---|---|---|---|---|
| | | | | |
| | | | | |
| | | | | |
| | | | | |
| | | | | |
| | | | | |
| | | | | |
| | | | | |
| | | | | |
| | | | | |

# 27 從期限往前推算時間計畫表

Working backwards from deadlines

❤ 利用這些訊息來規畫你的下一份作業

| | 會花多少時間 | 要何時進行 | 實際上花的時間 |
|---|---|---|---|
| 1 **準備工作** | | | |
| ♦ 初步構想、檢討和別人討論 | | | |
| ♦ 確認需要做些什麼 | | | |
| 2 **調查** | | | |
| ♦ 找出要使用哪種研究方法 | | | |
| ♦ 找出你需要什麼資料 | | | |
| ♦ 組織資料（閱讀、看影片、蒐集資訊、實驗……） | | | |
| ♦ 消化並回顧你蒐集的資料 | | | |
| 3 **組織內容** | | | |
| ♦ 集合並組織資料 | | | |
| ♦ 決定要選用哪些資料 | | | |
| 4 **擬定草稿** | | | |
| ♦ 思考並加以改善每次的草稿 | | | |
| ♦ 下筆寫每份草稿 | | | |
| ♦ 可能需要的草稿次數 | | | |
| 5 **完成工作** | | | |
| ♦ 寫參考書目 | | | |
| ♦ 寫最終完稿 | | | |
| ♦ 將整份作業檢查一遍 | | | |
| ♦ 最後截稿日 | | | |

# 28 積極的學習

Active learning

檢視下表中歸納出的消極和積極學習的特徵。從這些地方，你應該能自己看出，為什麼建立積極學習的習慣很重要？為何積極的學習方式更容易成功？

**積極的學習**

- 你對於自己的學習習慣是消極或積極，有什麼反省和想法呢？

| 消極學習的特徵 | 積極學習的特徵 |
|---|---|
| □ 1 你等待人家給你指示和資訊。 | □ 1 你尋求讓自己更投入學習的方式。 |
| □ 2 資料是外界給你的，你只是遵循你聽到或讀到的東西，並照別人的話做。 | □ 2 你對整個學習過程很投入，而且時常思考為何會選用這些資料。 |
| □ 3 把不同的資料當作個別的單位。 | □ 3 你主動尋求不同事物間的關聯性。 |
| □ 4 你會重複看資料，卻未實際去了解它。 | □ 4 你有意識地努力去理解、並尋找學到的事物的意義。你的理解通常較為深刻。 |
| □ 5 你不會回想自己學到的東西。 | □ 5 你會自我反省，並自我檢測。 |
| □ 6 你很容易就覺得無聊和疲累。 | □ 6 你能長時間集中，因為你較投入於學習中。 |
| □ 7 你淺度或表面地吸收新知識，因此你較難理解或記憶。 | □ 7 你使用的方式有助於長遠記憶。如果你了解學到的東西，並一直將你學到的東西與已知的事物做連結，你很可能記住學到的東西。 |
| □ 8 你較無法學以致用。 | □ 8 資訊的連結，幫助你看出如何將它應用在不同情形上。 |
| □ 9 你對學的東西沒有切身之感。 | □ 9 學習是個人化且有趣的。 |

# 29 著重行動

Emphasis on action!

❤ 思考下面的圖示和下一頁所提的概念，寫下任何關於如何使自己成為更積極的學習者的想法。

## 不積極的學習策略

## 積極的學習策略

❶ 為課堂做準備

❷ 為自己設下問題

❸ 整理筆記

❹ 將想法和資訊做連結

❺ 和其他人討論

❻ 仔細想過

❼ 組織資料

❽ 反覆打草稿

❾ 為自己的作品打分數

❿ 善加利用得到的評語

# 30 積極學習的策略計畫表

Planner: Active learning strategies

❤ 在任何你能夠嘗試的積極學習策略前打勾。

💧 選兩項在這星期做嘗試。再另外選兩項，在這個月份做嘗試。

- ☐ 1 將一個段落濃縮成 8-12 個字的提要，這讓你能思考自己看過的東西。
- ☐ 2 製作樹狀圖或其他圖形化的筆記形式。(見 211–213 頁)
- ☐ 3 想出 3-5 項你學到的真實生活經驗，這能幫助你應用學到的東西。
- ☐ 4 想出什麼是最佳範例？為什麼？這能幫助你做選擇以及評估。
- ☐ 5 針對一門科目的某個方面，列出 50 個小問題(什麼？為什麼？誰？在哪裡？什麼時候？如何發生？)，這能幫助你探索該科目。
- ☐ 6 回答自己提的小問題，這能幫助你更有組織、更專注地為科目做調查。
- ☐ 7 畫一個圖表或圖畫，來表示一個理論或概念。
- ☐ 8 寫行動計畫，關於今天、本週或本學期要做的事。
- ☐ 9 對一個真人或想像中的人「教導」你的所學，想像在教課或做指導。
- ☐ 10 寫一本自我檢討的學習日誌。
- ☐ 11 摘要出一堂課裡最重要的三個重點，哪個是最重要的？這能幫助你評估並選擇最顯著的重點。
- ☐ 12 製作一張牆上的圖表或大張計畫表，將你在某方面學到的東西連接起來。
- ☐ 13 在牆表上，用不同顏色的筆將和其他學習領域相關的東西連結起來。
- ☐ 14 哪一本書對你現在學的科目是最好用的？
- ☐ 15 你在閱讀的書裡，哪個部分最有意思或最有用？
- ☐ 16 假裝你對自己讀的東西完全不同意，你會怎麼爭論？你會使用什麼範例和證據說明？
- ☐ 17 你所學到的東西，和你的工作或日常生活有什麼相關性？
- ☐ 18 為論文或報告想標題。給自己 5 分鐘，找個標題很快寫出簡要的計畫。
- ☐ 19 針對學習的某個層面，列出所有關鍵重點。
- ☐ 20 畫個簡單的圖畫或圖形，來提醒自己每個重點。
- ☐ 21 和其他人討論你的想法，或你遇到的困難。
- ☐ 22 在索引卡或利貼標籤上，寫下關鍵重點。仔細想想，你能用多少方法組織同樣的資料？

# 31 有動機的學習

Motivated learning

你動機的強度會影響到你的成功，尤其是較遲緩或困難的部分。你很可能會有感到無聊、挫折或焦慮的時候；你可能會覺得自己完全不想被作業煩，或覺得自己的學習很掙扎；你甚至可能覺得想整個放棄。你會需要明確的動機讓自己前進，度過這些難熬的時刻。

## ❶ 加強你的動機

檢視你學習這門科目的原因，利用第 148 頁的問卷來幫助集中你的思緒。記得將它複印，之後你就能再做一次，並比較不同的結果。決定哪兩個因素對你來說是最重要的。假如學習變成一種掙扎，就回頭看看你的回答，來提高你的動力。

## ❷ 設立目標

將任務分散成小型的目標，使它更容易達成（見 133 頁）。為自己設下小型、短程的目標，這樣你就能達成多次的小成果。很快的，這些小成果就會累積成大成就了。

## ❸ 慶祝成功

設下目標和容易達成的期限，增加成功的機會。當你達成一個短期目標時（例如閱讀兩個小時），給自己一些獎勵（例如休息一個小時）。當你完成整個任務時，給自己更大的獎勵，鼓勵自己進行下一次的任務。

## ❹ 記錄你的成功

在你的檢討日誌裡，記下你的成果和成功，了解自己能做好什麼事很重要，以後才能再做一次！幾個月以後，回頭看看之前的成果。假如你有任何的進步，記得給自己掌聲。

### 5 目標設在高峰上

當你達成一組目標時，再多推動自己一些。讓自己的下一組目標，更有挑戰性一點。

### 6 尋求支援

找一個鼓勵你、讓你有自信的人，和他談談你的目標和志向。

### 7 態度

態度非常重要，試著將困難想成挑戰。假如你學過的東西裡，有什麼讓你覺得有威脅性，想想它也可能是讓你做新嘗試的機會。

**省思日誌 4-8**

- 目前，當學生的哪些方面，讓你覺得像是「威脅」或「問題」？
- 要如何將它們視為挑戰和機會？

**省思日誌 4-9**

❤ **透視你的動機**

- 做下頁活動〈32. 自我檢測：你在大學想達成什麼目標？〉
- 選出兩個你認為重要的成果，詳細寫出你想達成的目標。
- 將這些因素對你為何重要的原因寫下來。
- 不時回頭看看這些東西，看你的目標和學習動機是否有改變。
- 利用 149–153 頁來更深入探討你想要的成果。

# 32 你在大學想達成什麼目標？

What do I aim to achieve at uni?

❤ **什麼是你希望在大學學習時達到的成果？在下表中，圈選出最能表示每個成果對你有多重要的數字。**

（重要程度，1-9分，分數愈高表示愈重要）

| ❶ 個人發展 | |
|---|---|
| 1 對自己證明某件事 | 1 2 3 4 5 6 7 8 9 |
| 2 獲得更大的自信 | 1 2 3 4 5 6 7 8 9 |
| 3 拓寬自己的眼界 | 1 2 3 4 5 6 7 8 9 |
| 4 使自己不再一成不變 | 1 2 3 4 5 6 7 8 9 |
| 5 體驗大學生活 | 1 2 3 4 5 6 7 8 9 |
| **❷ 課程相關** | |
| 1 獲得高等學位文憑 | 1 2 3 4 5 6 7 8 9 |
| 2 對有興趣的科目學習更多 | 1 2 3 4 5 6 7 8 9 |
| 3 擁有學習的機會 | 1 2 3 4 5 6 7 8 9 |
| 4 得到好成績 | 1 2 3 4 5 6 7 8 9 |
| 5 我只想過關 | 1 2 3 4 5 6 7 8 9 |
| **❸ 工作相關** | |
| 1 改善我的工作機會 | 1 2 3 4 5 6 7 8 9 |
| 2 將目前的工作做得更好 | 1 2 3 4 5 6 7 8 9 |
| 3 改善我升遷／加薪的機會 | 1 2 3 4 5 6 7 8 9 |
| **❹ 其他成果** | |
| 1 向家人／朋友證明我能做到 | 1 2 3 4 5 6 7 8 9 |
| 2 彌補年輕時錯過的學習機會 | 1 2 3 4 5 6 7 8 9 |
| 3 交志趣相投的新朋友 | 1 2 3 4 5 6 7 8 9 |

# 33 利用想要的學習結果來引導學習策略

Using desired outcomes





❤ **你學習的原因和想要的結果，能用來引導你學習的進展過程，請見下列範例。**

| 想要的結果 | 學習策略 |
| --- | --- |
| **A 針對某科目學習** | ▶ 假如針對某科目學習，對你來說是最重要的結果，那麼閱讀該科目相關資料，以及進行你感興趣的活動，會比跟著課表走還重要。 |
| **B 得到好成績** | ▶ 假如你最高優先是要得到好成績，那照「遊戲規則」走、並找出到底需要做到哪些事，可能對你來說比較重要。 |
| **C 只求過關** | ▶ 如果你還要花時間做許多別的事，或你受的教育中間有很長一段空白，你可能只能要求自己做到必要的部分。重點是你要知道如何找出並利用可讓你過關的資料，你以後可以再找時間填補那段知識的空白。 |

## 陳述你想要的結果

當你將結果用現在式且正面的陳述時，是最具有激勵效果的：

- ✔ 我可以得到 A⁺！
- ✔ 我能得到好工作！

負面的成果陳述，如「拿到學位，能幫我逃離現在的工作！」較無法提供激勵效果。負面的結果，就好比你帶著一張購物清單去購物，卻不買清單上的東西。

# 34 仔細分析想要的成果

Analyze desired outcomes in detail

下列的問題，是根據「身心語言程式學」整理出來的。針對每個想要的成果，閱讀下面的問題和第 153 頁的計畫表。

## 1 你想要的成果是否完整？

- 想要的成果是否清楚明白？
- 它們是否有限制？
- 它們對你有幫助？
- 它們是否實際？
- 它們是否提夠足夠動力？
- 這些成果是否值得？
- 它們真的是你想要的嗎？
- 你要如何知道自己已達成這些成果，這樣會有什麼不同？

## 2 擁有這些想要的結果意味著什麼？

- 你是否需要暫時中止其他事？
- 你是否要因此改變學習的選擇？
- 哪些其他的部分會受到影響？
- 還有其他的影響嗎？

## 3 你可能因此得到什麼？

- 你會覺得對人生有更多的掌控嗎？
- 你會更自我尊重嗎？
- 還有其他的影響嗎？

## 4 你可能因此失去什麼？

- 你是否會較少有機會見家人和朋友？
- 你要做哪些犧牲？
- 其他可能失去的東西？

## 5 在腦中想像未來的自己達成該項成果的畫面

- 你因為這項成就，人會在哪裡？
- 有任何好的或壞的後果嗎？
- 對你來說，有什麼事改變了？
- 你像自己想像中的快樂嗎？

## 6 你要做什麼來達到成果？

想像或考慮你要做什麼，以及做的時機。舉例來說，針對一項作業，看看日記裡列出的時間；想見自己進行要做的學習。問問自己：

- 我在哪裡？
- 我寫的東西主題是？
- 我在喝或吃些什麼？

## 7 哪些障礙可能會阻止你達成想要的結果？

- 先看看可能的問題。
- 什麼可能會阻止你達成想要的結果？
- 你是否為自己預設太多要做的事？
- 有沒有人會因此受苦？
- 有誰可能會阻止你？

## 8 還有什麼其他可能的障礙嗎？

你要如何克服每個障礙？想像自己用與前面「達成結果」相同的方式，來克服障礙。

## 9 調整你的成果

持續修正你的成果，直到你達成了感覺上、聽起來和看起來都對的目標。

- 利用第 148 頁的目標表格，來釐清並集中你對於每項期望成果的思緒。
- 你是否需要修改或重寫原來的目標，讓他們更貼近現實、更具激勵性？

# 35 自我破壞

Self-sabotage

我們可能很難相信自己真的能達成想要的學習成果。許多人在日常生活中設下固定模式，來破壞他們所做的最佳計畫。為什麼會有這種現象？答案沒有人清楚，有時候就只是因為我們難以接受自己會達成曾經達不到的成就。假如我們現在成功了，我們可能會覺得以前應該要更努力才對。然而，假如我們現在失敗了，這將「證明」我們相信自己做不到某事「一直是對的」。其他情況下，我們可能太害怕失敗了，就只想要讓失敗趕快降臨，好一了百了：等著看自己能不能成功，可能顯得太困難了。

## 自我破壞的各種方式

學生會以各種方式破壞自己的學習，包括以下方式：

- 不去上課！
- 將作業留到最後一刻才進行，導致錯過期限！
- 不去參加考試，因為覺得自己無法及格！
- 將自己的時間全花在任何非學習的事物上！
- 拒絕去圖書館！
- 將所有時間都花在酒吧裡！

省思日誌 4-10

**你如何自我破壞？**

- 你最可能用上述哪一種自我破壞方式？
- 什麼樣的事件最可能導致你自我破壞？
- 你要如何發現自己開始破壞學習？
- 有沒有什麼可信任的人能幫你指出這一點？
- 你會怎麼改變這種情況？

# 36 達成想要的成果計畫表

Planner: Achieving desired outcomes

| 想要的成果 | 用積極的用詞和現在式的陳述 |
| --- | --- |
| 1 可能得到的東西 | |
| 2 可能失去的東西 | |
| 3 當達到目標時，我要如何辨認 | |
| 4 標靶（小目標） | |
| 5 可能的障礙 | |
| 6 克服障礙的步驟 | |
| 7 我要如何慶祝成功 | |

# 37 C.R.E.A.M.學習法計畫表

Planner: The C.R.E.A.M. strategy

| C.R.E.A.M. 學習法 | 如何將之融入我的學習中 |
|---|---|
| 1 給自己的想像更多空間 | |
| 2 找出方法，增加學習的樂趣 | |
| 3 將我學的東西和學習的方法個人化 | |
| 4 在學習的策略上有彈性和變化性 | |
| 5 檢討我的學習，並評估我的進展 | |
| 6 組織時間和空間，並處於適合學習的心態 | |
| 7 看出我在什麼地方浪費了太多的力氣 | |
| 8 將不同科目中的東西做連結，並將學習與生活做連結 | |
| 9 增加我的動力 | |
| 10 擬定明確的目標和小型目標 | |

# 38 回顧

Review

〈第 4 章〉將〈第 2 章〉關於檢討和一般學習方法的主題加以擴展，它鼓勵你將成功的學習視為可以是：

- ✔ 個人化的：透過特定的策略、你的學習偏好、你想要的成果和你自己的學習動機
- ✔ 獨立並多變化
- ✔ 有創意、有趣，並令人享受
- ✔ 積極、有動力的

你同時也會透過以下項目，洞悉許多能讓學習更有效率的方法：

- ✔ 你的學習態度
- ✔ 你對空間的組織
- ✔ 對時間的自覺，讓你能計畫並監視自己利用時間的方式
- ✔ 利用電腦學習達成最佳效果

C.R.E.A.M. 學習法是大原則或「複合式策略」，鼓勵你思考自己的學習態度和動機，並將策略應用在學習的各個領域。它也鼓勵你找出不同選擇，並為自己指出如何能更輕鬆、更成功地學習。

它也是個開放式的學習法，你可以自行調整。你成功的程度，將仰賴你的創意、自我觀察、檢討的能力、個人效率、對積極參與學習過程的接受度，以及你動機的強度。

# 第五章

# 團體學習與合作

## 學習大綱

- 明白與他人一起工作的一些好處。
- 建立你的溝通技巧。
- 建立參與討論團體和研討會的自信。
- 了解讓團體能成功運作的因素。
- 建立有自信地口頭報告的策略。
- 學會評估自己在團體、研討會和口頭報告中的表現。
- 明白偏見如何妨礙學習，以及處理問題的方式。

# 01 簡介

Introduction

## ❶ 團體學習的原因

大學的學術研究，通常著重在個人的成就上。當然，這有一部分是為了確保每個人都靠自己的努力贏得學位；然而近幾年來，訓練學生與他人共事技巧這方面受到了更多重視。這些技能即所謂的「人群技巧」或「人際技巧」。造成這種改變的原因包括：

- 認知到人們用不同方式學習學習效果較好，有些人藉由團體合作和討論的效果較好。
- 認知到學生如果想成功，他們通常需要比以前更多的支持，相互扶持的團體，是達成此目的的方式之一。
- 畢業生進入職場後需要的技能受到更多關注，好的人際技巧，現在已是多數畢業生想得到的工作中必要的一環。

基於以上原因，大學和職業訓練的課程中，有越來越多課專門改善人際技巧。大部分的課程都會安排不同的團體作業，因為它們重視你在這個過程中做的額外學習。

## ❷ 團體學習的內容

- 研討會
- 團體報告
- 諮詢計畫
- 就業輔導
- 討論團體
- 支援團體
- 實驗團體
- 藝術評論團體

## ❸ 團體學習的優點

- 能夠互相分享點子，這樣大家都會有更多想法。
- 獲得其他看法和觀點，這些是你在其他情況下可能不會考慮到的。
- 可充分利用更廣泛的經驗、背景知識和行事風格。
- 互相刺激思路。
- 透過談話和回答問題，釐清你的思緒。
- 藉由他人的幫助，專注在單一主題上，使自己全心和團體共同探索一個想法。
- 學會處理挑戰和批評。
- 明白到一個問題的面向和答案，比單靠自己發現的多。

# 02 自我檢測：你與他人合作的能力如何？

Studying with other people





| | | 1 很弱 | 2 弱 | 3 還可以 | 4 好 | 5 很好 |
|---|---|---|---|---|---|---|
| 1 | 欣賞他人提供的東西 | □ | □ | □ | □ | □ |
| 2 | 聆聽別人說什麼 | □ | □ | □ | □ | □ |
| 3 | 在團體中有效提出論點 | □ | □ | □ | □ | □ |
| 4 | 了解如何成功的規畫團隊工作 | □ | □ | □ | □ | □ |
| 5 | 明白如何當個有效率的團隊成員 | □ | □ | □ | □ | □ |
| 6 | 明白如何在團隊中處理難題 | □ | □ | □ | □ | □ |
| 7 | 了解如何在團隊中處理不公平的狀況 | □ | □ | □ | □ | □ |
| 8 | 有效為研討會做貢獻 | □ | □ | □ | □ | □ |
| 9 | 明白如何在不抄襲的情況下分享學習 | □ | □ | □ | □ | □ |
| 10 | 做出有效率的口頭報告 | □ | □ | □ | □ | □ |

省思日誌 5-1

**與他人合作的經驗**

- 找出一個你在團體中工作效果特別好的例子。
- 是什麼因素使得這次團體合作成功？
- 這個團體和你參與過的其他團體有什麼不同？

# 03 與他人共事的各種方式

Ways of working with others

## 1 支持

和別人聊聊你的困難和擔憂，其他人可能有同樣的感受。互相幫忙找出解決的辦法。

## 2 鼓勵

讓其他人知道他們哪裡做得好。假如你很欣賞別人做出的某個貢獻，告訴對方吧！

## 3 通力合作

針對某項作業該讀哪個部分最好，彼此提出建議。談談你們要閱讀的東西。分享處理工作、小孩、金錢、企畫的方法。在團體中分配學習不同的部分，舉例來說，你們可以每人去一間不同的圖書館或可查資料的機構，或是當彼此問卷的實驗對象。

## 4 互相分享

一起瀏覽彼此上課的筆記，看看你們是否挑出不同的重點。將評過分的論文影印，交換閱讀。有注意到什麼不同的地方嗎？

## 5 提供有建設性的建議

假如你不同意他人的想法，而且這個問題應該被提出，那就用正面的方式提出你的建議。做出能提供正面改善的建議，而不要只是批評現在或過去錯誤的地方。

- ✔ 只在有人請你提出批評時提。
- ✔ 點出好的地方，同時也說出可以改善的地方。
- ✔ 就事論事，不要針對人。
- ✔ 要切實際：只建議能力範圍內的改變。
- ✔ 要有所選擇：只選擇一到兩項關鍵的建議。
- ✔ 要精確：給一個清楚的範例。
- ✔ 要體諒他人：使用有助於他人接受你的批評的語氣和方式。

## 6 接受批評

- ✔ 專注聆聽。
- ✔ 花時間思考別人說的話，
- ✔ 看看有哪些是實在的。
- ✔ 感謝他人提出建設性意見。
- ✔ 提出問題，釐清你不清楚的地方。

# 04 與他人共事的注意事項

Working with others

本章介紹一些基本的人際技巧，它們對於課業研究很有用，也是其他情況（例如工作）所需要的人際技巧構成要素。以下是與他人共事時應注意的事項。

## 1 事前計畫，預防遇上困難

假如你要和別人共事好一段時間，先想想你希望從共事的經驗中得到什麼，以及可能會出現什麼危機。你可以將你的想法寫在三個大標題之下：

- 「優點」
- 「可能的困難」
- 「能處理這些困難的方式」

一起想想有哪些優點，來鼓勵你們繼續做下去。針對每個可能遇上的困難思考，並共同腦力激盪，想想有什麼方式可以解決。發揮創意尋找策略。假如你們真的遇上瓶頸，找個朋友、老師或學生顧問談談。

## 2 不要抄襲其他同學的文字

所有的報告文字，都應該用你自己的話寫出來，小心不要抄襲其他同學的文字。

## 3 公平的分享

把分享建立在公平的基礎上，同學之間彼此公平以待。

## 4 避免被別人負面的情緒給影響到

成員感到洩氣時，要多多鼓勵他，也要也注意避免自己的情緒隨之共舞。

# 05 讓團體合作順利的各種技巧

Making the group work

雖然團體合作有許多好處，身為團體的一分子卻不見得是件容易的事。處理團體的挑戰，將使你建立起一些技巧。下列的指南，對於研討會和團體作業將有些幫助。

## 創造彼此支持的團體氣氛

### 1 記住，每個人都有情緒

要注意人人都會擔心受到批評，或被認為有所不足。因此，評論時要有建設性，並且力求態度溫和，不要只想著拿分數的事。

### 2 正面處理焦慮

在第一次的團體時間時，大家共同交換對於加入這個團體的感想。其他人在到達之前，擔心些什麼事？他們跟你有同樣的感受嗎？知道你不是唯一擔心的人是有幫助的。一起討論這個團體如何能將擔憂轉化為機會。

### 3 建立基本規則

假如你在組成自己的支援或作業小組，這一點就特別重要。基本規則要涵蓋上述的焦慮，包括：

- ✔ 你們會面的時間。
- ✔ 假如有人主導局面，或不發揮應有的影響力時，該怎麼辦？
- ✔ 何種行為或評語，是不被容許的？

### 4 找出團體的力量

共同思考這個團體，有哪些技能和經驗。誰比較喜歡做美術方面的工作、籌畫會議、寫作？清楚說出你想做什麼。假如有好幾個人想做同一件事，就輪流交換角色或分工合作。要將每一個成員都納入。

## 創造有效率的團體環境

### 1 設下明確的方針和界限

- 清楚立下團隊的整體目標，和每次會議的目標。
- 為團隊會議設下方針，並決定要在每個項目上花多少時間。
- 清楚劃分出哪些會議要進行工作，哪些會議用來社交，並嚴格遵守。
- 事先安排會面時間和場地，讓每個人都能參加。

### 2 檢查進度

假如你的團體似乎運作順利，就直接提出來。每個人都該輪流說出他們認為能做些什麼來改進，包括評估自己能做些什麼改變。

- 這個團體需要利用社交活動，使它更團結嗎？
- 或是要提早會面時間，留空檔讓大家互相熟絡？
- 工作有公平分配嗎？
- 有人主導這個團體嗎？
- 大家是否顧慮到彼此的心情和想法？
- 注意：避免負面的批評或是互相指責。

### 3 分配工作

- 清楚說明誰要做什麼。
- 確認所有的工作都公平分配。
- 訂定明確的完成期限。

### 4 團體角色

決定每次的團體時間內，誰要扮演什麼角色。

**主席** 雖然每個人都有責任，但主席要幫助團體訂立方針，並加以遵從，確保每個人都有發言的機會、大家的想法都有受到重視、歸納要點、並讓團體專注在工作上。

**計時者** 計時者要確認團體有按照方針和時程表走。有時候要為每個人的發言計時。

**記錄** 記錄者要記下何時、何地做什麼事，以及任何團體下的決定。

**司儀** 司儀要在不同次會面之間，確認每個人都在進行說好要做的工作。

# 06 學習支援網絡的種類&功能

Study support networks

## 支援網絡的種類

有些課程會組織學習支援團體或網路，通常會由學長姐領導。假如沒有這樣的團體，你也可以自己設立一個。你們可以藉由即時通群組、電話或 email 集合，或下課後在其中一個人的家裡集合。許多前面討論過、與團體相關的原則，也適用於支援團體。

## 支援團體能做什麼？

支援團體的作用無窮，不過下列的活動是一般而言，最能幫助多數學生的。

### 1 彼此激勵

- ✔ 安排好打電話給彼此，激勵彼此進行某特定活動的工作。
- ✔ 對於每個團員的進展，找出一個你能提出的正面意見。
- ✔ 將這些意見寫在不同的紙上，交給每個人，讓他們回家時打開來看。
- ✔ 回家時，將你拿到的意見放在顯眼的地方，用來鼓勵自己。

### 2 複習課堂

- ✔ 複習課堂，釐清要項。
- ✔ 填補你筆記中的空缺。
- ✔ 每個人注意的東西不一樣，因此藉由彼此分享，你們最後可以得到更完整的課堂筆記。

## 3 解決學習問題

- 給某同學 5 到 10 分鐘的時間，來描述他目前的學習問題，團體中的其他人則專心聆聽。
- 由團體花 10 分鐘的時間來釐清問題。針對如何解決該問題腦力激盪，盡可能想出越多點子越好。這時，換某同學專心聆聽。
- 最後，某同學有 10 分鐘時間來做選擇，決定何時、用何種方法進行，並和團體溝通、尋求支援。
- 針對其他成員，重複同樣的步驟。然後在下次碰面時，檢查看看每個人是否有實踐上次打算做的事。

## 4 分享背景資料

- 每個人閱讀關於一項科目不同的文章，並為其他人做摘要。
- 討論你對於閱讀的東西的想法。

## 5 交朋友

- 只是彼此聆聽也是很有用的，不要低估聆聽的價值。

# 07 在不抄襲的前提下分享功課

Sharing work without cheating

## 寫報告要用自己的話寫

有些作業能和其他人分享，然而有些東西若分享了，卻會被視為作弊。下面為一些準則，假如你有疑問的話，一定要向老師確認。

1. 整體來說，你交出去的任何文章，應該要以自己的話寫出來，或是依第 222-227 頁描述的方式引用參考資料。
2. 當你在團體裡討論想法時，將它們寫下來，並分點標示。避免將你聽到的句子直接寫下來，其他人可能也寫下同樣的句子，並直接抄進作業裡，而這可能會被視為抄襲。
3. 假如你將討論錄下來，不要將錄音的內容直接打出來。假如你這麼做，可能會不小心將別人說的話抄進作業裡，這也會造成抄襲。
4. 你可能會要求以團體方式做一份企畫，並一起蒐集資料。在這種情況下，一定要針對設計、方法、蒐集資料、成果、討論和結論，做一份自己的記錄。最後，利用自己的筆記做出最終的成果，不要用別人的。
5. 不要在團體間分享個人寫出來的文字。一般說來，你要整份作業都用自己的話寫出來。
6. 假如其他成員將文字資料給你，不要直接剪貼內容到作業裡，這會造成抄襲。給你的人可能也將文字用在他自己的作業中，這會被批改者注意到。
7. 在老師評分、歸還整個團體的作業前，不要讓別人看到你自己寫的文字。假如有人抄襲你的作業交出去，你可能也要負責。
8. 一定要自己寫自己的參考資料。參考資料容易在抄寫時出錯，而老師很容易就能看出這些抄襲的錯誤。

## 意外的抄襲？

老師通常很擅長從學生的作業中，找出雷同或很類似的地方，也有軟體能幫助他們找出作業是否從網路上或從其他學生那裡抄襲而來。

假如你的老師在不只一份作業中看到相同的用字，他會認為有抄襲的嫌疑；這可能代表你要重修整門課，甚至被退學。在學術領域中，抄襲是十分嚴重的行為。

## 能分享的作業

有許多作業是能在朋友、支援團體或作業小組成員間共享的，包括：

- ✔ 決定團體作業的標題。
- ✔ 藉由討論課堂內容、筆記、課文、案例、經驗、想法等等，釐清每個人對課程資料的理解。
- ✔ 討論新想法和新出版的東西。
- ✔ 分擔行政事務，例如訂房間、記錄會議議程，或是寫信請求訪談許可。
- ✔ 進行文學搜尋，找出每個人都該讀的重要部分和節錄。
- ✔ 討論、決定進行方法。
- ✔ 檢視有用的網站內容。
- ✔ 蒐集資料。
- ✔ 討論資料內容以及其意義。
- ✔ 幫忙彼此學習軟體使用方法。
- ✔ 互相打氣。

# 08 如何做口頭報告及演講？

Presentation or talk

## 口頭報告的目的是什麼？

學生經常需要做口頭報告。這個過程是很有用的，因為：

- 口頭報告能延續討論。
- 它能創造出不同的觀點。
- 有些人用口語比用書面更能表達自己。
- 口頭報告的技能，是許多職業都需要的。

## 口頭報告如何評分？

有許多為口頭報告評分的方法。詢問你的老師，看看他會使用什麼標準評分。一般說來，報告的一個重要特色，就是會有觀眾，而你需要向他們溝通資訊。這表示你的談話要集中重點。

- 提出幾個重點，不要用你知道的所有資訊淹沒觀眾。
- 選出幾個具體的例子，讓觀眾更容易想像。
- 使你的談話有清楚的架構，只使用少數幾個標題，並且熟記你列點的順序。
- 重複重點，並做摘要。
- 人在用耳朵接收資訊時，會需要你提醒他整個談話的大方向，以及幾個重點如何連接。
- 利用講義或投影片，將你的報告劃分成三到四個區塊。

## 口頭報告前的準備

事前閱讀準備資料的時間，會比實際說出來的時間短。另外，你在口頭報告時要放慢說話速度，讓大家了解你說的話。

- 只準備你能在合理的慢速度之下說得完的東西。
- 將資料分為必說的重點，以及可在剩餘時間談談的補充資料。
- 準備強而有力的結語。

## 口頭報告的技巧

### 1 卡片技巧

- 將你的談話分成幾個部分。
- 為每個部分下一個標題。
- 在每張卡片上寫下一個標題，和幾個易懂的提示單字。
- 將卡片按你想介紹的順序編號。
- 這能給你有東西可說的自信，

並為你的談話內容做架構。

## 2 利用電子輔助

像 PowerPoint 這類的軟體，對於準備談話和講義很有幫助。假如你用 PowerPoint：

- ✔ 使用大字：至少 32 級。
- ✔ 從同一個方向翻下頁。
- ✔ 談話期間，每 2-3 分鐘左右只用一頁 PowerPoint。
- ✔ 可視需要使用動畫、音效、閃動的圖示或網路影片。

## 3 使用其他視聽輔助

- ✔ 你也可以準備一張大型海報紙或圖表，來演繹你的談話。
- ✔ 注意：不要過度地使用音樂、影像等輔助，只在有其意義時使用，不要只是因為想提供多樣性。

## 4 多多練習

- ✔ 多練習幾次發言，慢慢說，並幫自己計時。
- ✔ 假如太長了，就將內容縮短。

## 如何進行發言的過程？

1. 閱讀本章單元〈11. 如何在團體中發言？〉。
2. 用時鐘為自己計時。
3. 等到大家都坐定並安靜下來之後，再開始發言。
4. 告訴觀眾你希望他們在談話結束後再提問題，或是在發言過程中提問。
5. 可以的話，從你的 PPT、卡片、海報或憑記憶「說出來」，而不是讀出來，這樣你的談話會比較流暢，也比較容易懂。
6. 若你無法不靠講稿發言，就將講稿完整寫出來，並讀出來。
7. 提醒自己講話速度要比平常慢一點、大聲一點。
8. 就算你覺得說得不完美，也不要道歉，要表現出自信，彷彿你覺得自己的談話很棒似的，這樣你很快就能說服你的觀眾。
9. 眼神看前方，至少與兩位觀眾做眼神接觸。
10. 一開始時，把你要說的內容做個摘要，並按照順序講演。
11. 輪流使用卡片或投影片，清楚說明每一點。
12. 每說完一個重點，就暫停一下喘口氣，讓觀眾時間消化你說的話，也讓你看起來更專業。
13. 結尾時，將你的發言做個摘要。
14. 準備一句好的結語。假如你不知道該怎麼結束，就只要微笑著說「謝謝」即可。

## 如何克服緊張？

許多人花太多時間擔心演講的事，反而沒留時間準備該說的東西。你能藉由以下的方法來減低緊張感：

- 仔細準備，對自己要說的話、和你說的方式要有自信。
- 下意識努力去放鬆（見 451–453 頁），尤其是在發言前 2 至 3 小時。
- 提早到達，你才不用過度擔心路上會不會有什麼問題。
- 比其他人更早到達教室裡，如此一來，你就不會突然要面對一大群人的面孔，而能擁有自己的空間。
- 在觀眾到達時，向他們微笑。
- 準備飲用水。

## 留意你的觀眾

你發表過越多次談話，就會對配合觀眾調整發言內容越有自信。以下是幾個有用的重點：

- 觀眾注意力容易漸漸偏離：他們可能遺漏了重點。使用稍微不同的字句，重述重點。
- 觀眾集中力較短：將你的談話分成幾個清楚的段落，在段落間預留短暫休息時間。
- 集中在重點上。避免不必要的細節，也不要突然轉移話題，觀眾會摸不著頭緒。
- 在聆聽時，會比用看的更難理解複雜的理論或一系列的重點。一份清楚的表格或講義能幫助你的觀眾理解你。
- 假如時間不夠了，不要急促地想說完更多的資料或投影片；配合時間刪減你的談話內容。（你在練習發言時，就可以先計畫好要刪減的部分）
- 觀眾通常喜歡聽「故事」。利用相關的範例、圖像和案例來吸引他們的注意。

省思日誌 5-2

### 口頭報告

- 我對於在團體裡發言和做口頭報告，有多少自信？
- 本章建議的哪些技巧，能幫助我？
- 哪三件事最有用，可以先試試看？

# 09 自我檢測：我在談話時效率如何？

How effective am I giving a talk?

| 談話的不同方面 | 評分<br>低　　　　高 | 我能怎麼改善？ |
|---|---|---|
| 1 我最主要的主張明確嗎？ | 1 2 3 4 5 | |
| 2 我是否以簡短的大綱開始？ | 1 2 3 4 5 | |
| 3 我是否切合我的大綱？ | 1 2 3 4 5 | |
| 4 我在結尾是否有做總結？ | 1 2 3 4 5 | |
| 5 我的開場白如何？ | 1 2 3 4 5 | |
| 6 我結束得如何？ | 1 2 3 4 5 | |
| 7 我的講義或視聽輔助器材適切嗎？ | 1 2 3 4 5 | |
| 8 我轉換論點時，是否切合邏輯？ | 1 2 3 4 5 | |
| 9 我是否提供好例證，來支持我的論點？ | 1 2 3 4 5 | |
| 10 我回答問題回答得好嗎？ | 1 2 3 4 5 | |
| 11 我是否與在場大部分的觀眾做眼神接觸？ | 1 2 3 4 5 | |
| 12 每個人都有參與感嗎？ | 1 2 3 4 5 | |
| 13 我是否尊重在場者的不同論點？ | 1 2 3 4 5 | |

- 觀眾給了我什麼評語？

# 10 說話與聆聽的技巧

Talking & listening skills

好的溝通是雙向的，它需要有好的聆聽技巧，並親身參與討論。你是對別人說話？對他人滔滔不絕？還是「和」別人一同談話？

- ✔ 滔滔不絕的人只是在聽自己說話，他們不留給別人任何回應的空間。
- ✔ 和你共同談話的人，熱切希望你能參與。
- ✔ 對你說話的人，會仔細考量你和你的反應。

## 非語言的溝通

我們透過語言上的回應，來表現我們聆聽的專注程度，同時也會用上非語言的溝通，如圖：

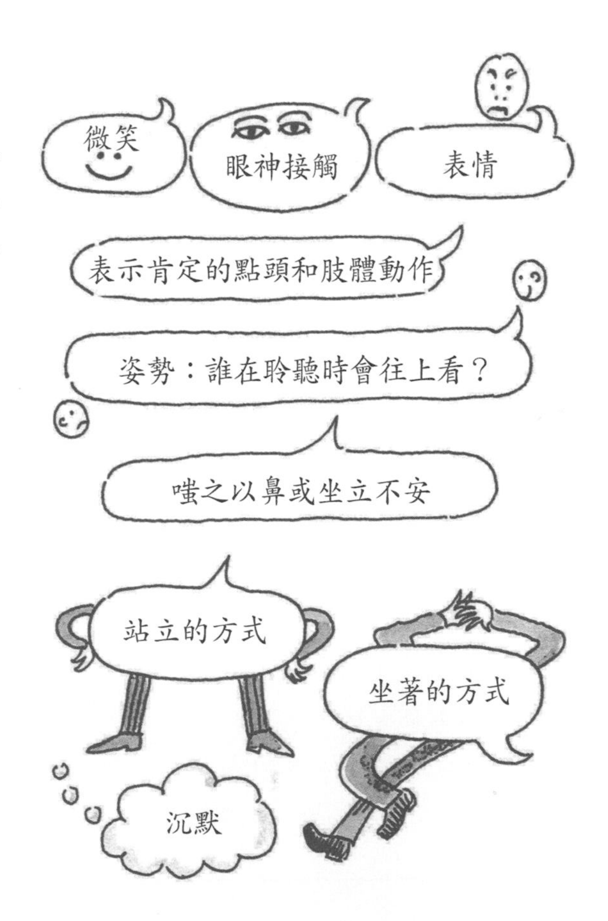

## 你懂得聆聽嗎？

- ✔請別人觀察你在團體中聆聽的樣子。
- ✔詢問你對不同團隊成員，傳達了什麼樣的非語言訊號？
- ✔你對別人觀察到的結果吃驚嗎？
- ✔你給他人的印象，如你想像的一樣嗎？
- ✔如果不一樣，有什麼地方是你想改變的？

## 好的聆聽技巧

試著傾聽說話者的聲音。以下這些技巧可能有幫助：

- ✔考慮到說話者的感受。
- ✔找出鼓勵他們的方法。
- ✔專注在談話內容上，想想這些東西對你可以有哪方面的價值？
- ✔找出關鍵字，記錄下來。
- ✔（當對方說完時）想個可以問的問題提出。
- ✔將他們說的內容，與你知道的東西作連結。
- ✔找出一個你可以提供的正面建議。

省思日誌 5-3

### ❤ 你懂得聆聽嗎？

- 在你的日誌裡，思考你聆聽他人的表現如何。你是否：
  - ✔將他人說的話聽進去？
  - ✔留空間讓別人說話？
  - ✔在你開口前，先等別人說完話？
  - ✔使用鼓勵性的非語言訊號？
  - ✔假如你覺得無聊，或不喜歡對方，就顯得心不在焉？
- 你能不能做任何改變，使其他人說話時能更自在？
- 你對哪一種非語言溝通最敏感？什麼能鼓勵你？什麼讓你覺得洩氣？

# 11 如何在團體中發言？

Making your point

## 在團體中發言的技巧

假如你對於在團體中發言感到很緊張，下列的內容可能會有幫助。

### 1 在團體活動前

- ✔下定決心，至少要在團體活動內發言一次，就算只是聽自己大聲說「對」也好，從小地方開始慢慢擴大。
- ✔如果情況允許，多多認識其他成員，這會讓你感覺比較自在。

### 2 在團體活動期間

- ✔坐在讓你安心的人旁邊。
- ✔寫下你想說的話，有必要的話，直接唸出你寫的東西。
- ✔想一個範例、證據，或案例，來支持你的論點。
- ✔假如你緊張的話，試著慢慢吐氣。
- ✔發言的時候不要急，以比平常說話更慢的速度為目標。
- ✔與你的聽眾當中至少一個人做眼神接觸。
- ✔要簡短。當你成功表達你的論點時，就馬上停下來。避免回頭重述已經說過的東西。
- ✔要清楚。假如你說的話感覺上不夠清楚，就說「我會再說清楚一點」，或確認大家是否了解。
- ✔說大聲一點，讓每個人都聽得到。假如大家要很吃力才聽得到你，他們對於你說的話會比較無法產生同感，而且你可能還得再說一遍。
- ✔就算你覺得沒自信，還是要表現得有自信。
- ✔不要道歉，只要微笑！

## ③ 團體活動結束後

- ✔慶祝自己的進展。
- ✔不要太在意錯誤或不順的地方，這不是世界末日。
- ✔決定你下次要做什麼。

## 說話的方式或腔調

許多人對自己說話的方式或腔調很在意。假如你對自己的聲音感到不自在，記住：

- ✔你的聲音是你很重要的一部分，每個人都有腔調，而且沒有哪一種腔調較為優越。
- ✔你的聲音或腔調，不及你的想法和意見重要。
- ✔別人可能就和你一樣在意自己說話的方式。
- ✔專注在傳達訊息和提出合理的發言上，而不要太在意發音。
- ✔有許多成功人士，都有各式各樣的腔調。

## 破壞團體活動

破壞團體活動的情況很容易發生。這通常是無意間發生的，因為人們對於別人如何評斷自己會緊張或擔心。

**省思日誌 5-4**

**❤ 破壞團體活動的情況**

- 你可能以什麼方式無意間破壞了團體活動，像是遲到、沒做準備、說話太小聲或聊天？
- 你能有什麼不同的做法呢？

# 12 如何使討論發揮最大作用？

Get the most out of discussion

團體的責任，在每一個人身上。假如有問題出現，就算它看起來像是某個人的錯，每個成員也都要分擔責任，共同解決問題，讓團體得以運作。

## 1 討論前

- ✔確認你完成了在團體說好要做的工作。
- ✔閱讀與該科目相關的東西，並加以思考。
- ✔有什麼問題你希望得到解答？

## 2 討論期間

- ✔檢查是否每個人都能看到、聽到其他人。
- ✔對聽到新資訊持開放態度。
- ✔快速寫下有用的資訊。
- ✔快速寫下要問的問題。
- ✔假如你有不懂的地方，就提出問題。
- ✔將你聽到的東西與已知的東西做連結。
- ✔做出貢獻，例如提出你感興趣的論點。

## 3 討論過後

- ✔看過你的筆記，並歸納出重點。將任何新細節或想法加進去。
- ✔確認自己知道什麼時候要進行團體需要的作業。
- ✔有將作業安排進你的日記裡嗎？

# 13 如何幫助團體討論順利進行？

Help the group to succeed

### ❶ 鼓勵

- 鼓勵其他人。例如你可以說：「我覺得那很有意思！」

### ❷ 聆聽同學的聲音

- 你的同學就和你的老師一樣，值得你尊重和注意，就像你值得他們的注意一樣。

### ❸ 幫助順利進行

- 為討論提供一己之力，但不要主導。
- 提出問題，但不要太多。
- 負起責任，不要把每件事都留給一個人。
- 鼓勵團體專注在單一題目上。

### ❹ 以別人的論點為基礎，加以延伸

- 你可以說：「你說的那點很重要，因為以下幾個原因……」

### ❺ 讓每個人都參與討論

- 對團體裡的每個人說話，而不是只對特定的幾個人說。
- 確認每個人都要有發言的機會。

### ❻ 當你同意時，表達出來

- 表達出你的贊同：「我也是！」「對！的確！」

### ❼ 承認自己的錯誤並道歉

- 「對不起，我錯了！」「喔，我誤會了……」

### ❽ 提供資訊

- 分享你知道的東西：「關於這方面，有一些有用的資料……」

### ❾ 使用肢體語言

- 在你聆聽時，利用微笑、點頭示意等等方式，表達你的關注。
- 假如你想發言，要做出明確的表示。

### ❿ 假如你不同意時

- 去探討其他人的想法，而不要一味否決，你可以說：「是什麼讓你這麼想呢？」「你有沒有想過……？」

### ⓫ 提出建議

- 分享你的想法：「我們要不要……？」

### ⓬ 為團體下結論

- 「目前為止，這兩點大家都同意嗎？（一）……？（二）……？」

# 14 團體討論中有人情緒失控時要如何處理？

Dealing with difficult moments

## 生氣的情緒

當有人表達出強烈的情緒時，大家可能會覺得很緊張，不過這樣的情緒，常常是某個人誠實表達感覺的方式，而其情緒通常來自下列幾個方面。

### ❶ 由強烈被否決所衍生出的情緒

強烈抨擊別人的意見，很可能會傷害他人，人常將自己的意見視為自己的一部分，假如你拒絕他的意見，對方會覺得自己本身被拒絕了。

你們的團體可能需要立下規則，說明大家可以質疑意見，但不針對提出該意見的人。

### ❷ 由團體問題所衍生出的情緒

假如情緒來自團體運作不佳，那就指出團體的運作能如何改善。

舉例來說，問題可能出在有些人覺得自己的看法被忽略了。要怎麼做，能讓他們覺得自己的意見有受到注意？是否能找到折衷方案？

### ❸ 來自團體外的情緒

人們會將日常生活中的事件或情緒，帶進任何團體中。這可能會造成妨礙，因為有時一些突如其來的強烈情緒，出現的原因並不清楚。

在每次聚會開始時花個一、兩分鐘，讓團體成員們談談近況，可能會有幫助。你們可能也需要訂定針對強烈情緒的規定，比方說，「假如有人對另一個人表現得咄咄逼人，其餘的團體成員將會介入。」

## 哭泣

假如大家因為某種原因感到沮喪，給他們一點時間靜一靜，或是給他們表達情緒的空間。不要擔心有人掉眼淚，哭泣可以釋放壓抑的情緒。沮喪的人可能需要獨處的空間，或只和某個人靜靜地談一會兒。表達出你的體貼，詢問對方需要些什麼。

## 沉默

沉默通常讓人覺得比實際時間還漫長，這是因為我們很少有沉默的經驗。然而，沉默也可以是很有建設性的。接受並重視沉默，尤其是團體在討論較沉重的話題時。不要認為一定要用問題或笑話，來填補沉默。

## 僵局

假如沉默代表的是停滯或僵持不下，試試新的方法。

- ✔ 想出幾個方法，將手邊的工作分成較小的部分。
- ✔ 有什麼方法能將問題轉個彎、換個方向？
- ✔ 共同腦力激盪，也許其中一個主意行得通？

## 團體互動中的不平衡

以下的情形很可能造成團體討論失衡：

- ✔ 一、兩個人主導整個團體
- ✔ 演變成兩個人彼此討論的情況
- ✔ 較安靜的人沒有加入討論的空間

主席或團體成員可以藉由以下方式，直接指出這些失衡的情況：

- ✔ 感謝主導討論的成員作出的貢獻，並提醒他們，其他人可能也想發言。
- ✔ 詢問還沒發言的人是否想說什麼。
- ✔ 指出失衡的情況，讓團體可以加以討論、處理。

有些貢獻是很重要的，例如在團體活動一開始，讓大家知道你當天或當週的最新狀況，但也可能會不小心占用太多時間。在這種情況下，記得設下時間限制。

團體的問題，可能也會從較重大的問題中出現，如歧視、偏見和不公。這些問題〈16. 偏見、不平等和歧視〉會加以說明。

# 15 自我檢測：你對研討會和團體的貢獻如何？

How well do I contribute…

## 其他人對於你對研討會做出貢獻的評價

- 和朋友或團體成員討論你的表現。
- 向他詢問你做得好的三件事，和三件有改善空間的事。

**你做出的貢獻**

- 利用下一頁的問卷來刺激你的思考。
- 你做出的貢獻如何？
- 你希望做出什麼改變，想什麼時候開始改？

## 團體的運作

考量研討會或討論團體的整體運作情況。

## 自我檢測

### 1 評估目標

- 為了讓研討會和團體運作得更有效率，不只是為了自己，也為了大家。
- 確保大家都有參與感，並對於提出貢獻有安全感。
- 確保團體涵蓋了所需資料。

### 2 策略

- 利用這個表格、討論和檢討，評估我做出的貢獻。
- 將我的自我評估，和另一位同學的評估互相比較。
- 利用我們的評量，建立一個聯合的策略，使研討會更好。

省思日誌 5-6

**考量整體的運作情況**

- 找出團體需要優先處理的三件事。
- 你要如何在團體中提出這些問題？

## ❤ 自我檢測：你對研討會和團體的貢獻如何？

1-5分（1分表示有很大改善空間，5分表示極佳）

| | 1 | 2 | 3 | 4 | 5 |
|---|---|---|---|---|---|
| 1 我是否為團體或研討會做了足夠的準備？ | □ | □ | □ | □ | □ |
| 2 在討論期間，我是否做出足夠的貢獻？ | □ | □ | □ | □ | □ |
| 3 我是否佔用過多個人發言時間？ | □ | □ | □ | □ | □ |
| 4 我的問題和評語是否與討論相關？ | □ | □ | □ | □ | □ |
| 5 我是否聆聽並思考他人提出的論點？ | □ | □ | □ | □ | □ |
| 6 我對於主講人或其他發言者是否表達出足夠的鼓勵？ | □ | □ | □ | □ | □ |
| 7 我對於團體中較缺乏自信的人，是否表達出足夠的鼓勵？ | □ | □ | □ | □ | □ |
| 8 我是否全心參與，或害羞、退縮了？ | □ | □ | □ | □ | □ |
| 9 我是否記錄相關的筆記和參考資料？ | □ | □ | □ | □ | □ |
| 10 我是否將全副心力都放在討論上，還是分心了？ | □ | □ | □ | □ | □ |
| 11 我是否將想法都提供給團體，還是只跟附近的同學說？ | □ | □ | □ | □ | □ |
| 12 我是否清楚知道下次的研討會／團體活動，我必須做些什麼？ | □ | □ | □ | □ | □ |

# 16 偏見、不平等和歧視

Prejudice, unfairness & discrimination

偏見和不公，可能造成壓力和不健康的情況，導致一個人無法達到最佳表現。它們可能也會製造緊張和憤怒的情緒，這會影響到團體中所有人的學習。任何一種不平等的歧視，與每個人都有關係。

我們多半在日常生活中，都有過遭偏見看待的經驗：可能是被取綽號，參加活動時被排擠，或被人欺負。這類事件有些雖然傷人，但很快就被遺忘；有的則會造成很深的傷害，造成長久的影響。其他人的態度，尤其若再加上受限的機會，可能會讓學生難以完全發揮其潛力。可能在你過去就讀的大學裡，就有許多學生遭遇這些情況。他們的困難可能來自種族歧視、性別歧視、身障歧視、性向歧視、單親家庭等因素。

活動 5-1

**❤ 你受到不平等待遇的經驗**

- 想出一個你曾遭到不平等對待的情景。例如，你是否能回想起自己因沒做過的事而被責罵，或其他人沒來由地想侮辱你的狀況？
- 你當時的感覺和心態如何？
- 這件事對你是否造成長期的影響，例如影響你的自信？

活動 5-2

**❤ 檢測歧視的情況 (1)**

這項活動的目標，是幫助你避免自己去說或做一些事後會後悔的事。

- 想一個你目前或過去曾參加，或是學期開始後將會參加的團體。
- 團體成員有許多彼此歧視的方式，也許別人不會察覺到。你能想到哪些可能情況？
- 你能問自己什麼問題，來確認是否每個人都被納入團體，或偏見是否正導致某人被排擠？

完成這項活動之後，待會再將你的想法和〈活動5-3：檢測歧視的情況(2)〉互相做比較。

## 面對不平等待遇時，該採取什麼行動？

### 1 尋求支援

你遲早會注意到，不平等的歧視正在發生，不論是針對你或針對其他人。這時候你應該扛起責任，出來面對並尋求解決這種問題。以下提供你一些作法：

- ✔ 找出誰為提供平等機會負責，或是可以提供建議，例如學生諮詢服務。
- ✔ 問那些你認為受到歧視的人有什麼感受。他們希望能採取什麼樣的行動，或是發生什麼樣的情況？
- ✔ 釐清哪些行為是你不能接受的。
- ✔ 為自己尋找支援，例如同學、相關的支援團體或社團等。

### 2 記錄細節

假如你目睹或涉入嚴重的事件，或看到有人經常被歧視，將細節記錄下來，包括：

- ✔ 每次事件的時間、日期和地點。
- ✔ 目擊者和任何其他在場者的姓名與聯絡方式。
- ✔ 確切的對話內容和行為
- ✔ 當作目擊者站出來。
- ✔ 讓受到歧視的人知道你支持他們。
- ✔ 站出來發言，讓其他人知道你察覺到騷擾或歧視發生，而你並不支持這些行為。
- ✔ 假如問題發生在課堂或研討會上，提出處理問題的要求。
- ✔ 提出正式的申訴，例如透過學生會，或利用大學的申訴管道。

### 3 當自己面臨被歧視的壓力時

有些人從經驗得知，當我們遇到新的人，或進入新的環境時，很可能會碰上某種程度的歧視。

想想我們擔心會發生的事的實際情況，可能會有幫助，而且為了預防它們真的發生，事前訂定處理的計畫。你可能不會再有接受高等教育的機會了：重要的是你要盡可能訂定策略，好將他人偏見的影響減到最低，讓你能專心在課業上。除了上面所提及的處理方式，你還能做的事有：

- ✔ 確認你有處理壓力的對策（見 449–450 頁）。
- ✔ 照顧自己的健康，吃得好、睡得好。
- ✔ 盡量不要在睡前想著會造成壓力的事，而做些讓你放鬆的事，例如閱讀、洗個放鬆的澡、聽音樂等等。
- ✔ 不要責怪自己。
- ✔ 向你能信任且能和你討論不同選擇的人談談。
- ✔ 寫下你的感受，認識自己的情緒能幫助你克服。
- ✔ 固定記錄發生的事，日後你可能需要它當作證據。這能當作你說明歧視確實發生的證據。它也可能幫助你將事件拋到腦後，直到你能針對它做些有建設性的動作為止。

記住，覺得自己不應該忍耐歧視，是正確的想法。多數大學都有平等機會處理騷擾的政策、申訴的管道，以及負責推動它們的校方人員。如果你對於一開始就找校方人員會感到不自在，學生會應該也能幫助你。

**省思日誌 5-7**

**❤ 如何處理歧視的情況？**

- 當你遭遇不平等或歧視時，你通常怎麼做？
- 他人什麼樣的個人反應能對你有幫助，讓你對自己保有積極的看法？
- 歧視是否阻礙你去做你想做的事情？
- 你要怎麼阻止這種情況再發生？
- 你能怎麼做好準備，來處理歧視的情形？

活動 5-3

## ❤ 檢測歧視的情況 (2)

- 每個人都有機會可以提供想法，或是只有某些人（或團體）主導？
- 討論主題的方式，是否將每個人的經驗和背景都涵蓋進去了？
- 討論是否建立在大家都是異性戀、同種族的人或肢體行動方便的前提上？
- 假如有人有腔調、説方言，或是結巴，他們説話時是否受到同等的尊重？
- 當有人提出意見或問問題時，他們是否顧及其他人的感受？或注意到可能會引起負面情緒的議題？
- 團體會面的地點在哪裡？
- 每個人（包括坐輪椅或使用枴杖）都能到達會面地點嗎？
- 當有人試著要讀唇時，你會察覺嗎？
- 團體中的成員能做些什麼，讓讀唇變得更容易？例如不要讓手和書面資料擋住臉，以及不要坐在光源的側面，造成陰影？
- 什麼原因可能造成使用助聽器者的障礙或痛苦？
- 什麼樣的用字或行為，可能會冒犯到他人？
- 有沒有人看來像是被排擠、不自在或憤怒？
- 為什麼會發生這種情況？

# 17 回顧

Review

在你學生生涯中，很可能會被要求與他人合作，像是研討會、支援團體或作業分組等等；而且不管怎樣，你平常在校園時就是過著學生的團體生活。

假如你所在的團體運作得當，你將從中獲益。你會得到不同觀點和看法，你自己的思路會更寬廣、想法更縝密，並且擁有支援。不論你身處什麼樣的團體，盡全力幫助團體達到最佳狀態，對你個人會有很大的益處。

不過，團體中出現問題是很自然的。舉例來說，它可能會帶出人們的焦慮感，有些可能還造成侵犯性，或使成員無法對團體有所貢獻。在處理這些問題的過程中，你將建立更廣的人際技巧和解決問題的技巧，這在未來的工作和人生都十分有用。

關於學習的其他領域，有一些策略可以應用在特定領域中：像是聆聽他人、提出自己的論點、與他人合作，以及做口頭報告。在這個領域中，自我檢視和評估自己的貢獻格外重要。

整體來說，假如清楚說明有什麼限制、有什麼要求、誰要在何時做什麼工作、是否每個人都懂得體諒他人的感受，與他人共事會較為輕鬆。

# 第六章

# 研究技巧

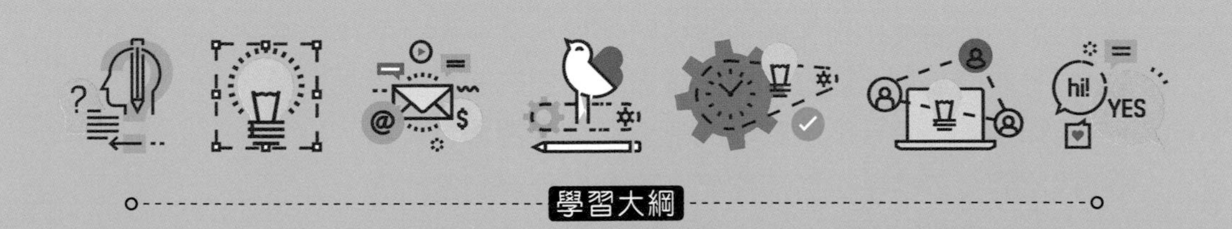


學習大綱

- 學習如何使用一般的研究技巧。
- 知道如何從資料來源中找出並選擇最相關的資訊。
- 建立配合不同內容改變閱讀方式的策略。
- 學習如何有效率地做筆記。
- 學習什麼是剽竊，以及如何避免。
- 學習如何為作業註明來源。
- 學習如何有效利用講堂、解題練習、在實驗室工作和實習課程。

# 01 確認研究工作的內容

Identifying the task

在高等教育，你經常會被要求用自己的想法，表達自己的意見。這代表你提出的答案不能只是「常識」，而是要你基於新學到的知識，或該科目領域的重要文獻，提出資料充足的意見。你將被期望能對該科目展現更深度的了解，並比一般人使用更精準的資料。

在投入一篇論文、報告或任何作業的研究工作之前，先確定自己知道有哪些工作要做，並藉此做好準備計畫，為你的研究建立架構，這將為你日後省下很多時間。

1. 仔細閱讀作業指南。
2. 問題有幾個部分？對你做出什麼樣的要求？（見 254–257 頁）
3. 當你的作業完成時，它看起來或聽起來應該如何？（見第 7 章和第 8 章）朝你需要的最終成果做計畫。
4. 想想為何要交這份作業？是這門課程一定要進行的作業嗎？
5. 它具有時事性，與最近和該議題相關的新聞中的研究有關？假如是，一定要閱讀相關的最新文章或書籍。
6. 找出評分的標準，並將它們列出在你看得到的地方。
7. 作業的字數限制是多少？研究的規模要符合字數限制。
8. 看看你得用上多少書或文章，不需要將每本書全部都讀完。
9. 有多少時間能讓你進行研究？
10. 將作業劃分為幾個部分，並為自己訂定特定日期完成小型目標（見 133 頁），將這些寫進日記裡。

# 02 充分利用圖書館

Making the most of the library

## 成為圖書館的一分子

要加入圖書館，你通常需要學生證號碼和身分證字號，所以記得要隨身帶上。

在圖書館裡走走，熟悉裡面的氣氛。坐在不同的書桌前，並嘗試不同的房間。哪裡最適合你？

要知道圖書館如何運作，就從你的閱讀清單裡找書來查。試試裡頭的科技設備，它們都設計得很容易使用，所以就算你不精通電腦也無所謂，試試看吧！

## 圖書館的服務項目

大學圖書館裡，除了書本，還有更多東西和設備可供利用。早一點去拜訪圖書館吧，看看那裡提供了哪些服務。一般來說，圖書館會有：

- 學術期刊
- 專門文章特選
- 影印機
- 固定文件的設備
- 電腦
- 膠帶
- 幻燈片
- 資料影帶
- 錄放影機
- 針對身心障礙人士的專門資訊科技
- 口頭報告使用的視聽輔助設備
- 說明如何使用圖書館設備的講義

假如你的大學分成數個校區，詢問每個校區的圖書館有些什麼，以及如何使用不同的設備。

## 找出圖書館的使用原則

- 你一次能拿多少書籍或物品？
- 你一次能借出多少書籍或物品？
- 書籍歸回架上，或從別的地方調來，會需要多少時間？
- 借閱時間多長？
- 能預約書籍嗎？
- 能用網路或電話進行預約或續借書籍嗎？
- 有遲還罰金嗎？
- 要如何進行跨館借書？
- 有沒有專門科目的圖書館？

## 圖書館的書目

書目可能在卡片上、微縮片、光碟裡或電腦裡，可能也會有針對你作業科目的專門文章特選及全國文選。你很可能常常會需要這些書目的幫助，假如你不確定如何使用，不要害怕發問。

## 如何在圖書館內找資料？

### ❶ 一般書籍

- 小說是按作者姓氏的字母順序排列。
- 參考書是依科目歸類。每一科都有一個編號，會在書背上註明。
- 關於同一主題的書，會統一放在同一架上。
- 你可以從圖書館目錄裡，查出一本書的編碼。
- 使用電腦目錄時，如 OPAC（圖書查詢檢索系統），輸入你的要求，細節會出現在螢幕上。一般說來，圖書館會提供如何使用的資料和幫助。

假如你知道以下資訊，會更容易找到你要的書：

- 作者的姓氏和名字縮寫
- 書的標題

## 2 期刊或論文

期刊或論文，通常包含你主修科目最新的研究和書評。大多數的論文，開頭都有個簡短的摘要，告訴你文章的內容是什麼。瀏覽這些摘要和書評，能讓你接觸到該科目的最新資訊。在大部分的作業裡，你會需要文章當作參考資料。

期刊每隔一段固定的時間就會出版，它們被集結成冊並加上編號，通常一年一冊。要找到一篇期刊文章，你需要知道：

- 期刊的標題，出版年分和該冊編碼
- 文章作者的名字和縮寫
- 文章的標題

活動 6-1

**練習找出圖書索號**

- 為你今年修的科目，找出它們的圖書索號（杜威分類號檢索）。

## 3 索引和摘要

索引和摘要是個別出版品，它們提供了期刊論文的簡短資料，包括寫的人是誰，內容是什麼，以及在哪裡可以找到。有時候閱讀摘要，對你的作業來說就已經足夠了，有時你也需要閱讀完整的原文。

你能在索引裡依標題和關鍵字，搜尋關於某個主題的所有文章。索引經常更新，值得善加利用。

## 4 電子資料

現在有許多資料是以電子形式出版，通常位於某個位址或網站，如網際網路。你的大學會有自己的網路，以及只能在校內使用的內部網站，你可能會被要求在裡面寫自己的「頁面」。可全國和跨國使用的網站，是架設在像是網際網路等的網路上。

要在網路上找到資料，只要鍵入網址即可，網址空格、點、橫線、斜線和字母，都要精確地輸入。舉例來說，這是 Friends of the Earth 網站的位址：

http://www.foe.co.uk

在你的書單上，可能會有一些有用的網站名稱。輸入其中一個位址，你就可以瀏覽出現在螢幕上的資料。你也可以將它印出來，閱讀紙本並在上頭標示重點。

# 03 充分利用網路

Making the most of the Internet



網路連結了世界各地的電腦，並讓你能利用電腦與其他國家的人聯絡。網路沒有主人或控制中心，它是一組無遠弗屆、相互連結的電腦，擁有一些組織試著讓它順利運作。

## 使用網路的優點

網路讓你能在你的座位上，瀏覽超大範圍的資料。利用網路做研究，有以下各方面的好處。



### 1 資料範圍廣大

你能透過網路接觸到很大範圍的資料，包括：

- 報紙
- 政府公報
- 公司資料
- 雜誌
- 財務資料
- 圖書目錄

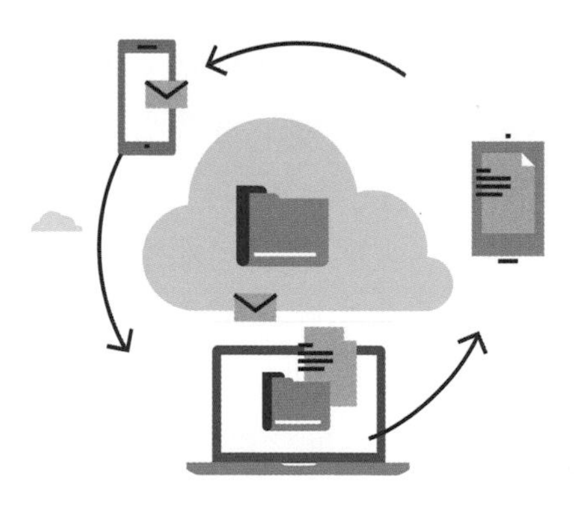

### 2 資料類型多樣

網路上的資料包括了：

- 聲音（例如語音和音樂）
- 電影和短片
- 互動頁面

- ✔ 電腦程式
- ✔ 擬真頁面

### ③ 網路通訊

你可以在學習時利用 email 和朋友傳送、接收即時訊息，你也可以用同樣的方式寄出論文和作業給老師，而不必一定要當面交作業。

## 使用網路資料的注意事項

### ① 資料來源是否可信？

目前電子傳送的資料，很少經過編輯或過濾。幾乎所有人都能將資訊放在網路上，而其中許多的品質並不好：從某個特定的學術論點發言、內容包含聊天的語句、商業網站及廣告。這代表有一點很重要，就是你要去確認你考慮使用的資料，是由什麼人發布的，並考慮對方是否為可信的來源。

### ② 資料公布的時間是？

資料可能很快就過期了。對於書本的過期，我們較容易察覺。我們可以看書的出版日期，甚至書的外觀都能告訴我們，這本書的內容可能老舊、不合時宜了。

有時候，人們會假定網路上可得的資料一定是真實可信，並且是最新的。事實遠非如此。舉例來說，一個正在建構中的網站，很可能中途資金不足、無法支付上傳新資料的工作人員費用，而這資料很可能從那時起就過時了，然而該網站仍然能在網路上看到。

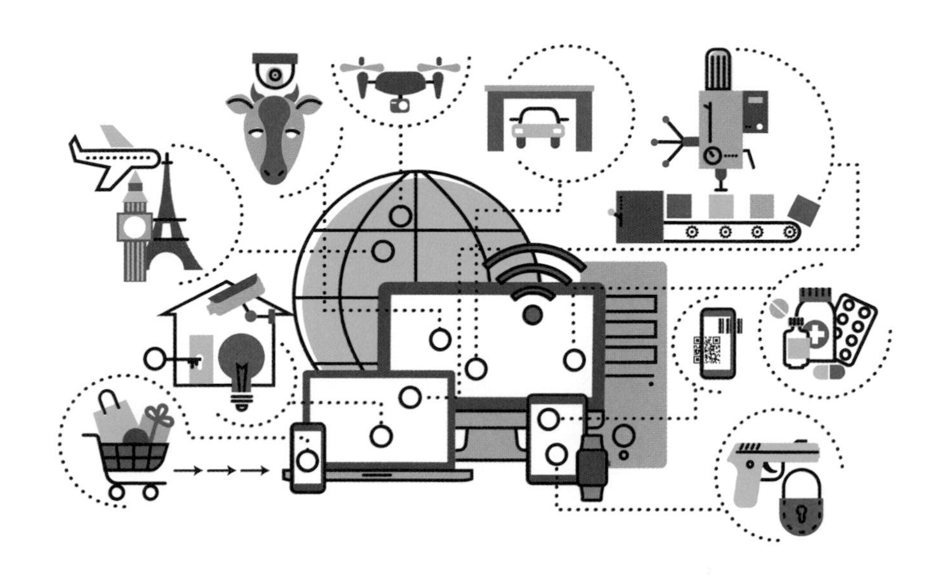



## 如何利用網路工作

### 1 連線瀏覽和搜尋工具

在大多數的大學，使用網路是免費的，使用 Chrome、Internet Explorer、Firefox 等網路瀏覽器，能幫助你找到想要的網頁。

### 2 搜尋引擎

最常用搜尋引擎分別是 Google、Bing 和 Yahoo 等。

### 3 研究工具

www.iTools.com/research/ 這個瀏覽器，對於尋找定義、引文、地圖、翻譯、同義字等等，十分有用。

## ❹ 網路辭典

OneLook Dictionaries（www.onelook.com）包含了約 150 種字典。

## ❺ 如何瀏覽網路

網站都有圖示、按鈕或被標示的文字，稱為連結。點選連結能進到另一個網頁，也可以按「下一頁」和「上一頁」等按鈕。可將自己常用的網站加入書籤或「我的最愛」，方便日後快速連結。

## ❻ 如何搜尋到你要的資訊

使用搜尋引擎（例如 Google），打入你想要搜尋資料的關鍵字，關鍵字儘量精確，以免所得資料範圍太大，不容易馬上找到你要的資料。

如果搜尋所得的資料，沒有太多你想要找的資料，可以嘗試鍵入別的關鍵字。熟悉搜尋引擎的語法，會有大助益。比如，在 Google 中，在關鍵字上加上雙引號，會得到與關鍵字完全吻合的搜尋結果。使用減號來排除你不想要的訊息，可大大提升所得的精確度，增加找尋資料的效率。

# 04 如何辨識和選擇資料？

Identifying & selecting relevant information

## 1 利用閱讀清單

有些課程會給你一長串閱讀清單，並且期望你能從一個範圍內選出一些來看；有的則會給你簡短的閱讀清單，期望你閱讀上面的所有東西。假如你有疑問，就詢問老師希望你怎麼做。

## 2 選擇最新的資料

要得知最新資訊，在書店裡的新書區看看，並在圖書館的架上或電腦目錄裡，尋找最新一期的期刊。

- ✔檢查看看調查的數據或類似資料是不是最新的？
- ✔有沒有更新的數字出爐了？假如有，你應該用原有的嗎？

## 3 選擇最為相關的資料

- ✔找出與你的作業最直接相關的資料。
- ✔擬定一份論文計畫草案，看看你會需要什麼資料。
- ✔哪些主題出現在課堂和研討會上？
- ✔檢視書的封底、目錄頁和索引，看看一本書的內容包含哪些東西。
- ✔快速瀏覽導論或結語：從這些能看出一本書是否值得閱讀。它們甚至可能提供了你需要的所有資料！
- ✔快速看過標題，大略感受一下書的內容。

## 4 依可靠度選擇

- ✔資料來源是否在該領域之內有一定的知名度，像是受到推薦的學術期刊？
- ✔該來源是否可能存在偏見？

- ✔如果是，這種偏見是否對你有影響？
- ✔該文章是否有一份良好的參考書目資料？
- ✔證據的來源是否清楚？
- ✔該來源的出版社，是否在你的主修科目領域內受到重視？（來自報紙或朋友的資訊通常不太可靠）
- ✔參見〈第 10 章：批判式思考〉。

## 5 依數量選擇

- ✔利用你的論文計畫，為每個主要大題設定一個字數限制，接著為每個小標題或範例設字數。你會發現每個項目要寫的字數很少。
- ✔以字數限制為指引，決定要閱讀、記錄多少東西。假如針對某主題只能寫一行或一段文字，你大概就不用閱讀、記錄太多東西。
- ✔想想一篇文章是否對你的目的來說過於深入：你可能只需要閱讀摘要或一個段落。
- ✔不斷問自己這份資料是否與作業或論文等的主題相關。

## 6 選擇性閱讀

如果你平常都把書從頭到尾看完，可以試試下面的練習，看看你能閱讀得多少、卻還是能得到需要的東西。

活動 6-2

### ❤ 練習選擇性閱讀

- 閱讀**封底**上的所有資料。瀏覽**目錄頁**、**章節標題**，以及**最後一章**。簡短地記下這本書內容大概在說什麼，只記錄你讀到的東西的重點。
- 閱讀每一章**導論**和**結論**的那幾段，看完後，記下任何特別重要的資料。
- 閱讀**每個段落**的第一句話，記下特別重要的資料。
- 現在，**閱讀整本書**，還有什麼其他特別重要的資料，是你在完整讀完整本書後才看到的？書裡有哪些部分很重要？你能讀多少內容來抓到這些重點？

# 05 自我檢測：我是個聰明的讀者嗎？

Am I a smart reader?

影印頁



❤ 你有沒有關於閱讀的策略？下列的做法你採用哪一種？

## ① 我明確知道自己在找什麼嗎？

- ☐ 我有沒有考慮到我想找出什麼問題的答案？
- ☐ 我有沒有考慮到我需要什麼資料？

## ② 選擇性地利用閱讀清單

- ☐ 我是否看了建議書單？
- ☐ 我知道自己需要讀些什麼嗎？

## ③ 檢視資料來源的適當性

- ☐ 我是否將每個來源都列入考量？
- ☐ 我有沒有考慮到：
  - 它是否在閱讀清單上？
  - 它是否是最新或近期的？
  - 它看起來是否易於閱讀，或在能力範圍之內？
  - 裡面有沒有我要的資料？

## ④ 選擇書裡相關的部分

- ☐ 我是否很快地瀏覽過這本書？
- ☐ 我是否利用目錄頁、索引、標題和次標題當作指引？
- ☐ 我是否有辨識出哪些部分、哪些章節是我需要的，並且在這些地方做記號？

## ⑤ 選擇一頁中相關的部分

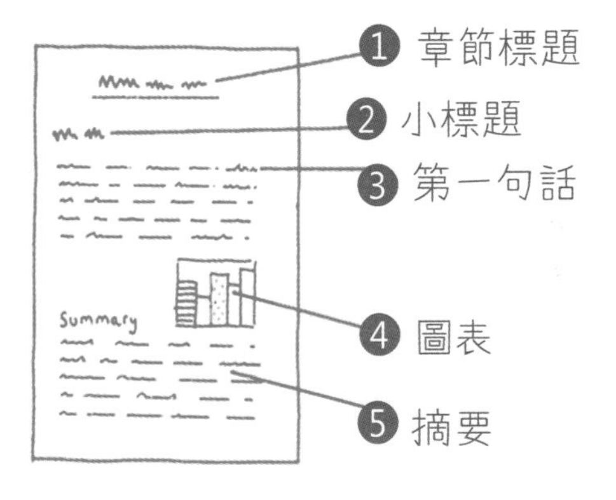


1. 我是否閱讀章節標題？
2. 我是否閱讀任何次標題？
3. 我是否閱讀每個段落的第一句話（介紹該段的主題或想法）？
4. 我是否有看圖形、表格？
5. 我是否有閱讀摘要或結語？

## 6 快速找到資料

- ☐ 我是否有試著使用索引？
- ☐ 練習之下，我的速度有沒有變快？

## 7 使用複本

- ☐ 我是否將重要的頁面掃瞄或影印起來？
- ☐ 我是否使用螢光筆，將重點標示出來？
- ☐ 我是否將點子和想法寫在頁面空白處？
- ☐ 我是否針對標示起來的重點做筆記，來幫助我記憶？

**❤ 使用大型複本**

- 針對重要的圖表或地圖，做一份放大的複本，將它貼到大型海報紙上。
- 在你閱讀的時候，將簡短重要的段落縮小影印，然後貼到海報上。
- 利用顏色和箭號將想法連結起來，並加上你自己的註記。這些海報對於複習十分有用。

## 8 將重要的想法畫成圖表

- ☐ 我是否將想法一個個列出來，好看出每個項目如何拼湊在一起？

## 9 練習預測

- ☐ 下來會有什麼，或是結論會是什麼？

## 10 互動地閱讀

- ☐ 我是否會思考讀到的東西？
- ☐ 我是否會對讀到的東西提出疑問？是否會為問題找出答案？
- ☐ 我是否將重點和閱讀時想到的點子記下來？
- ☐ 我是否會質疑作者認定的事、提出主張的邏輯，以及結論的正當性？

## 11 改變閱讀速度和方式

- □ 我是否一直配合文字內容需要，改變閱讀速度？（見 208 頁）
- □ 我是否針對找出特定資料而快速瀏覽？
- □ 我是否藉由快速閱讀，大概知道一整個段落的大意，然後再慢慢閱讀困難、複雜難懂的部分？

## 12 利用麥克筆

- □ 我是否在自己寫的東西一角貼上標籤，並寫上關鍵字和摘要？
- □ 我是否插入有標籤的書籤，好讓我更容易找到東西，並減少筆記的數量？
- □ 我是否在重要的頁面上畫上星號評等，讓自己之後更容易找到它們？

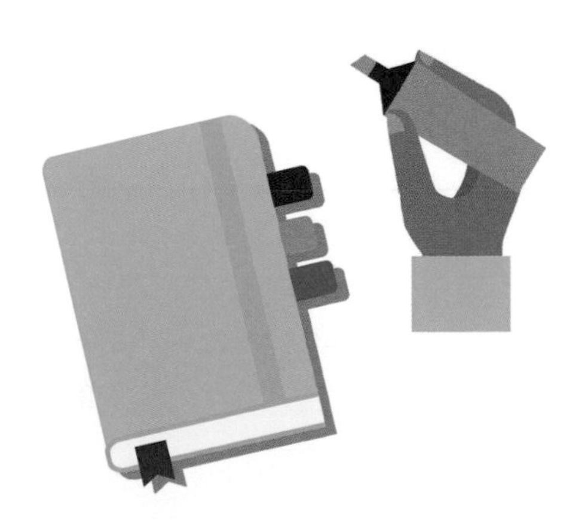

## 13 維持你的注意力

- □ 我是否吸收我所讀的東西？
- □ 我是否藉由以下方式確認我有吸收所讀的東西：
  - 將每個部分都做摘要？
  - 經常停下來休息？
  - 互動式閱讀？

## 14 聽自己閱讀

- □ 我是否將自己朗讀的重要段落錄下來？
- □ 我是否在通勤，或在做家事時放這些錄音來聽？

**❤ 使用兩台錄音機**

- 假如你有兩台錄音機，在你用一台放來聽的同時，把想法說出來，錄進另一台裡。

活動 6-3

❤ **練習快速找到資料**

- ☐ 試試使用索引(位於書末)。
- ☐ 選一個項目來查閱。
- ☐ 記住上面寫的頁數。
- ☐ 利用這些資料，盡可能快速從書裡找出這個項目。

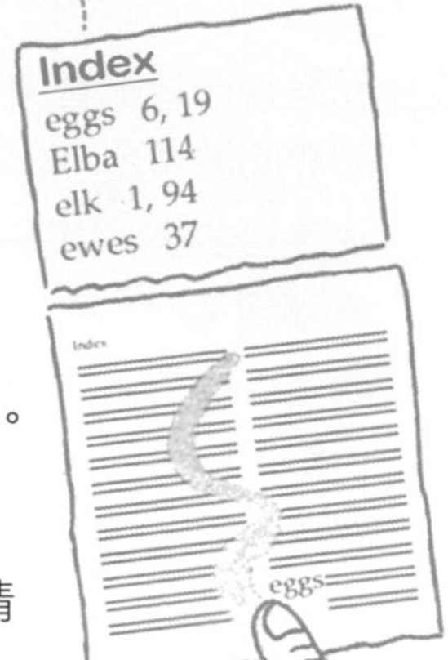


- 這花了你多少時間？你能不能更快一點呢？
- 有沒有注意到當你知道自己在找什麼時，你的眼睛就能更快從頁面上找出該項資料？

# 06 改善閱讀理解技巧

Improving reading comprehension



❤ 你是否……

- □ 了解大多數讀到的內容？
- □ 知道自己懂了多少？
- □ 理解不有趣的內容？
- □ 積極注意自己對該內容的理解？
- □ 知道如何改善理解力？

❤ **有效率地閱讀**

- 我現在如何面對閱讀的挑戰？
- 我要如何更有效率地利用閱讀時間？

假如以上問題中，你有一到多題回答是「否」，可以利用下列的積極閱讀策略，來改善你的理解力。



## ❶ 從整體著手

假如你對一篇文字的內容有了整體概念，閱讀它就會更為容易。先讀你手邊有的較基礎的東西，讓自己對主題和用字有個概念。

## ❷ 覆述讀過的重點

閱讀幾個句子後，就停下來。在不回頭看內容的情況下，用幾個字將你讀過的東西簡短敘述出來。大聲說出來，或是隨手寫下來。假如你做不到，再回頭看你剛讀過的東西，並使用下面提到的附加方法。

## ❸ 設定問題來指引閱讀

開始閱讀時，為自己設定特定的問題；隨著閱讀進行，調整你的問題。你對自己想找出什麼越是清楚，就越容易從文字裡找到。

## ❹ 重讀困難的段落

學術文章常有困難的段落。看到時不要驚慌！你一定會有需要慢慢重讀某些段落好幾次的時候。

## ❺ 將關鍵字詞標示出來

在你自己的課本或影印本上，用鉛筆將你覺得可能有關的資料畫底線。特別注意標題，和每一段的第一句與最後一句話。從畫底線的部分選出幾個關鍵字，用顏色標示出來。將特別重要的幾點畫兩條底線，或畫上星號。在有點重要的段落旁輕輕畫一條波浪狀的線。要有所選擇！假如你將每樣東西都畫底線或標顏色，就沒有重點了。

## ❻ 將資料做顏色編碼

不同的資料，使用不同的顏色，例如用一種顏色標示人名和日期，一種標示該科目每種主要思想流派，或主要理論。之後，光只是看看頁面上的顏色組合，可能就會喚回你對那一頁的記憶。

## ❼ 提出「深入的問題」

- ✔ 尋找潛在的議題：作者想提出的論點是什麼？
- ✔ 這一點為何相關？
- ✔ 作者是否試圖回答某個特定的問題？
- ✔ 從這篇文字中，可以學到什麼東西？

## ❽ 應用C.R.E.A.M.學習計畫

想想你能怎樣將〈第 4 章〉提到的 C.R.E.A.M. 學習對策，應用在你的閱讀上。

## ❾ 放輕鬆閱讀

當你將身體放鬆時，閱讀的理解力會更好。光線要充足；按個人喜好播放音樂或是保持安靜；喝白開水。見〈第 4 章：C.R.E.A.M. 學習對策〉和〈第 11 章：記憶〉。

# 07 檢測並增進你的閱讀速度

Reading speed

理解力是閱讀最重要的一部分，但若你能改善閱讀速度，也將對你很有幫助。

## 檢查你的速度閱讀

- 找個熟悉的東西來讀。
- 將鬧鐘設在 10 分鐘後。
- 以你能理解閱讀內容的速度，讀 10 分鐘。
- 算算你讀了多少字。
- 將字數除以 10，看看你一分鐘內讀了多少字。
- 拿不同的文字來做同樣的試驗。假如你連閱讀明確、有趣的東西，每分鐘閱讀字數仍少於 200-250，那麼加快閱讀速度值得你一試。

## 是什麼降低了你的閱讀速度？

下面列出一些可能降低閱讀速度的因素，其中有任何因素符合你的情況嗎？如果有，使用下一頁提供的相關對策，來加快你的閱讀速度。

- ☐ 1 你是否很少閱讀進階程度的文字？
- ☐ 2 你是否將手指沿著每一行移動？
- ☐ 3 你是否大聲或無聲地唸出文字內容？
- ☐ 4 你是否一字不漏地從頭到尾讀完一本書？
- ☐ 5 你是否在還沒想出自己需要知道什麼或想找什麼之前，就開始閱讀了？
- ☐ 6 你是否逐字閱讀？
- ☐ 7 你是否一直在同一行來回地看，重讀你才看過的東西？
- ☐ 8 你是否在理解整體要旨之前，先閱讀了困難的部分？
- ☐ 9 你是否覺得文字會跳出頁面、內文會動或刺眼？

## 如何改善閱讀速度？

### 1 閱讀更多進階文字

閱讀會隨著練習進步。你的大腦會漸漸習慣看到不尋常的字，你的心思也會習慣於處理複雜文句和想法。此外，可找些你感興趣的主題，多為個人娛樂閱讀。

### 2 手指跟著文字走

將你的手指從上到下往頁面下方移，訓練眼睛更快往下看文字。

### 3 知道該何時大聲唸出來

有些人依習慣大聲朗誦。這種情況下，靜靜閱讀能加快速度。然而，有些人只有在聽到那些文字時，才能理解內容；如果你是因為這樣才朗誦出來，試試為自己錄音，你就可以「用耳朵」再次閱讀，而不是用眼睛。

### 4 選擇性 & 積極性地閱讀

對自己閱讀的東西挑剔一點。利用前單元〈5. 自我檢測：我是個聰明的讀者嗎？〉建議的積極閱讀對策，像是明白自己在尋找什麼東西。即使你的閱讀速度可能沒變，但你會更快讀完。

### 5 大範圍閱讀

不要將眼睛放在每個字上，要練習每一行眼睛只移動兩三次。你的眼睛應該能一次看好幾個字。這對眼睛來說也較不吃力，因此你應該就能閱讀得久一點。

### 6 針對困難的文章向上累積

對一個科目的背景知識，能幫助增加閱讀速度和理解力。假如一篇文章看起來很困難，就先從同一科較簡單的東西下手，或先讀較簡單的部分。你可以稍後再回頭讀複雜的部分，或較困難的書。

## 7 讓目光持續往前移動

下列的句子中，哪一個比較容易閱讀？

- □ 一直回頭檢查自己讀了什麼會使理解回頭檢查使理解回頭檢查使理解更困難。
- □ 一直回頭檢查自己讀了什麼會使理解更困難。

大部分的人都會覺得第二句較容易閱讀，因為能吸收更大範圍的合理文字。鼓勵你的眼睛持續往下讀到句子結束。這麼做，會閱讀較大單位的合理文字，而不單只是零星的字詞。有必要時，你可以整句再讀一次。

## 8 跳躍和刺眼的文字

將有色的過濾板（像是透明塑膠檔案夾）放置在頁面上，可以減低「跳躍」或「刺眼」的情形。用不同的顏色實驗，看看哪個最適合你。詢問眼科醫師的意見，你可能會需要有色眼鏡，或特別的濾鏡。而放大的複印本，可能會對你有所幫助。

假如問題很嚴重，你寧可「用耳朵」閱讀，可以找大學的身心障礙顧問談談。學校可能有專門的設備，讓你可以掃描文字並朗誦給你聽，或將文字錄成錄音帶的閱讀服務。

**❤ 慢慢閱讀有時是有益的**

有些情況下，慢速閱讀反而較好：

- 資料密集的文字，像是許多科學、醫藥文章
- 要找出細部資料時
- 看公式和算式時
- 看文字的詳細分析時，像是法律、文學和歷史

# 08 改變你的閱讀對策

Vary reading strategies

## 1 檢閱

檢查標題、目錄頁、索引、寫作風格、封底上的細節。翻翻看，大概感受一下書的質感。你想讀它嗎？你需要讀它嗎？

## 2 快速瀏覽

- ☐ 瀏覽整個頁面。有哪些關鍵字跳出來？
- ☐ 你可能會看到整個議題或整個大題的模式。這份資料組織的方式，對你有幫助嗎？
- ☐ 你能從分段標題、圖表、段落的第一句話、章節和整篇文字的結語中，得到些什麼？

## 3 提出問題

- ☐ 持續提出問題。我想知道什麼？
- ☐ 我需要知道什麼？
- ☐ 我需要讀哪些部分？

## 4 快速找到特定資料

要快速找到某個特定的資料，就使用索引，直接跳到你要的那一頁。將目光快速掃描，找出你要的東西。

## 5 以正確的速度閱讀

以符合該作業需求的適當速度閱讀。如果是個案研究、小說和架構完整的論述，速度可以快一些，若是將密集的資料集中在短短的段落，或是使用不熟的專門術語，速度就放慢一點。當你愈熟悉該文章的想法和用字，速度就會加快。

## 6 回想及複習

- ☐ 確認自己了解你讀到的東西。基礎理論或概念是什麼？
- ☐ 這篇文章是否回答了你的問題？
- ☐ 它提供的證據和論述是否能說服你？
- ☐ 你讀到的東西，和你知道的東西有什麼關聯？
- ☐ 它是否證實或挑戰了你的觀點？
- ☐ 你還需要知道什麼別的東西嗎？

# 09 如何做筆記？

Making notes

**省思日誌 6-2**

❤ **為何要做筆記？**

- 你能找出多少做筆記的理由？
- 在你記下一些理由之後，看看第 211 頁的圖表。你的理由和上面的一樣嗎？
- 哪些對你來說最重要？

做筆記沒有所謂「最好的方法」，但下列幾點值得考慮。

## 1 你需要記些什麼？

- ✔ 想想你是否真的需要這份資料？
- ✔ 如果是的話，需要哪些部分？
- ✔ 你真的會使用它嗎？
- ✔ 何時會用，又會如何使用？
- ✔ 你有沒有記過類似的東西？
- ✔ 這份資料是想用來回答什麼問題？

## 2 做筆記的方法

- ✔ 將筆放下來，你才不會想直接從書本裡抄。
- ✔ 閱讀，以便回答自己的問題。
- ✔ 辨識並歸納主要的想法。（用自己的話說出來）
- ✔ 快速抄下一、兩個字，當作提醒。
- ✔ 詳細記下資料的來源。
- ✔ 一字不漏地記下人名和引用的文句內容。
- ✔ 預留空白，日後可加上細節。

## 3 整理你的筆記

- ✔ 見 218 頁的〈記錄和使用資料〉。
- ✔ 見 264–265 頁的〈組織資料：規畫你的寫作」。
- ✔ 每個科目領域，都使用一個分開的檔案。
- ✔ 使用檔案分類用品，來分隔不同的主要題目。
- ✔ 在大標題或問題之下，整理不同想法。（可注意觀察本書是如何組織各種資料）
- ✔ 為檔案貼標籤，明確地分類。
- ✔ 為每一頁編號、貼標籤，你才能輕易找到、並重新歸檔。
- ✔ 固定寫一份隨時更新的目錄頁，放在每份檔案的最前面。

# 10 自我檢測：你的筆記做得好嗎？

How helpful are your notes?

❤ 在下列每一組相反的敘述之間的空格中，於適當位置勾選出你覺得最接近對自己的敘述。

❤ 記下你對於如何改善筆記的想法。優先順序是什麼？

| | | | | | | |
|---|---|---|---|---|---|---|
| 1 容易閱讀 | □ | □ | □ | □ | □ | 難以閱讀 |
| 2 簡單扼要 | □ | □ | □ | □ | □ | 過於詳細 |
| 3 容易理解 | □ | □ | □ | □ | □ | 難以理解 |
| 4 組織良好 | □ | □ | □ | □ | □ | 組織不好 |
| 5 頁面有編碼／貼標籤 | □ | □ | □ | □ | □ | 沒有系統 |
| 6 容易從中學習 | □ | □ | □ | □ | □ | 難以從中學習 |
| 7 適當地縮寫 | □ | □ | □ | □ | □ | 沒有縮寫 |
| 8 重點清楚跳出 | □ | □ | □ | □ | □ | 不容易看出重點 |
| 9 用自己的話寫 | □ | □ | □ | □ | □ | 大量從書裡或老師說的話抄寫 |

活動 6-4

❤ **練習做筆記**

- 從一本書選出一個段落，從裡面你讀到的要點做筆記，或找出你之前做的筆記。
- 比較你的筆記和下面的建議。你希望在做筆記的方法上做什麼改變嗎？

# 11 做筆記的風格範例

Note-making styles

**核心化筆記**（主題：為何要做筆記？）

為何要寫筆記?

**a 有用的記錄**

1. 記下重點，當作未來之用。
2. 記下資料的來源。

**b 幫助寫作**

1. 幫助你文思泉湧。
2. 幫助你做計畫：掌握手邊有什麼資料。
3. 幫助你組織：能以不同順序為筆記重新排序、標號。
4. 幫助你著手進行。

**c 幫助理解**

1. 注意選擇筆記的資料。
2. 通盤思考細節如何拼湊在一起。

**d 幫助記憶**

1. 簡短地歸納資料，能幫助長期記憶。
2. 寫作的動作能幫助記憶加速。
3. 圖型化的筆記，在視覺上更容易記憶。

**e 幫助考試的複習**

1. 資料都整理好了。
2. 有許多資料都已經記憶起來了。

## 條列式筆記（主題：做筆記的策略）

### ① 好的做筆記方式：通論

1.1 下筆之前想清楚
1.2 筆記要簡短
1.3 筆記要有組織
1.4 用自己的話寫下
1.5 留下大片空白，之後可以補充

### ② 有用的策略

2.1 記下関鍵字和要点
2.2 寫下字詞，不要寫完整的句子
2.3 使用縮寫
2.4 加上標題
2.5 為要点編号
2.6 讓整個頁面容易記憶，使用顏色、插圖等等
2.7 將不同要点連結起來：使用箭号、虛線、顏色、号碼、框框等
2.8 詳細記録資料來源
2.9 用不同顏色寫下引用文句

### ③ 沒有幫助的策略

3.1 抄寫大段文字和詞語
3.2 寫下過多的筆記，有些之後不會用到
3.3 為了使筆記整齊而抄寫好幾次

### ④ 整理雜亂的筆記

4.1 在不同段落的筆記，用不同顏色畫「方塊」將它們框起來，將它們區隔開來
4.2 用尺在同一頁上不同段落之間畫線
4.3 將穿插其間的資料圈起來
4.4 利用顏色編碼，將未分類的資料連結起來

## 範例3 圖形化筆記

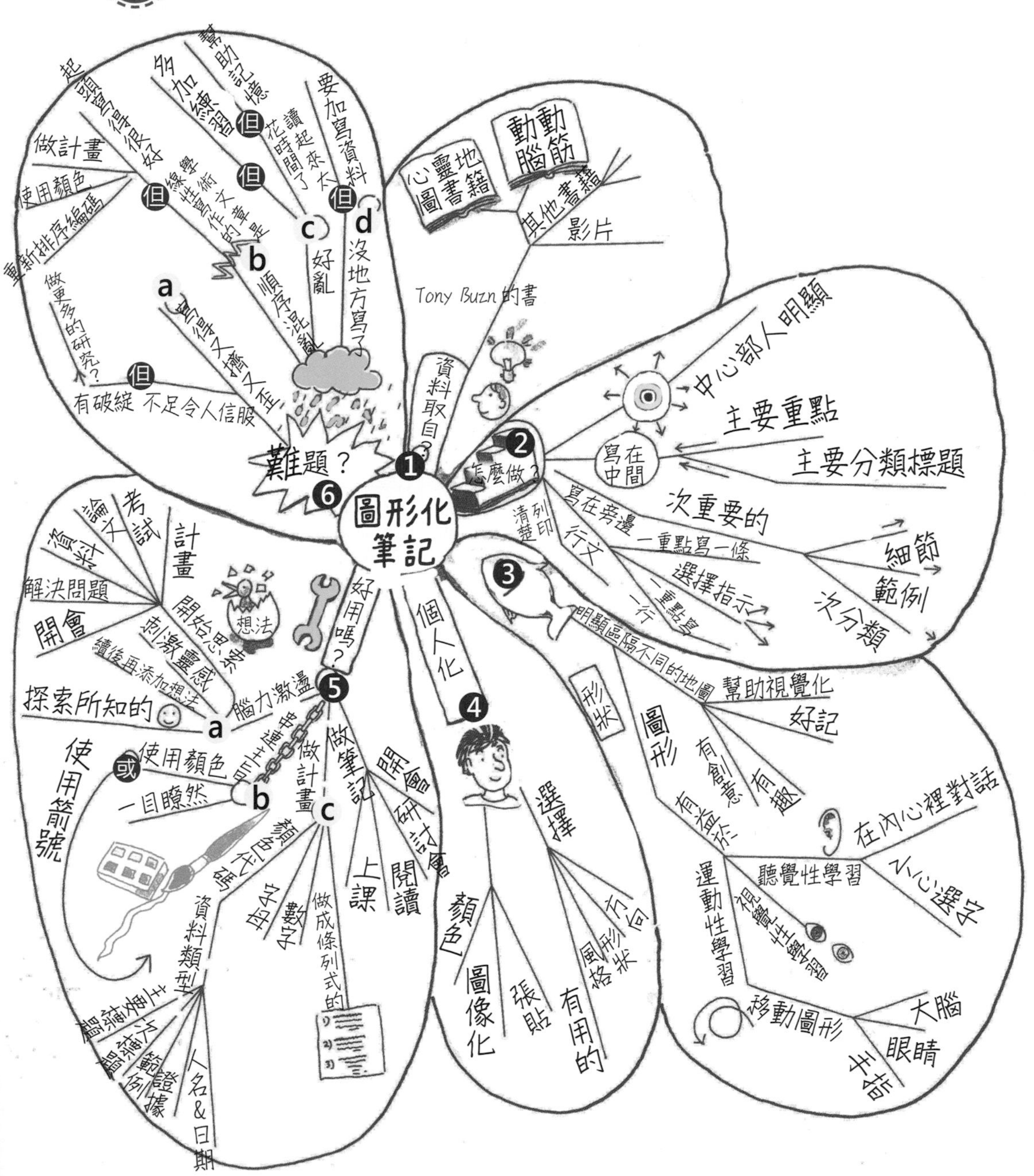

圖形化筆記
資料取自？
心靈地圖書籍
動動腦筋
其他書籍
影片
Tony Buzn的書
怎麼做？
中心部人明顯
主要重點
主要分類標題
寫在中間
次重要的
細節
範例
次分類
寫在旁邊
一重點寫一條
行文
清列楚印
選擇指示
一重點一行
明顯區隔不同的地圖
形狀
圖形
幫助視覺化
好記
有創意
有趣
有滋示
在內心裡對話
聽覺性學習
小心選字
視覺性學習
運動性學習
移動圖形
大腦
眼睛
手指
個人化
選擇
顏色
圖像化
張貼
有用的
風格形狀
方向
好用嗎？
腦力激盪
探索所知的
刺激靈感
開始思索
續後再添加想法
想法
考試
論文
資料
計畫
解決問題
開會
使用箭號
使用顏色
一目瞭然
做筆記
開會
研討會
上課
閱讀
做計畫
顏色代碼
數字
字母
做成條列式的
資料類型
主要論點
次要論點
範例
證據
人名&日期
難題？
有破綻
不足令人信服
做更多的研究？
重新排序編碼
使用顏色
做計畫
頭起來很好
多加練習
幫助記憶
要加寫資料
讀起來太花時間了
沒地方寫了
好亂
順序混亂
寫得文不對題
但
或

# 12 做筆記的妙方

Shortcuts in note-making

## 1 預留空間

在筆記裡預留空間，以及一條寬大的空欄，之後你就可以加入新的資料和想法。(這比為了加入新資料，而將筆記整個重寫要快多了。)

## 2 只做一套筆記

目標放在只寫一套筆記上。視覺上的熟悉，讓你日後能更容易找到資料，以及在考試時想起這些資料。

## 3 使用標籤

隨身攜帶利貼，當你有想法時，寫在一張利貼標籤紙上，並貼在塑膠資料夾裡的空白面上。在你為作業做計畫時，可以將標籤紙自由移動。

## 4 為頁面編碼

在頁面上貼標籤並編碼。如果是其他頁面已經註記過的資料，加上相互參照的指示：如「見紅色檔案夾，第 24 頁，兩棲類」。

## 5 使用縮寫

在筆記裡使用縮寫能節省時間，不過不要在作業裡使用。

- ✔ 想出一個你能記得的縮寫系統。
- ✔ 固定使用這個系統。
- ✔ 一次使用少數幾個，讓你的筆記容易理解。
- ✔ 手邊帶著一份縮寫的「解說」，直到你熟悉為止。

## 英文的常用縮寫

| | | |
|---|---|---|
| 1 | e.g. | 例如 |
| 2 | i.e. | 也就是說，意思就是 |
| 3 | etc. | 等等 |
| 4 | NB | 重要，注意 |
| 5 | p. | 頁（pp.= 複數頁） |
| 6 | para. | 段落 |
| 7 | Ch. | 章（Chs.= 多章〉 |
| 8 | edn. | 版本 |
| 9 | info. | 資料 |
| 10 | cd | 能 |
| 11 | wd | 會 |
| 12 | Govt | 政府 |
| 13 | Educ. | 教育 |
| 14 | impt | 重要 |
| 15 | devt | 發展 |
| 16 | C19 | 十九世紀 |

## 常用符號表

| | | |
|---|---|---|
| 1 | & (+) | 和 |
| 2 | + | 加，附加 |
| 3 | > | 大於／更多於／比……更好 |
| 4 | < | 小於／更少於 |
| 5 | = | 和……相同／等於 |
| 6 | ↑ | 與……不同 |
| 7 | ∴ | 所以 |
| 8 | ∵ | 因為 |
| 9 | w/ | 與……一起 |
| 10 | ♀ | 女人／女性 |
| 11 | ♂ | 男人／男性 |
| 12 | → | 導致／造成／引起 |

## 兩位學生的做筆記心得

Andrea 和 Diana 是學生，他們曾在做筆記上面臨很大的問題。下面是他們對於自己如何在導師的幫忙之下處理難題的記錄。

關於做筆記，有兩件事我覺得很困難。首先，我對於用自己的話寫筆記沒什麼自信，書上似乎永遠比我說明得更好，所以總是很容易受到誘惑，想直接用跟書裡相近的話去寫。我總想著之後再用自己的話重寫，但我之後就發現沒時間，或忘記哪些部分是從書中節錄，最後就不自覺地直接將書裡的話寫進論文裡。

第二件困難的事，就是要去想哪些地方得做筆記，尤其是只記最重要的部分。我擔心自己會漏掉之後需要的資料，最後可能只讀了幾頁，卻記了十頁筆記，這會花上我很多時間，而且要看第二遍的時候，又有太多東西要看了。等到我要為考試複習時，我有太多要複習了，手邊有太多東西要讀，更別提學習了。

現在，我在打開書本之前，會先花更多時間思考和計畫，試著想出我需要什麼資料。我會用已知和需要知道的東西在腦中畫個地圖。假如我有論文題目，我會在開始閱讀前提早做大略的規畫，先在腦中粗略成形。我總是先從最簡單的書看起，先大概弄清楚內容在說什麼。至於其他的書，我會利用目錄頁和標題，大致了解我要的資料在什麼地方。在這個階段，我只會寫些簡單的註記，像是「金，製造國家：p.248 和 pp.265-9」。

當我對於自己要找什麼較有概念、並且知道我要找的東西在哪裡時，我才做較詳細的筆記。有時候我會寫下問題，然後將手邊的資料寫成答案。當我不確定自己是否想要某些東西時，我就先在一張索引卡上寫幾句話，註明如果我之後真的需要某資料，可以在什麼地方找到。

Andrea

我覺得在課堂上做筆記很困難。以前我會把課堂錄下來，接著把內容全打進筆記裡，這很花時間，所以我覺得壓力很大。現在我會在上課前很快把書本內容看過一遍，這樣我就知道課堂裡可能會提到什麼，所以不用一直擔心要把它們全記下來。

我在自己喜歡的大型索引卡上寫下醒目的標題，然後我就只要在每個標題之下加幾個字當作提醒。我回到家時，就聽我錄的音檔，把其他細節抄進卡片裡。這方法比老方法快多了。

有時候我會聽著音檔，同時將我的想法對電腦說，它有錄音文字功能。我不常這麼做，因為這做法有它的問題，要小心不能直接將音檔裡的東西直接用進去，最後會變成課堂上的東西被直接放進論文，但有時候我會用這方法來做摘要。

Diana

**❤ 做筆記的方式**

- 以上只是兩種做筆記的方式。有哪一個方法吸引你的嗎？
- 或者你有更好的做法嗎？

# 13 記錄和使用資料

Recording & using information

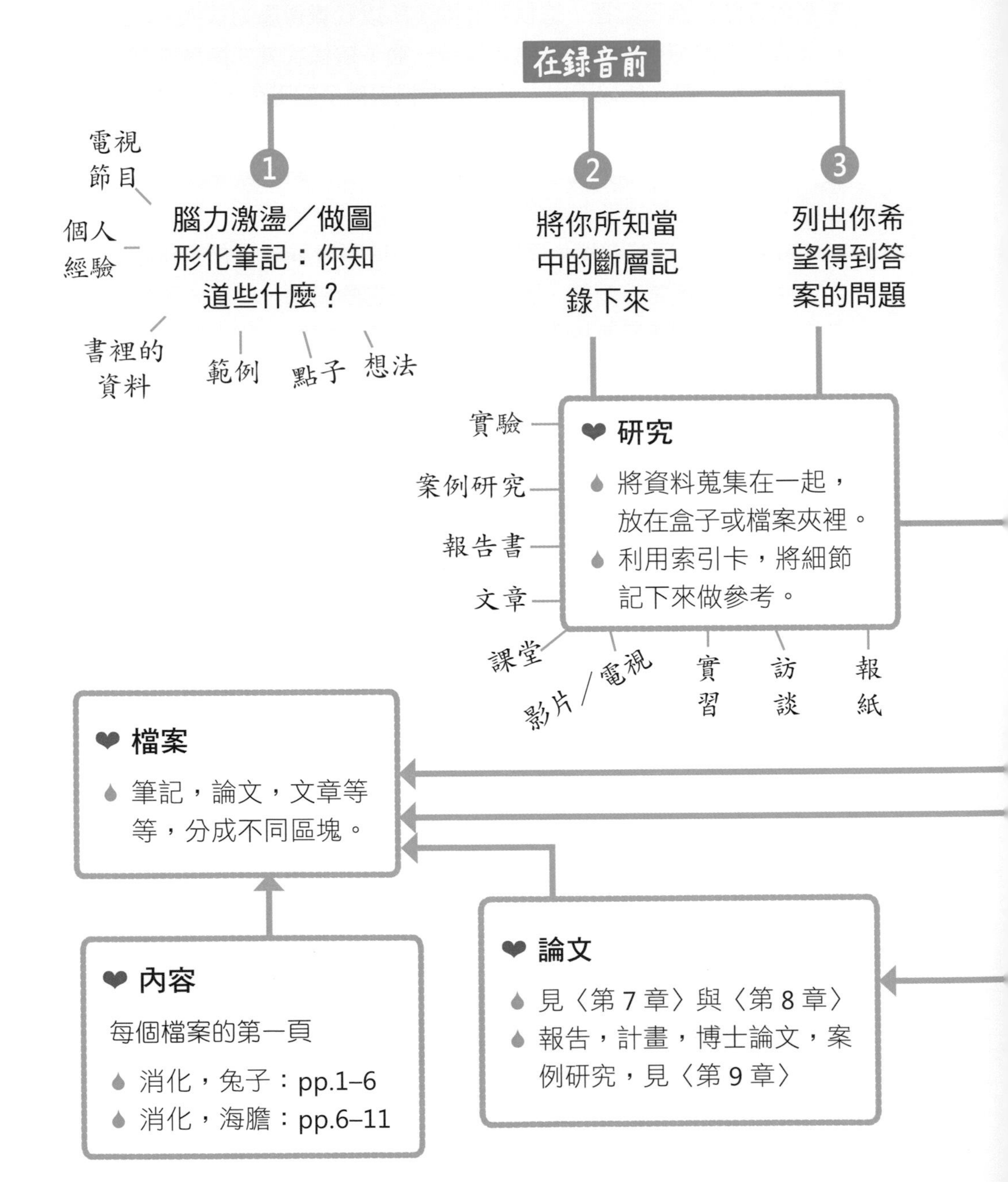

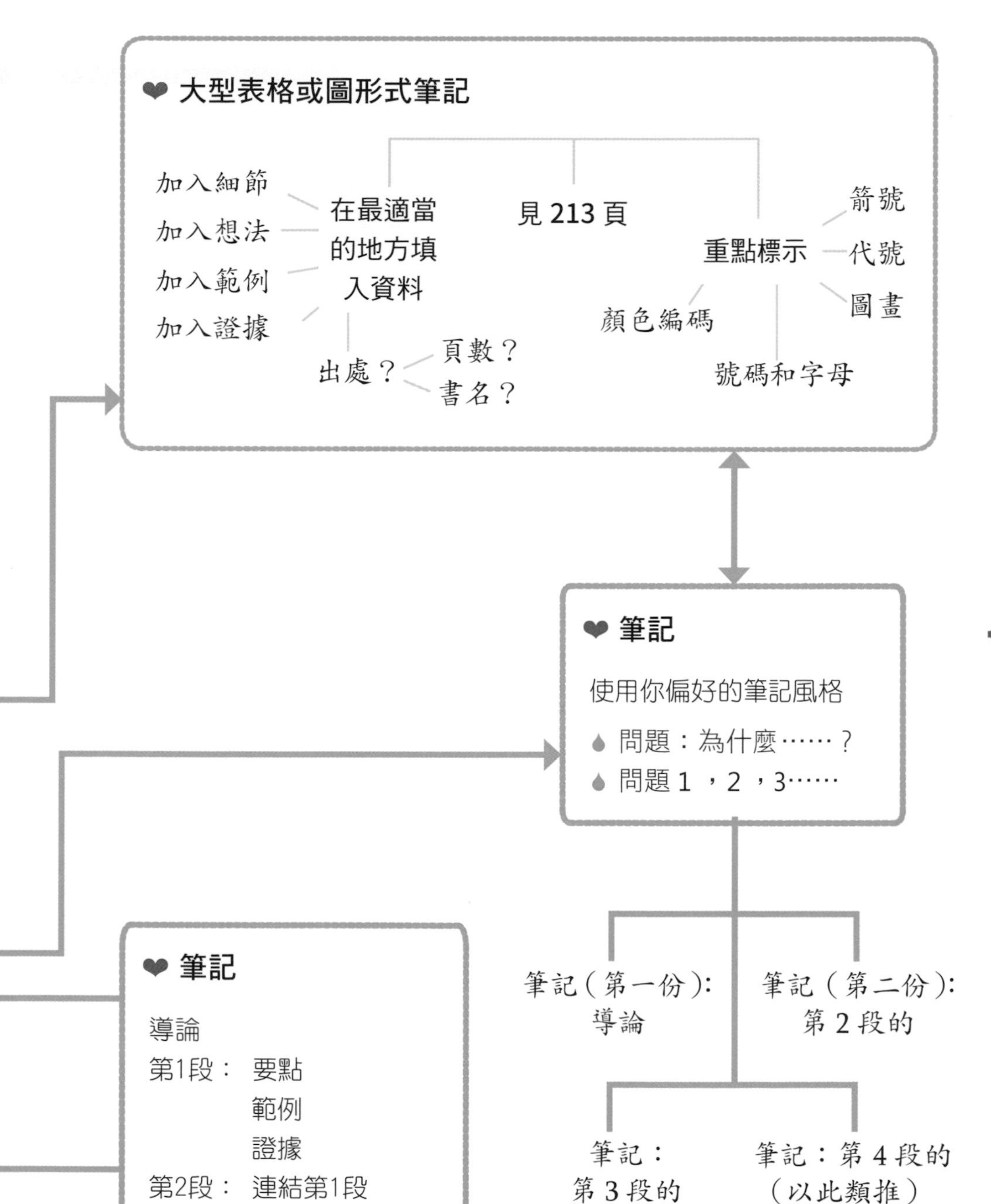
大型表格或圖形式筆記
加入細節
加入想法
加入範例
加入證據
在最適當的地方填入資料
出處？
頁數？
書名？
見213頁
重點標示
箭號
代號
圖畫
顏色編碼
號碼和字母
筆記
使用你偏好的筆記風格
問題：為什麼……？
問題1，2，3……
筆記（第一份）：導論
筆記（第二份）：第2段的
筆記：第3段的
筆記：第4段的（以此類推）
筆記
導論
第1段： 要點
範例
證據
第2段： 連結第1段
要點
細節／範例討論
第3段： 同上

# 14 剽竊

Plagiarism

## 什麼是剽竊？

剽竊是在沒有告知資料或靈感來源的情況下，就擅自使用他人的作品。這包括：

- 使用與文章、課堂、電視節目、書，或任何其他出處幾乎相同的字句。
- 使用別人的想法或理論，卻沒有說明想法來自於誰。
- 將你讀到或聽到的東西換個方式說，卻沒有說明來源。

就算你「借來」的東西裡，改了用字或語句，或是更換其中的順序，做出來的東西依然算是剽竊。剽竊被嚴重看待，剽竊的著作通常會被取消資格。

## 使用引文的注意事項

- 節約使用，而且只用真的值得使用的文字。
- 簡短：通常只用少數幾個字，最多幾行。
- 一字不漏地寫下文字和標點符號。
- 英文使用三個點（...）、中文使用六個點（……），代表被省略的部分
- 在引用的文句前後，加上「引號」（因此，這位藝術家寫下了「嘆為觀止」。）
- 清楚說明引文的出處（見 224–225 頁）。

## 用自己的話寫

使用你自己的用字，就算你不覺得自己寫得好，它們還是比單純抄來的文字有意義。

## 如何避免剽竊？

- 所有的筆記都用自己的話寫。
- 一字不漏地寫下你記在筆記裡資料的出處。
- 在作業裡，寫下想法和資料的來源：
  - 標明作業的參考資料來源（見 222–227 頁）。
  - 使用引文時，要清楚標示。
  - 寫下完整的參考資料來源，假如有需要的話，寫下參考書目（你用到的所有的書和其他資料）。

## 如果你有抄襲的習慣

- 把筆放在拿不到的地方。
- 在不做筆記的前提下，閱讀一個段落。
- 停止閱讀，並把書蓋起來。
- 將你讀到的東西做個總結。可能的話，大聲說出來或是錄下自己所說的話，好讓你聽到自己的聲音，說出自己的話。
- 假如你沒辦法為讀到的東西做總結，回頭看本章單元〈6. 改善閱讀理解技巧〉。
- 一旦你能說出那段文字是關於什麼，就用自己的話將它記下來。
- 假如你想抄下資料當作引用，用不同顏色寫下來，讓你更容易找到。顏色也能顯示出你抄了多少東西。

# 15 列出參考資料

References

## 為何需要參考資料？

在學術寫作上，要說明想法和資料的來源。這樣的「參照文獻」，讓讀者能自己追溯來源。提供參考資料有五個主要原因：

1. 告知來源，是對資料來源作者的一種尊重。
2. 提供資料來源時，你同時向讀者澄清你並不是將別人的作品佔為己用，沒有「剽竊」他人的作品。
3. 資料來源幫助你的讀者找到原文或原網頁來自行閱讀。
4. 假如你之後需要檢查某樣東西，參照資料讓你更容易找到。
5. 假如他人知道你的資料來源，他們對你的主張會更有信心。仔細記錄你的參考資料這個動作，也顯示你在查證事實時很仔細。

## 何時需要提供參考資料？

當你使用某個資料來源當作以下用途時，就要列出參考資料：

- ✔ 當作整體靈感來源時
- ✔ 當作某一特定理論、主張或觀點的來源時
- ✔ 當作特定資料時，像是數據、範例或案例研究
- ✔ 當作直接引用時（使用作者的原文）
- ✔ 當作你重新詮釋的文字或電子資料、而非直接引用時

## 參考書籍中要包含什麼資料？

想像你想自行閱讀其他作者使用的資料，你會需要哪些資料，才能輕易找到來源？通常提供的資料有：

- 作者的姓名和姓名縮寫
- 完整的著作名
- 出版年分
- 期刊號碼文章需有期刊名稱和刊號
- 版本
- 出版社名稱
- 相關頁碼
- 電子資料的話，要有網址

你可能知道還需要其他的資料。例如要找到一張照片、一份印刷品或手稿，你可能需要圖書館的名稱、集合分類，以及該物品在分類底下的目錄號碼。應該問自己的重要問題是，「其他人能不能藉由我提供的資料，找到這個來源？」

## 參考資料要放在哪裡？

### 1 放在內文中

只要你間接或直接指涉到他人的作品，就要指出作品的作者是誰。使用你的老師所指定的格式，其中通常只會包含作者（群）的姓、出版年分和頁數，並用以下其中一種方式放在括號中：

- ……就如 Cohen 和 Smith（1987, p.56）所說的……
- ……兩位研究者（Cohen & Smith 1987, p.56）說……

### 2 列在全文最後面

列出一份「參考文獻表」，將完整細節寫在裡面。

# 16 參考資料寫法：作者·日期系統

Giving references

有不同的方式告知你的資料來源，確認是否需要配合課程使用某個特定的系統，假如沒有，就使用「**作者．日期**」系統。當你將來源加以使用、引用或重新詮釋，便要告知讀者。放在句中或句尾，在括弧內寫上作者姓名、出版日期和頁數，應在參考書目內寫上資料來源的完整細節。

## 引用文字的三種方式

### ❶ 內文中簡短、直接的引用

> 雖然如此，這部電影對於荷西馬蒂的生平，卻蓄意扭曲。Jesus Colon（1982, p. 82）指出這一點，寫道：「荷西馬蒂從來沒有自己的宅邸，更不用說蓄奴了。」

### ❷ 重新詮釋

> 雖然如此，這部電影對於荷西馬蒂的生平，卻蓄意扭曲：他不像眾多美國電影裡描述的那樣，反而大半生都過著貧窮的生活（Colon 1982, p. 81–2）。

### ❸ 較長的直接引用

精心選擇的簡短字句，會是最有力的引用，並且顯示出你能做出適切的選擇。避免一長串的引用，這通常是不必要的。然而，假如有必要直接引用較長一段文字，便將它**縮排**，並與其他內文**上下空一行**。將引文清楚地編入你的文字中，用句子連接起來，並且討論其相關性。

Jesus Colon 對好萊塢版本的拉丁美洲歷史感到憤怒，他寫道：「在 Zapata 和 Santiago 這樣的電影之後，我們只能希望這些使拉丁美洲國家野蠻化、扭曲化，對其歷史和文化毫無尊敬的好萊塢作品，不會以他們笨拙的眼界，企圖拍攝像阿茲提克抵抗柯提茲征服墨西哥之役，或桑狄諾對抗美國帝國主義……」（1982, p.84）

我們可以看出 Jesus Colon 對美國製的拉丁美洲歷史版本感到不滿。

## 帶入參考資料的好用說法

- 如同 X 所指出，……
- 根據 X 所說，……
- 引用 X 所說的，……
- X 陳述／提出……
- X 告訴我們
- X 讓我們看到……
- 關於……，X 說……
- 在一篇名為 ______ 的文章內，X 提出此一論點……
- 正如 X 所陳述……
- 正如 X 所寫
- 正如 X 所說……
- 在 ______ 中，X 解釋道……
- 1926 年，X 寫的文章聲稱……

## 參考書籍的寫法

在論文最末的「參考書目」中，提到 Colon 的部分會以以下形式出現，並按照字母順序排列。下附中英文兩種寫法：

Colon, J. (1982)。**波多黎各人在紐約的二三事**，第 2 版。紐約：國際出版社。

Colon, J. (1982). *A Puerto Rican in New York and Other Sketches*, $2^{nd}$ edn.New York: International Publishers.

針對書本，你不需要在參考書目中提供頁數。若是期刊文章的話，你需要提供整篇文章的頁數。

# 17 如何寫參考書料？

Writing out references

## 製作索引卡

利用紙、紙卡或電腦，為每個使用的來源填寫一張索引卡。製作索引卡，有以下的優點：

- 當你需要覆核或查詢之前的資料時，索引卡片能幫助你迅速找到。
- 方便之後著寫「參考書目」。
- 如果你是使用電腦來作索引，那會更方便取用資料。

- **主題**：寫作風格
- **作者姓名**：Strunk, W. and White, E.B.
- **出版年分**：1979
- **著作名**：風格元素
- **冊數／收藏列**：一
- **版本**：第三版
- **出版社地點**：出版社：紐約和倫敦：麥克米蘭
- **哪裡可以找到**：大學圖書館(號碼……)
- **內容簡介**：關於文法、寫作風格、常見錯誤和誤用字的資料

## 參考資料的慣例寫法

1. 不幫書目清單編上號碼
2. 每一條書目皆另起行
3. 英文書書目以作者的姓氏按字母排序
4. 同一本書引用多次時，加上 a、b、c 的編碼來表示，如 2016a、2016b、2016c。
5. 每一條書目的寫法須統一，作者、年分、書名、出版地和出版社等，順序皆須一致。
6. 書名或期刊名加底線或作斜體。
7. 英文期刊內的文章，加單引號(‘ ’)表示。

## 參考資料的寫法範例

### 1 書

Bailey, P. (1978)。維多利亞時代的休閒和格調。倫敦：Methuen。

Bailey, P. (1978). *Leisure and Class in Victorian England.* London: Methuen.

## 2 書中的一個章節

Humm, M. (1991)。「文學女性主義風情畫：1900 至今的英國女作家」。轉載自 Forsas-Scott, H. (ed.)「文字上的解放：二十世紀的歐洲女性主義寫作。」倫敦：Routledge。

Humm, M. (1991). 'Landscape for a literary feminism: British women writers1900 to the present'. In Forsas-Scott, H. (ed.). *Textual Liberation: European feminist writing in the twentieth century.* London: Routledge.

## 3 期刊文章

Jones, C. (1980)。「法國步兵的福利」。歷史，65（第 214 期），193-213。

Jones, C. (1980). 'The welfare of the French footsoldier'. History 65 (no. 214), 193-213.

## 4 間接引用某篇文章所引用的文字

O'Connor, J. and McDermott, I. (1996)。NLP 的原則。倫敦：Thorsons。引用於 Cottrell, S. M. (2003)，學習技巧手冊。貝辛斯托克：Palgrave。

O'Connor, J. and McDermott, I. (1996). *Principles of NLP.* London: Thorsons. Cited in Cottrell, S. M. (2003). *The Study Skills Handbook.* Basingstoke: Palgrave.

## 5 電子參考資料（須寫出你使用的日期）

http://www.foe.co.uk 16 May 2016

## 參考書目

參考書目是列出你為某項作業所讀的所有資料的清單，不論你有沒有在文字中指出。比起參考清單，你的老師可能會偏好參考書目，或甚至要求兩者並存。你的參考書目寫法，要與參考資料使用同樣的風格。

# 18 充分從課堂中學習

Getting the most out of lectures

課堂在設計上，是很有用的研究起點，能給你某科目的概念、主要大意和理論，以及新近研究的證據。這些加在一起，將引導你進行自我閱讀和複習。

## 如何讓上課變得容易？

### ① 上課前

1. 感受一下該科目，閱讀（或只是大略翻閱）關於該科目的書。
2. 尋找主題、議題、標題等等，查閱任何你不了解的專有名詞。
3. 寫下你希望得到答案的問題。在每個問題下預留空間，在課堂上或下課後寫上答案。
4. 快速記下你自己的意見，注意它是否在上課期間有所改變。
5. 瀏覽前一堂課做的筆記，並尋找與下一堂課的關聯。

### ② 上課時

1. 對於上課中提出問題，還是課堂結束後再提出問題，因講師而異。
2. 講師們通常上得很快，期望你會記下主題和參考資料。
3. 為了集中注意力，注意聽課堂進展的線索。例如：「一共有五個主要類別⋯⋯」「現在我要來看看⋯⋯」「為什麼會這樣？」
4. 好的老師會在一開始告訴你，課堂上會涵蓋什麼主題、先後順序是什麼，或是寫下大標題。
5. 將標題、問題、次要點及參考資料記在筆記裡。
6. 避免寫下你稍後可以輕易在課本裡找到的東西。
7. 將注意力放在聆聽上，假如不清楚資料的出處是什麼，就發問。

8 在腦海裡，挑戰老師說的話：這能幫助你集中注意力。自問：「這能應用在任何情況下嗎？」「這具有多大的代表性？」「為什麼會這樣？」「我同意嗎？」

9 用不同的顏色，標示出老師提出的新問題。

## 3 下課後

1 幫你的課堂筆記和講義，貼上利貼、標籤，並歸檔。

2 將筆記整個讀過，填入從閱讀或研究中得到的細節。

3 與他人討論課堂內容，互相比較筆記，並將缺漏的地方填補進去。

# 19 記錄表：課堂筆記封面頁

Record sheet

| 【科目】 | 【主題】 | 【學期年度】 |
| --- | --- | --- |
| 【單元】 | 【備註】 | 【講師】 |

- **準備**：課前閱讀或討論所引發的問題和想法？我想在這堂課中想知道些什麼？

- **講師提出的開場白**：課堂上將提出的議題、問題等等

- **課堂上的主題**

- **課堂上提出的要點**：以及談到的範例或證據
（有需要的話，加上一張附錄單）

- **講師提出的問題**

- **參考書目等**

# 20 解決問題的各階段

Problem-solving

練習解決問題是在實際操作中，學習有用技巧的機會。這樣的練習讓你能：

- ✔ 練習特定的程序
- ✔ 將所知的理論實際運用
- ✔ 建立尋找答案時的推理能力和創意
- ✔ 建立自己對於基本原則的理解
- ✔ 仔細鑽研不同主題

你能將一種解決問題的技巧，應用在任何研究或學習活動上。以下是解決問題的各階段。

## 1 點出問題

- ✔ 你需要解決的部分，到底是什麼？
- ✔ 這是一種特殊的問題嗎？
- ✔ 你需要什麼樣的答案，報告？公式？一個數字？行動？論文？
- ✔ 這個問題和過去你曾處理過的問題或任務，有任何相似之處嗎？
- ✔ 以前用來解決問題的方法，能用在現在的問題上嗎？

## 2 從不同角度去看

- ✔ 尋找和以前解決過的問題之間，有沒有任何的關聯？
- ✔ 這些問題之間有沒有共通點？
- ✔ 以前的解決之道，現在能解決到什麼程度？
- ✔ 用不同的話重述問題。
- ✔ 將問題畫成圖表。

- ✔指出該問題有哪些部分，是你覺得最困難的？
- ✔有沒有其他看問題的方法？
- ✔和其他人談這些難題。

## ❸ 你需要什麼資料？

- ✔你的筆記當中，有任何東西能派上用場嗎？
- ✔哪個理論或案例，能加以應用？
- ✔有什麼其他的資源能幫上忙？
- ✔你能向誰尋求資料？

## ❹ 考慮不同的解決之道

- ✔每個解決之道的優點是什麼？
- ✔這些方法管用嗎？
- ✔這些方法可能有什麼缺點？
- ✔整體來說，最佳選擇是什麼？為什麼？

## ❺ 詳細記載問題

- ✔清楚說明你如何試著解決這個問題（亦即你的方法論）？
- ✔解釋你如何得到最後的解決方法？（論文中，這個部分通常需要交出去）

## ❻ 假如你沒有成功，原因是什麼？

- ✔你是否有將新問題和舊問題做連結？
- ✔你是否有足夠的資料？
- ✔你是否充分「玩味」不同想法？
- ✔你是否搞錯了需要的東西？
- ✔你是否有考慮不同的解決方法？

## 解決問題一覽表

- 問題是什麼

- 與其他問題相似之處

- 需要的資料

- 能幫助你的資源或人

| | 解決方法 | 優點 | 缺點 |
|---|---|---|---|
| 1 | | | |
| 2 | | | |
| 3 | | | |

# 21 實習課和實驗室研究的目的

Practicals and laboratory work

## 實習和實驗室的研究的作用

實習和實驗室的研究的作用是什麼？這會因不同科目而有很大差異，不過下面列出了一些通則。

### 1 實習

安排實習的意義是要幫助你：

- ✔學會如何使用設備
- ✔練習使用設備和技巧
- ✔看看將理論付諸實行的情況
- ✔練習遵循適當的程序
- ✔練習使用你在職業上可能需要的方法

### 2 實驗室研究

安排實驗室的研究是要幫助你：

- ✔建立辨認和釐清目標的能力
- ✔建立精準觀察的技巧
- ✔建立記錄資料的技巧
- ✔練習應用和解讀資料
- ✔練習就你的方法、發現和結論做報告

### 3 健康和安全

- ✔確認你知道並了解健康安全法規，並謹慎遵從。

## 如何上實習課和實驗室研究？

### 1 要自己動手

確保自己得到充分的時間使用器材，不要只滿足於看別人操作，要自己動手試試。

## 2 要發問

假如你對於使用不熟悉的器材有所擔憂，尋求幫助。

## 3 尋求答案

該次實習的目的，是要測試哪項理論？

## 4 和別人討論

與你的講師和其他學生，討論你的發現。

## 5 找資料閱讀

閱讀與科目相關的東西。這個理論或實驗能如何應用在現實生活中？其他人有什麼樣的經驗？

## 6 記錄真實狀況

記錄實際發生的情況，不要把你的結果改成你覺得或知道是「正確答案」的結果。許多實驗只在理想情況下能成功，你的講師知道這些，也看你如何記錄方法與資料，以及你對於自己為何得到這種結果的討論。

## 7 詳細記下過程

整齊清楚地寫下你的方法、結果和結論。找出科目領域內對於記錄實習和實驗要求的格式。需要包含表格和圖形嗎？需要使用顏色嗎？

# 22 回顧

Review

本章探討在多數領域常見的一般學習技巧，像是辨識和選擇最相關的資料、建立學習策略，以及對資料來源做清楚的記錄。你需要對來源做清楚的說明。你需要一些技巧，例如能夠集中地聆聽、做筆記、辨識重點，以及說明資料來源的能力，不論是在研討會還是團體作業，進行個案研究的觀察，或分配的實習工作。雖然大學研究通常以閱讀為主，其他的學習活動，像是課堂和實習，也是研究過程的一部分。面對新的學習挑戰時，你可以採用一套解決問題的方式。

有些科目需要你學習很專門的研究技巧，尤其在大三時。這些技巧因科目而異。有些會用到複雜的觀察技巧，有些則會用到統計調查或專門設備。大學生通常不用蒐集全新的資料、提出新的假說或尋找大問題來解決。不論你用的是一般還是專門的研究技巧。身為大學生的你，主要工作是建立基本技巧，以及證明你了解相關的原則。

〈第 9 章〉更詳細探討研究的不同層面。這一章著重於針對作業和寫報告進行的研究，包括較大型的博士論文作業。在該章中提出的研究策略，也可以應用在其他不同種類的學生作業上。

研究和學習的其他領域無法分開來。〈第 7 章〉和〈第 8 章〉探討記錄研究的方式，而〈第 10 章〉更深入地看看如何將批評、分析式的方法帶入研究中。另外，也值得回頭再瀏覽一次〈第 4 章〉，看看你能如何將 C.R.E.A.M. 策略應用在研究上。

# 第七章

# 學術寫作

## 學習大綱

- 知道自己需要建立什麼樣的寫作技巧。
- 使已離開教育體系一段時間的你恢復寫作習慣。
- 學會如何著手進行寫作，並克服寫作障礙。
- 學習如何檢視作業標題。
- 建立一套寫論文和報告的程序。
- 了解什麼是「概念」和「概念金字塔」。
- 發展組織想法、規畫寫作、為論文和報告設立架構的策略。
- 學會如何完成寫一份作業的基本步驟，像是打草稿、編輯，以及手寫或用電腦呈現最終成果。

# 01 學術寫作

Academic writing

寫一篇好的作業既有挑戰性，也是讀書最大的回饋。幾乎所有的學生都發現，自己在大學時，寫作技巧有很大的進展。這一部分是因為有更多的練習，一部分則是因為從各種角度分析題目，而建立起批判式的自覺。

寫作並不能和其他學習過程分開，像是反省、設定目標、組織和研究調查。雖然本書出於必要，而將這些技巧分別於不同章節中討論，在實際使用上，你會發現它們是相互連結的。

假如你對〈第 4 章〉和〈第 6 章〉提到的內容已經有信心，你將能充分利用本章。在你完成第一或第二篇文章之前，先瀏覽一遍第 8-10 章，可能也會對你有助益。

本章探討多種學術寫作作業常見的技巧和階段。它一步一步帶領你走過寫一篇作業，如論文或報告，所會經歷的不同過程。

隨著你的寫作技巧漸漸發展、你也更清楚需要什麼時，你的寫作方式就能更有彈性、更有創意。然而，要注意強調「獨特性」的老師：這通常代表的是「在科目領域常規之內的獨特性」。

要知道在你的科目領域內，什麼是能被接受？什麼是不被接受？

# 02 自我檢測：我處理寫作作業的能力如何？

How good am I at managing writing tasks?



❤ **在下列表內，在適當的空格內打勾，並為自己現在這項技巧的表現評分。**（得分為 1-9 分，分數愈高代表評價愈好）

| 我是否知道…… | 是 | 評分 | 我只需多練習 | 不確定 | 否 | 頁數 |
|---|---|---|---|---|---|---|
| 1 如何建立寫作的習慣？ | | | | | | 240-243 |
| 2 如何著手開始寫一篇文章？ | | | | | | 246-250 |
| 3 如何克服「寫作障礙」？ | | | | | | 246-250 |
| 4 論文是什麼？ | | | | | | 251, 328-332 |
| 5 寫論文的程序是什麼？ | | | | | | 252-253 |
| 6 如何分析作業的問題？ | | | | | | 254-257 |
| 7 如何組織資訊？ | | | | | | 262-265 |
| 8 如何利用、組織概念？ | | | | | | 272-275 |
| 9 如何為論文設立架構？ | | | | | | 266-267 |
| 10 如何為報告設立架構？ | | | | | | 356-357 |
| 11 如何寫出好的段落？ | | | | | | 280-288 |
| 12 如何寫出有說服力的論點？ | | | | | | 314-316, 393 |
| 13 不同的學術寫作風格？ | | | | | | 260-261, 310-323, 394-401 |
| 14 如何將個人經驗放進寫作中？ | | | | | | 322-323 |
| 15 如何打草稿、編輯和校潤？ | | | | | | 278, 289-291 |
| 16 如何呈現我的文章？ | | | | | | 292-294 |
| 17 如何得到好成績？ | | | | | | 324-325 |
| 18 如何利用評語來改善成績？ | | | | | | 326-327 |

**省思日誌 7-1**

- 在你下一份寫作中，哪兩項要優先改善？將這兩項用顏色標示出來。
- 當你拿到下一份改好的作業時，用老師的評語再做一次這份自我檢測。

# 03 如何培養寫作的習慣？

Get the writing habit

假如你的寫作技巧荒廢太久了，試試本單元所提供的練習吧。

## 1 練習寫字和用字

- ✔ 用不同的寫字風格，寫同一個字 10 遍。
- ✔ 哪一種寫字風格，寫起來最舒服自在的？
- ✔ 寫下你喜歡的 10 個字。
- ✔ 寫一個短篇，將這 10 個字都用進去，要多天馬行空都行。
- ✔ 寫下一個你小時候喜歡的故事。
- ✔ 寫下你希望學生生涯能有什麼收獲，並拿給一個朋友看。

## 2 練習一分鐘寫作

給自己一分鐘，寫出以下任何一件事：

1. 我吃過最可怕的東西……
2. 我發生過最糗的事……
3. 我很幸運，因為……
4. 讓我緊張的是……
5. 寫出任何想寫的東西

## 3 練習五分鐘寫作

1. 選擇任一主題。
2. 不要停下來思考，重點是要讓你習慣持續地寫作，
   不論內容是什麼。盡量寫越多越好。
3. 當你能連續寫 5 分鐘時，便將時間延長至 10 分鐘，
   慢慢建立到你的極限。

## ❹ 利用提示物寫作

在自己從看到、聽到、想到、夢到的東西中，尋找靈感。

## ❺ 做一份人生圖表

- 包含小時候的重大事件、家庭、教育、興趣、工作等等。
- 每個項目寫幾行字。
- 選一個項目，寫得更仔細些。描述發生了什麼事？你在那段時間有什麼感受？它對你的人生有什麼長遠的影響？

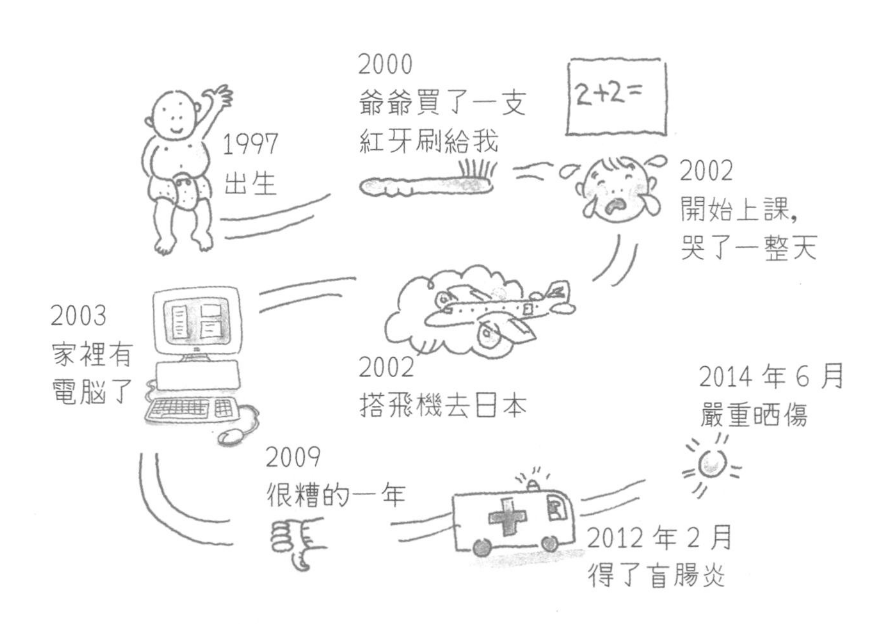

# 04 如何發展你的寫作？

Developing your writing

大部分有經驗的作家，都會一再重寫他們的作品，琢磨他們的想法，找個更好的表達方式，讓一長串迂迴的文字更簡短，或為了發展一個想法，而加入更多細節。

## 1 〈重寫 1〉擴充一篇文章

1. 找一篇你寫過的文字。
2. 記下五項東西，是你能加進文章、使概念更完整的東西。
3. 加進你從網路、電視、廣播或閱讀得知的他人想法。
4. 針對你寫的東西某些層面，加入個人看法。
5. 重寫整篇文章，將這些新細節加進去。

## 2 〈重寫 2〉玩味你的想法

拿你寫的東西來「玩玩」，例如你可以：

1. 掉換句子的順序。
2. 改掉一些字。
3. 加入更多細節。
4. 改變段落的順序。
5. 提出一個問題，並將你所寫的東西變成答案。
6. 從相反的觀點寫作。

## 3 〈重寫 3〉組織你的材料

1. 選出你的一段文字。
2. 從頭到尾讀一遍，將每個要點用不同顏色加上底線。
3. 每換一個主題，就換顏色。
4. 假如某個主題又被提出來，用你之前的那個顏色標示。
5. 完成後，看看顏色改變的情況如何。
6. 重寫這段文字，讓各種顏色標示的文字各自集結在一起。

# 05 寫作的焦慮

Anxieties about writing

對寫作產生焦慮，在大學是很常見的。為什麼會對寫作產生焦慮呢？以下是在學生之中常見的典型說法：

- ✔ 我寫了一個句子，然後把它劃掉，再寫一次，再把它劃掉，把紙丟進垃圾筒，然後寫一個句子，再把它劃掉……
- ✔ 我看到論文題目就驚慌了。我心想，「我對題目根本一無所知嘛！」
- ✔ 我沒辦法動手寫，我一直拖延，然後又一直趕著要完成它。
- ✔ 有些人一晚就可以寫出一篇報告，我卻要一再重寫。

也許某些說法讓你覺得眼熟？對你來說，著手開始寫作最困難的事是什麼？下列的清單，也許能釐清你的思緒。

- ☐ 1 是什麼阻止了我寫作？
- ☐ 2 空白頁面會造成障礙！
- ☐ 3 我的腦子會一片空白！
- ☐ 4 我不知道從何開始！
- ☐ 5 我沒辦法動手下去寫！
- ☐ 6 我不像其他人那麼厲害！
- ☐ 7 我的想法在腦子裡轉圈！
- ☐ 8 我寫的字令我覺得丟臉！
- ☐ 9 我的拼字能力令我覺得丟臉！
- ☐ 10 我擔心文法和標點的問題！
- ☐ 11 其他原因

**省思日誌 7-2**

- 在你的日誌裡，記下你對於自己著手寫作時遭遇的困難，有什麼想法和觀察。

# 06 學術寫作和其他活動的相似處

Academic writing & other activities

每天你都會面對需要做計畫、做決定的情況。想一個你最近完成的活動，例如為假日做計畫、選擇科目，或安排一個派對。在一張紙上寫下你從頭到尾做了些什麼。

這個活動可能包含了六個階段，勾選你為了完成活動而經歷的階段。

- ☐ 1 決定整體方向
- ☐ 2 蒐集完成工作需要的相關資料
- ☐ 3 為要做的事情排順序
- ☐ 4 實行計畫
- ☐ 5 檢查自己進行的方向是否正確
- ☐ 6 反省自己下次如何能做得更好

學術上的寫作，也按照類似這樣做計畫與下決定的模式。假設你被要求寫一篇關於「複製動物理論帶來的影響」：你可能對這個題目知道得很少，而且也沒有明確的意見，但你可以照你前面分析的活動進行方式，來進行這份寫作。

下一單元將以「寫報告」的範例活動，來練習如何利用你熟悉的方式來處理及安排學術寫作。

# 07 「寫報告」步驟的實際活用

Approaching a writing task

## 為一份報告做計畫，你可能會採取表格中的步驟，但並非按照這裡排的順序。

- 將這些步驟按照你想要進行的順序重排。
- 考慮你能用的第二種順序。
- 然後，看看下面的排序，和你的結果做比較。
- 你自己建議的順序會較適合你嗎？

| 步驟 | 順序 |
|---|---|
| 1 決定你下次能如何做得更好 | |
| 2 做出計畫的大略雛型 | |
| 3 為想法排定順序 | |
| 4 為題目做研究（閱讀、訪談、實驗等） | |
| 5 檢視題目，決定需要些什麼 | |
| 6 打一份粗略的草稿 | |
| 7 從你讀的東西（或訪談、實驗等）中做筆記 | |
| 8 選擇要放入的相關資訊 | |
| 9 寫最終版本 | |
| 10 寫下參考書目（書和其他資料來源） | |
| 11 把你寫的東西從頭到尾看一次，檢查合理性和錯誤；做訂正 | |
| 12 檢查你的文章是否在字數限制內 | |
| 13 將要點和細項與範例區隔開來 | |

★ 可能順序

5 → 4 → 8 → 7 → 3 → 13 → 2 → 6 → 10 → 11 → 12 → 9 → 1

5 → 4 → 7 → 8 → 3 → 13 → 2 → 6 → 12 → 11 → 9 → 10 → 1

# 08 克服寫作障礙

Overcoming writer's block

## 克服寫作障礙活動

下面的活動能幫助你克服寫作障礙。哪一項對你最有用？

### 1 草記

將想法很快地草草記下來，寫下任何出現在你腦海的東西，任何順序都可以，然後把你寫的東西重新整理，重寫一次。

### 2 「只是草稿」

把每篇文字都看成之後還會再經歷多次草稿的東西，因為如果只是草稿的話，它就不需要是完美的，只是還需要改進。

### 3 用鉛筆寫

這能提醒你，這份草稿還很粗略，犯錯是容許的！

### 4 寫在散紙上，不要寫在冊子裡

假如你不喜歡自己寫的東西，可以丟掉；如果喜歡，你可以把它剪下來，貼在需要的地方。

### 5 忽略初期草稿裡的錯誤

別去擔心較小的錯誤，像是拼字等，這些可以等你在完成最終版文字時再一一整理。

### 6 「只給自己看」

提醒自己，除了你之外，別人並不需要看到這些初稿。字潦草，寫得淩亂，或是錯誤百出，在這個階段都無關緊要。能不能找個你信任的親友，稍後再幫你校對呢？

### 7 實驗

實驗用各種不同的開始方式，見「如何開始寫報告？」（第 250 頁）。哪一個方式對你最管用？

## 8 從任何地方開始

以任何適合你的順序寫作，你可以稍後再重新排序。例如最後再寫介紹，可能更輕鬆。

## 9 在紙上做記號

假如白紙讓你退縮，就在紙上隨便做記號或塗鴉，不要空白。紙張只是工具，別被它嚇著了。

## 10 用說話的方式寫作

假如你覺得很難用文字表達自己，就大聲說出來並錄下來。接著把你說的東西謄出來，再次整理。

## 11 一次一步驟

將你的作業分成較容易處理的步驟，回頭看〈第 4 章：C.R.E.A.M. 學習策略〉，像是設定小型目標等等。

## 12 使用電腦

使用電腦可以很容易修改你寫的東西。你可以使用拼字檢查，也不會有人看到你寫的字！

## 13 使用電腦做腦力激盪

針對標題和點子腦力激盪，將它們很快打到電腦上。之後印出來並剪下來，在一張大張的紙上重新排序，直到排出你想要的順序。用這個方法在電腦上「剪貼」標題，然後寫出該標題之下的文字。

## 14 使用專門軟體

使用心智圖軟體 Xmind 等，能讓你以圖形方式和條列式筆記的方式來進行腦力激盪、組織想法。你可以在螢幕上為想法做顏色編碼，將文件以彩色印出來。如果你覺得組織文字有困難，這將對你很有幫助。

## 15 休息和放鬆

如果你的腦袋一片空白，你可能是累了，或有壓力。見 451–453 頁的「處理壓力」。

## 範例：解決寫作障礙的方法

下面是兩位學生描述他們如何將本章提到的一些方法，融入自己的學習方法中。你會怎麼將他們的方法加以調整，好配合你的情況？

## Marco

範例 1

### 我以前的做法

我以前常發現自己盯著白紙看，不知道從何開始。我已經讀了該讀的東西，腦子裡也知道我想寫什麼；但是，著手寫一篇文章，似乎比攀登喜馬拉雅山還難。頁面太空了，我不管寫什麼，就是不對勁。我常寫下第一句之後，連續劃掉二、三十次，搞不好還不止呢，然後又拿一張新的紙，再重覆同樣的動作。

### 我現在的做法

我現在發現，以前我總是在自己準備好之前，就打算寫下一篇好的文字。我的計畫乏善可陳，沒什麼幫助。我老是想同時發展我的想法，組織手邊的資訊，寫出最終版本，弄出個好的學術性文字。難怪我覺得難。現在，我第一件做的事情，是在紙上畫一個對著自己微笑的臉，它能提醒我這只是草稿，不是最好的版本，所以寫錯也沒關係。接著，我將眼光從紙上移開，也許會把筆放下。我會思考幾件想寫進文章裡的東西，然後將它們潦草地列出來。當清單變長時，我會把它轉換成一份「心理地圖」，有些人的做法可能與我相反，但這方法對我來説還滿管用的。

我用問問題的方式來擴展地圖（誰？為什麼？多常發生？一直都是嗎？任何地點嗎？範例呢？我怎麼知道？……）。在我閱讀或看我在課堂上做的筆記時，會一點一點地加東西進地圖中。

當我的心理地圖上有了需要的每樣東西時，我就檢視主題，並依它們在文章裡應有的順序編號。對於每個大題目之下的標題，和任何其他資料，我也進行一樣的動作，這樣我才知道哪裡該放什麼東西。我用不同顏色圈起地圖上的每個主題，讓它們更突出。有時候我會把這份地圖轉換回清單，讓我更清楚自己在做什麼。

然後我會從看起來最容易的主題下手，只寫基本的東西，這個階段不需要對於文字太要求，它只是一個起點。我提醒自己，我可以用任何較容易的順序寫下完整的句子，或是斷句。之後我可以隨時訂正、編輯並移動它們。當我進行重寫時，很容易會有許多想法，也知道該做哪些修正，因為我有東西可以看著做。

到我下筆寫最佳版本時，我已經快達成目標了。藉由階段性的分工，就不會有寫作「開始」的那一刻，而是一點一滴累積起來。

### Martha

範例 2

我在寫作上有革命性的改變。我使用標題和列點，並將這些直接打到電腦上。這能輕易將每樣東西組織起來。

接著，就像玩連連看一樣：我針對每一點，寫下一到兩個句子；在每個標題之下，寫出一個段落；然後寫結論跟開場白。我一邊進行，一邊更正小錯誤，我想我是個完美主義者吧。

最後，我將它列印出來，擦掉標題，並發現可能有一百個地方要修正，但大多是小地方。然後再印出來，這次找到二十個地方要改，依此類推進行下去。我覺得自己就像是藝術家，不停調整自己的作品，直到滿意為止。

不過，我永遠沒有百分之百滿意的時候，沒有一篇文章是完美的。要做的是決定就做到這裡為止，在這個情況下能做出的最好成果，並交出去。

# 09 如何開始寫報告？

Tricks for getting started

❤ 以下是著手開始寫作的一些點子：

- 你可以結合多種技巧
- 你想嘗試哪一種？
- 在日誌中，記下哪一種對你最管用。

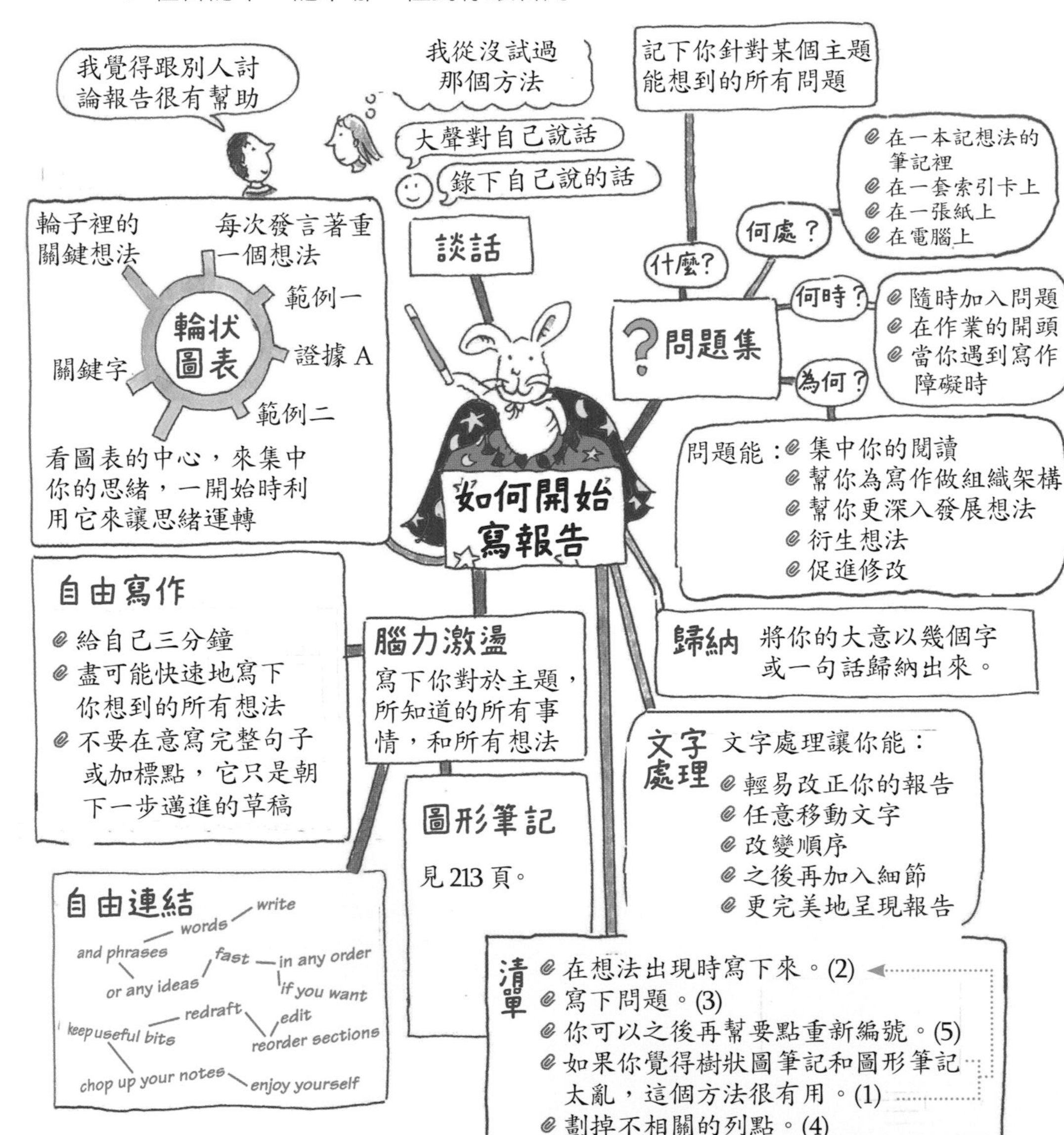

# 10 什麼是論文報告？

Essays & other academic writing

論文是按照一套特定格式寫做的文章，下面的圖表針對許多新生常問的問題，提供簡短的解答。

**寫論文**

**什麼？**

- 論文是有特定架構和版面設定的文章（見 266–267 頁）。
- 通常以正式、學術性的方式寫作：用的語言與平常說話或寫信給朋友的語氣不同，它不是聊天的語氣（見 310–311 頁）。
- 要嚴格遵守格式。你通常會得到一個論文標題：通常稱為「要探討的問題」，即使它並不是一個問句。

**為何？**

- 在每篇論文中，你能仔細探索一個主題。
- 透過寫作發展、組織自己的想法。
- 建立自己的寫作技巧。
- 表達自己對某主題的看法。
- 論文也能幫助老師評量你的進步，以及為你的作業評量、打分數。
- 詢問你的老師為何讓你們寫論文，他們也許有其他原因。

**多久一次？**

- 一般說來，每學期可能要寫二至八篇論文，但會因科目而異。

**在哪裡？**

**在任何適合你的地方**

- 在家裡。
- 在圖書館裡。
- 在考場。

**為誰？**

- 你寫論文是為了你的老師。
- 為了你自己。
- 為了主考官。
- （有時是為了）別的同學。

# 11 寫報告的七大步驟

A seven-point procedure

## STEP 1 弄清楚作業內容

▶ **在你開始進行研究之前，要先確定你知道自己在找什麼。**

- 小心檢查標題和課程標題（第 254-255 頁）。要寫的到底要求是什麼？如果不確定的話，早點去問老師。
- 寫下一句話，歸結你的基本意見或主張；你有進展的時候加以調整。
- 利用腦力激盪或圖形式筆記的方式，記下你知道的東西。
- 你需要閱讀什麼，或知道什麼？

## STEP 2 蒐集、記錄資料

▶ **蒐集你要的資訊，但是要集中。**

- 要有所選擇，不能每樣東西都用上。
- 寫下一系列的問題，來引導你的研究，並尋求答案。
- 檢查字數限制，看看每個要點能放進多少資訊。
- 手邊隨時準備一本筆記本，記下新的想法。

▶ **資料的種類**

- 事實。
- 想法、理論、意見。
- 經驗。
- 你能使用任何相關資料！

▶ **資源**

- 書、文章、正式報告、調查資料。
- 課堂筆記。
- 研究室成果與計畫的資料。
- 與其他人的談話、訪談。
- 網路、電視、廣播、報紙、影片。
- 善用任何可以利用的資源。

▶ **方法：一直問自己**

- 「我需要這份資料嗎？」
- 「我要如何使用這份資料？」

▶ **記錄：邊進行、邊記錄資訊。（見218頁）**

- 隨時寫下你發現可放入參考清單的資料和想法。（見 226–227 頁）
- 記下主題、理論、日期、名稱、數據、解釋、範例、細節、證據、頁數。（見 210 頁）

## STEP 3 組織計畫

▶ **進行的同時，組織你的作品。（見264–265頁）**

- 做一張大圖表，將想法、細節連結起來。
- 在初期做一份粗略的計畫草案，你可以邊進行邊修飾它。

▶ **計畫**

- 持續地檢查自己進行的內容，小心地計畫。
- 這可幫助你避免重複。
- 釐清你的思緒。
- 幫助你組織資料。

## STEP 4 反省與評估

- 當你蒐集到資料之後，想想你進行的狀況。
- 你發現了什麼？
- 你的觀點有沒有改變？
- 你的論點是否清楚？
- 你有沒有足夠的證據／範例？
- 什麼論點或證據與你的觀點相反？它們成立嗎？
- 你是否更清楚進行這份作業的目的？

## STEP 5 寫一份計畫草案和第一版草稿

▶ **現在，架構你的文章。**

- 修改你的計畫。
- 想出介紹想法的順序，利用圖形式筆記，或標題與列點。
- 研究出你有多少字數能用在每個要點上，有什麼是你要刪掉的嗎？
- 寫第一份草稿，快速地寫，它只是草稿而已。
- 先把標題打進電腦，可能會更容易進行。
- 從看起來最容易的開始。
- 持續寫下去，不要在意文體。
- 首先，用短句簡單明瞭地陳述。

1) 標題
2) 介紹
3) 主要論點：筆記 Q（紅）
　證據：筆記 Q 第 3-4 頁
　反證：Q 第 5 頁（橘）
　評估證據
4) 另一種理論：筆記 R（黃）
　應用範例
　正面證據
　反面證據（螢光綠）
　為何不具說服力
5) 另一種理論 2：
　筆記 S（綠）
　　評估證據
　　為何不具說服力
6) 潛在問題：
　筆記 T（藍）
7) 結論
　a.
　b.
　c.

## STEP 6 進行第一份草稿

▶ **發展你的初稿。你可能會需要進行好幾次，在每個版本中改善一些部分。在每次擬稿中間預留時間，讓你的想法得以醞釀。**

- 重寫初期的草稿。（見 278–279 頁）
- 改寫你的架構（見 266–267 、356–357 頁），並將文字整理成段落。
- 確定你的論點對讀者來說夠清楚。
- 檢查看看是否包含了證據、範例來支持你的論點。
- 寫下資料出處（或書目表）。

## STEP 7 最終版本

▶ **編輯、檢查你的最終版本。（見291頁）**

- 享受「微調」文字的樂趣。
- 大聲唸出來，看看寫得夠不夠清楚。
- 一直修改到你滿意為止。

# 12 分析標題

Analyzing the title

## 將標題分成小部分

不管實際用字是什麼，所有的作業標題都包含了一個需要去回答的中心問題。你的主要任務是將你所知應用在特定的問題上，目的並不是要炫耀你知道多少，不論你的文字寫得多好，假如沒有回答到問題，你可能就拿不到任何分數。你的分數一部分來自於你如何選擇、組織資料，來達成標題或問題的需要，即使是考試也是。利用標題或問題，導引你在閱讀的書和做筆記上的選擇。

## 集中在標題上

1. 一定要花時間確認你了解作業的要求是什麼。
2. 大聲、慢慢地將標題唸出來三遍。
3. 把説明方法的文字畫底線，或用顏色標示出來。（見 256–257 頁）
4. 將指引你如何選擇作業主題的文字畫底線。
5. 把標題寫出來，幫助你理解。
6. 裡面有幾個部分？
7. 把它更完整地用自己的話寫出來。
8. 這份作業實際上想要什麼？中心問題是什麼？
9. 它指的是哪些主要大題？
10. 與別人討論標題。
11. 標題與你在課堂上讀到、聽到的東西有什麼關係？
12. 它還要求你去探索其他哪些東西？

## 做筆記

用自己的話明確寫出問題的要求是什麼，這在之後寫導論時可能會派上用場。

1 注意標題提示的明顯問題：如「為什麼會發生這件事？」「多常……？」或「多普遍……？」
2 問自己為什麼會提出這個問題。
3 有什麼你該知道的大眾或學術爭議嗎？
4 要涵蓋什麼重要的議題嗎？
5 記下你對標題的想法跟意見。
6 你知道些什麼？有相關經驗能支援你的意見嗎？
7 有什麼是你還不知道的？
8 你能在哪裡、用什麼方法得到更多資訊？

## 使用標題

### 1 集中在標題上

將標題擺在你容易看到的地方。

### 2 一直檢查標題的實際用字

在你研究與寫作的同時，提醒自己標題的實際用字是什麼。如果很容易就忘記標題的重點，也會容易因而背離主題。

### 3 導論

在你的「導論」（文章的第一段）中，直接指出標題，好讓你的讀者集中焦點。說出你如何解讀題目，你可以用自己的話去重新詮譯標題。（假如你誤解了標題所提的問題，閱讀的人至少能看出是怎麼回事）

### 4 結語

在結語中回到題目上，向讀者表示你還在回答這一系列的問題。將最後一句話與標題裡包含的問題做連結。

# 13 檢核表：用在標題中的學術性關鍵字

Checklist: Academic keywords used in titles

❤ **以下的字詞，指出一篇文字預期的內容或風格。**

- ☐ 1 **說明**（account for）：提供理由；解釋某事發生的原因。
- ☐ 2 **分析**（analyze）：十分仔細地檢視；辨識重點和主要特色。
- ☐ 3 **評論**（comment on）：辨識並寫出主要議題，並根據你在課堂上看到或聽到的東西，提供你的回應。避免純個人的意見。
- ☐ 4 **比較**（compare）：將兩項或兩項以上的東西做比較，指出相互關係或相類似的結果。
- ☐ 5 **對照**（contrast）：將兩項或兩項以上的東西做對比，以提出其中不同的地方。如果適當的話，說明為何其中一項會是優於另一項的選擇（見第 8 章）。
- ☐ 6 **批判試評估**（critically evaluate）：衡量支持或反對一件事的論點，評估正反兩面的證據是否有力。利用一套標準來引導你如何評估該採納哪個意見、理論、模式或項目。
- ☐ 7 **定義**（define）：提供明確的意義。如果相關的話，表明你了解為何該定義可能會有問題。
- ☐ 8 **描述**（describe）：提供某樣東西的主要特徵或特色，或是概括描述主要事件。
- ☐ 9 **討論**（discuss）：寫出某事最重要的層面（可能包括批評）；提供正面和反面的論點；考慮它暗藏的意義。
- ☐ 10 **區分**（distinguish）：帶出兩個項目之間的差異（可能容易搞混）。

- [ ] 11 **評估**（evaluate）：利用證據評量某樣東西的價值、重要性或用處。正面和反面的案例可能會並存。
- [ ] 12 **檢視**（examine）：將主題「放在顯微鏡下」檢視細節。如果適當的話，也提出「批判式評估」。
- [ ] 13 **解釋**（explain）：釐清為何某事會發生，或為何某件事會是現在的情況。
- [ ] 14 **闡明**（illustrate）：使一件事明確清楚，並提供範例或證據。
- [ ] 15 **解讀**（interpret）：提供意義、相關資料，或其他資訊。
- [ ] 16 **辯證**（justify）：提供支持一項論點或想法的證據；闡明為何會出現某決定或結論，並將他人可能提出的反面意見也考量進來。
- [ ] 17 **敘事**（narrate）：專注於說明發生了什麼事，像說故事一樣。
- [ ] 18 **提要**（outline）：只提供重點，展現出主要的架構。
- [ ] 19 **關聯**（relate）：展示出兩項或多項事物間的相似性和關聯。
- [ ] 20 **陳述**（state）：用十分清楚的語言說明主題內容（就像是簡短的清單，只是用完整的句子寫）。
- [ ] 21 **摘要**（summarize）：只提出要點（見「提要」），省略細節或範例。
- [ ] 22 **到什麼程度**（to what extent）：考慮某事的真確程度有多少，或對最終結果有多少影響。也要考慮到該論點並不成立的情況。（答案通常介於「完全正確」和「一點都不」之間。）
- [ ] 23 **追蹤**（trace）：按照順序追隨一個事件或過程的不同階段。

# 14 策畫你的論文標題

Devising your own essay title

活動 7-1

**讀出標題的缺點**

閱讀下列標題，你覺得每個標題各有什麼缺點？

- 爬蟲類
- 「今日的世界比以往都還要安全。」這是真的嗎？
- 二十世紀的英國家庭，在科技使用上有什麼主要改變？當時創新背後的動機是什麼？什麼推動了改變？這些因素對女性和男性造成的影響有不同嗎？又有什麼因素阻礙了改變？
- 電視暴力的負面影響
- 描述安慰劑如何作用

參考答案請見下頁。第341-342頁提供報告和論文構思的指南。

有些課程會要求你自行構想論文的標題。構思標題是一門藝術，好的標題能幫助你創造出一篇有力的作品。在選擇標題時，考慮以下提到的每個元素：

## 1 核心問題

好的論文標題，通常包含一、兩項該回答的關鍵問題。標題可能包含一個問題，例如：「利率受消費者支出的影響有多少？」

然而，問題不見得每次都很明顯。例如：「比較並對比消費者習慣與股票市場變動，對利率所造成的影響。」

雖然用字不同，但核心問題都是「什麼對利率造成最大影響？還有什麼對利率會造成一定程度的影響？」

在提出以上標題時，你將被期望去比較、對比不同因素對利率造成的影響，以及在每篇論文中提到類似的資料。

## 2 需要對比的元素

選擇讓你有機會分析、比較、對比、評估不同選擇的標題。這會讓你的論文讀起來更有意思，而且容許你將不同觀點列入考量，並讓你建立一個更強而有力的架構。

## 3 保持簡單

- ✔ 避免太長、太複雜的標題。
- ✔ 避免在標題內使用太多問題。
- ✔ 如果引用他人文字，要保持簡單，並套用典型的作業問題格式。
- ✔ 為了確認你的標題是否清楚，詢問一名非專業人士是否看得懂。

## 4 研究證據

- ✔ 確認你能找到已出版的研究結果，來支持這個主題。
- ✔ 能輕易得到這份資料。
- ✔ 能輕易蒐集任何你需要的新資料。

## 5 規模：選擇一個特定領域

- ✔ 確定標題的定義明確，它應該清楚說明你將提到哪些東西。
- ✔ 在可處理的範圍內，指明特定的團體、地方或類別，而不是一個科目的整個領域。
- ✔ 能在字數限制之內，適當的細部討論。

## 6 辯論的議題

- ✔ 選擇一個部分，讓你能辯論與科目標題的議題。
- ✔ 設計一個能激勵你討論這些議題，以及關於它們不同意見的標題。這會幫你建立良好的邏輯推理能力。（見第 10 章）

**〈活動 7-1〉參考答案**

- 這個標題範圍過大，更有力的標題，例如「比起兩棲類，爬蟲類對環境的挑戰適應優越到什麼程度？」
- 這個標題範圍過大。你可以更集中焦點，加上：「談論關於……」並加上一個特定範圍、時間和地點。例如：「討論關於歐洲及太平洋邊緣的核廢料控管」或「討論關於行動電話對個人安全的衝擊」。
- 這個標題太長，含太多問題。針對同一主題，另一個可能的問題是：「自 1970 年代起的本土科技：節省勞力或創造勞力？」
- 這個標題立場偏頗（偏向否定），而且沒有包含明顯的問題。
- 敘述性論文不太有機會提出能拿到高分的批判、分析式論點。與這個標題作比較：「安慰劑在兒童醫學測試上，有多少效果？」

# 15 學術寫作的共通特點

Common features of all academic writing

雖然論文或其他作業的標題用字可能不同，幾乎所有學術性寫作，都會要求你做到特定的某些事。

## ❶ 利用資源

不要只是描述你的個人意見，或直說腦子裡想到的東西；要利用從閱讀、課堂筆記和其他來源的資料，來提供理由、證據、範例和案例研究。

## ❷ 比較和對比

大多數的作業都會要求包含一些比較和對比的元素，尤其是針對理論、典型或研究發現。你可能得閱讀不同意見，並衡量輕重。

## ❸ 利用一套評估標準

陳述你使用哪一套標準來評估證據，舉例來說，你使用了最新的數據、從最大型調查得來的數據，或因為某種理由採用知名專家的意見，例如使用了來自 20 個完善實驗的結果當作據證。見〈第 10 章：批判分析式思考〉。

## ❹ 展現對複雜性的體認

展現出你了解答案並非永遠明確。舉例來說，雖然你引用的專家似乎提出最佳論點，他那二十個實驗可能用小孩做實驗，但你的問題主體卻是針對青少年。承認你自己的論點有什麼弱點，而相反的論點又有什麼優勢。清楚說明為何難以達成一個明確肯定的結論。

## 5 遵循一個論點

在寫作中，展現出一套邏輯，指明你寫作的方向，這樣你的要點才能合理銜接。（見第 8 章和第 10 章）

## 6 下決定

表達出該論點的哪一面、哪個典型或理論，在最終分析時是最佳選擇。雖然可能遇到不同選擇同等重要的情況，要表現出你具有以證據為基礎下決定的能力。

## 7 遵循一套架構

你寫作的類型和你的科目領域，很可能都各有一套固定架構。（下一章將討論不同風格）

所有的學術寫作，都會要求你將類似的要點集合在一個段落，或一個部分，而不是散落在文章各處。

## 8 要有「推論性」

將你的要點做連結，讓它們能放進文句、段落中，而且每個段落都自然地接下去。

所有內容應該專注於一個中心邏輯論點上。這與呈現出一套亂無章法的要點，或在大標之下分小型重點的做法，是不同的事情。

## 9 情感上要中立

多數的學術性寫作，都要求你站在客觀立場冷靜分析。

# 16 為學術性文章設立架構

Structuring your writing

文章的組織架構，就和內容一樣重要。重要的不只是你知道什麼，還有你如何組織這些東西。你如何為學術性寫作設立架構？就像建房子一樣，一篇學術文章的架構和外型來自不同幾個元素。

## 1 設計：你的論點

你想表達的東西（你的論點）應該為整篇文章提供架構。你的讀者應該要能輕易跟著你的邏輯走：a 點如何推向 b 點，再推向 c 點。（見 314–315 頁和〈第 10 章〉）

## 2 鷹架：組織和計畫

在開始前組織並計畫你的作業。

- 將想法整理在一起，放在檔案裡或寫在紙上。
- 設計出一個作業計畫，引導你的研究。
- 幫寫作做一份計畫綱要。

（見 264–265 頁和 269 頁）

## 3 中心骨架：正式架構

不同類型的寫作，例如論文或報告，對正式架構有不同要求。（詳見 266–267 頁和 356–357 頁）

## 4 磚塊：段落

寫作是以分段來組織的，每個段落又有自己的架構。清楚的分段能幫助讀者理解。（見 280–284 頁）

## 5 水泥：用字

你能使用語言，像是連接詞和強調語氣，來提示要點，指明論點的方向。（見 285–288 頁）

# 17 組織資料：將東西分組&規畫寫作

Organizing information

活動 7-2

❤ 將東西分組

- 在 A 圖和 B 圖中，找出各有多少圓圈？
- 共有多少三角形？
- 共有多少種類的三角形？

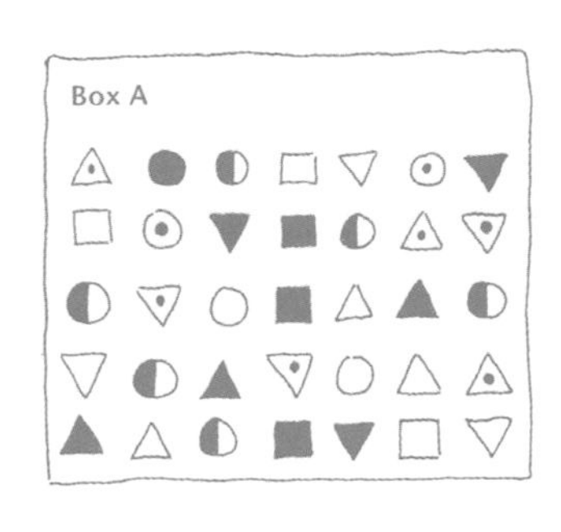


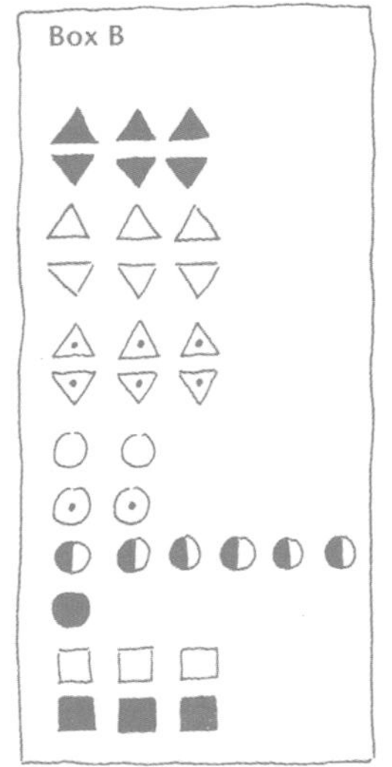


你可能會發現，從框框B裡找答案較為容易。如果是這樣，為什麼呢？

## 為何要將資料分組？

將想法和要點分組，有幾個優點：

- ✔ 你會更容易找到東西。
- ✔ 擬定並實行寫作計畫變得更容易。
- ✔ 你的思路將更清晰。
- ✔ 你的讀者能更容易理解你的論點。
- ✔ 如果不分組，東西會亂成一團。（見 218–219 頁和 264–265 頁）

## 規畫你的寫作

下面列出你在組織作業資料時，需要採用的四個步驟。每個步驟都讓下一步更簡單。（另可參照第 218–219 頁的「記錄和使用資料」）

**STEP 1** 將作業分成幾個大題

**在做筆記時，你可以將每個重點或大題寫在不同的紙上；或是你也可以用一張大張的紙，將所有的要點都寫在上面，讓你能一目了然。**

證據
對立的理論
數據
主要理論
R
證據
Q
大型圖表
S
對立的理論 2
範例
T
反證
連結
潛在的問題

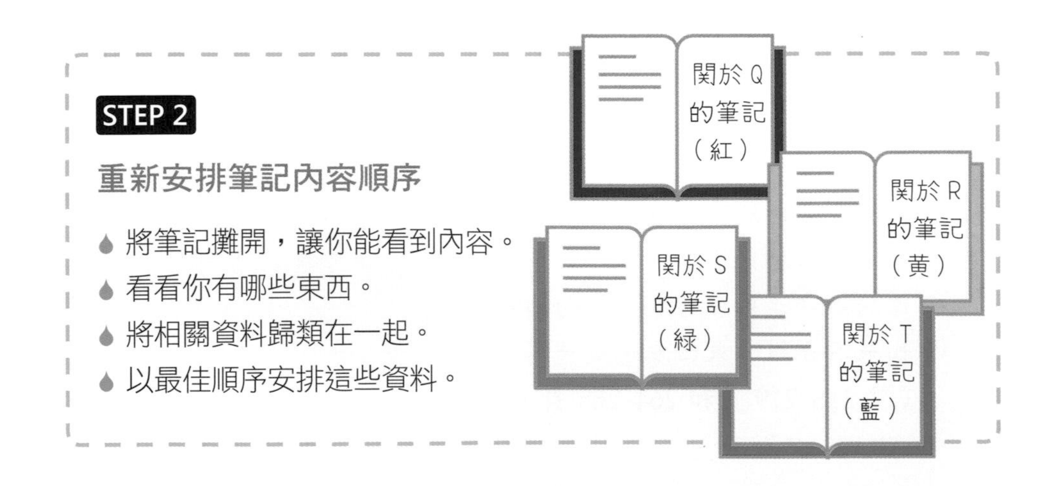


**STEP 2**

**重新安排筆記內容順序**

- 將筆記攤開，讓你能看到內容。
- 看看你有哪些東西。
- 將相關資料歸類在一起。
- 以最佳順序安排這些資料。

STEP 3

## 寫一份計畫大綱

在進行任何研究之前，寫下第一份大綱。你常會發現自己知道的比你想像得多。大綱幫助你的想法成形，並使你專注於所讀的東西上。你可以邊進行邊調整方向。

1) 標題
2) 導論
3) 主要論點：筆記 Q（紅）
   證據：筆記 Q 第 3-4 頁
   反證：Q 第 5 頁（橘）
   評估證據
4) 反面證據：筆記 R（黃）
   應用實例
   證據（檸檬黃）
   為何不具說服力
5) 反面理論 2：
   筆記 S（綠）
   評估證據
   為何不具說服力
6) 潛在問題：
   筆記 T（藍）
7) 結論
   a.
   b.
   c.

## STEP 4 將資料分成段落

- 幫每疊筆記做顏色編碼。範例中的大綱使用彩虹的顏色順序，使它更容易記憶。
- 用有顏色的檔案夾分隔檔案。每個段落都給一個顏色：用這個顏色為重點畫底線。
- 將顏色編碼沿用在圖形式筆記、計畫綱要以及草稿上。
- 將資訊分組、計畫成形之後，你就可以著手寫作了。
- 每個段落至少要有一個主旨，以及支援的細節或證據。
- 每個段落應該與一組（或一頁）筆記做連結。（見 280 頁）

# 18 為論文內容建立架構

Structuring an essay

## 論文的架構

這裡提出的架構只是最基本的，它不只適用於論文，還有許多其他種類的寫作也適用。不同種類論文的架構在〈第 8 章〉中有討論。

### 1 標題／問題

- 如同之前所說（第 254–255 頁），每篇論文標題都包含一個明確或暗藏的問題。
- 整篇論文要聚焦在標題上，並正面處理問題。

### 2 導論

- 在你的導論中，說明這篇論文的內容有些什麼。
- 解釋你如何詮釋這個問題。
- 指出你即將探索的議題。
- 針對你以何種順序、如何處理每個議題，提出一個簡要的大綱。
- 長度：約為論文的十分之一。

### 3 發展你的論點

#### 1 第一段

- 這個段落涵蓋你在導論中說明會處理的第一件事情。
- 用第一個句子介紹段落大意。
- 其他句子用來發展段落的大題，包含相關的範例、細節、證據、引文、參考資料等。
- 導向下一個段落

## 2 第二段和其他段落

- 第一句或是開頭幾個句子，與上一段做連結，然後再介紹這一段的大意。
- 其他句子用來發展段落的大題。
  （第 280–284 頁有更多關於段落的細節）

## 3 結論

- 結論裡不會出現新的資訊。
- 將你的論點和主題做總結。
- 陳述你的整體結論。
- 清楚說明為何這些結論很重要。
- 最後一個句子裡，簡短地總結你的論點，並和標題做連結。
- 長度：約為論文的十分之一。

## 4 參考資料／書目

- 參考資料和書目。
- 列出你在論文內提到的所有書、文章和其他資料。
  （見 226–227 頁）
- 假如要列出參考書目表，就列出所有相關的文章，包括你為了論文閱讀但在論文內並沒有提到的文章。

## 預跑論文的頁面和頁數

隨著你學到不同種類的寫作，你也就能使用適當的架構來當作計畫方針，以下皆以英文字數為例。

### 1 預留空間：預跑頁面和頁數

1. 在進行任何研究之前，大略計算你在每頁 A4 紙張上能寫或打多少字。（可能在 300 字左右）
2. 確認整篇作業的字數。（可能是 1,200 字）
3. 你的論文會用掉多少頁面？（例如，若一頁 300 字，1,200 字的作業會占四頁）
4. 拿你需要的紙張量，用鉛筆畫出每個區域、項目或主題會需要多少空間，如下面的簡單範例「論文的大綱設計」所示，每個區域、主題或範例能用多少字？
5. 你可能要試好幾次，才能抓到良好的平衡，要注意每個主題或範例能寫多少。
6. 有需要的話，繼續用這種方法在紙上列點，為論文做計畫。注意每個項目有多少空間可用。

### 2 用這個預留空間的計畫，你現在能不能看出：

- 你的作業寫作會用掉多少頁面？
- 不同的區塊或主題會放在頁面上的什麼地方？
- 你的字數限制會如何分配？
- 針對每個項目，你需要閱讀多少東西、做多少筆記？

## 範例：論文的大綱設計

以下是針對 328–332 頁的論文，所做的一份大綱設計。

第1頁

- 導論
  - 定義
  - 論文將以何種順序、涵蓋哪些東西
- 第 2 段
  - 母性剝奪理論：幼兒必須的情感連結
  - 稍後：「安全堡壘」＋「探索」行為
  - 反對兒童看護為有害的說法

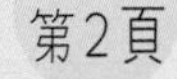

第2頁

- 第 3 段
  - 為何 Bowlby 的想法具吸引力
    - ✔ 社會因素
    - ✔ 研究證據，如當時的 Goldfarb（1947）和 Robertson（1967–73）
- 第 4 段
  - 晚期的證據與早期的研究相抵觸例：Tizarad（1970s）
  - Bowlby 顯得較無說服力
  - 兒童看護似乎沒有那麼糟糕

第3頁

- 第5段
  - Mary Ainsworth（1978）：新的研究支持 Bowlby 的理論
  - 但這份研究也遭到一些人的質疑
- 第6段
  - 為何評估該項研究很困難
  - 沮喪的母親：說明日間看護有其助益

第4頁

- 結論
  - 總結
  - 理論經過修飾
  - 社會和日間看護的情況有所改變
  - 在某些情況下，日間看護可能有所助益
- 參考資料

## 流程規畫＆確認大綱設計

做一份圖形筆記或以架構整理過的大綱，列出你知道哪些東西，你在這個階段認為主要議題是什麼，以及要去發掘的東西。

### ❶ 規畫行動表

把你要發掘的東西清單，轉化成排定優先順序的行動計畫。（第 140 頁）

### ❷ 計畫你的時間

使用第 141 頁的〈從期限往前推算時間計畫表〉和你的日記，規畫出何時何處完成每個階段的寫作。寫了第一份作業、抓到自己寫作的步調之後，這會變得較為容易。你可以思考下列幾點：

- ✔ 你能做的最低限度是什麼呢？
- ✔ 如果你有時間，你會想要做什麼額外的研究？
- ✔ 你可以看自己進行的順利程度，配合調整你的閱讀和筆記步調。

### ❸ 重整你的大綱設計

有需要的話，邊進行邊重整你的大綱設計。你可以隨著想法漸趨成熟，重整大綱好幾次。這是理解一門科目的過程之一。

### ❹ 做一份清楚的最終綱要設計

釐清你最終的大綱設計。有必要的話，使用修正液塗掉不需要的文字，利用顏色來標示某些部分，或重新謄寫不整齊的部分，加在需要釐清的部分上方。注意你是否將「修整大綱」，當作拖延下筆寫第一版草稿的藉口。

# 19 將圖形筆記轉換成文字寫作

From pattern notes to linear plan

在你著手大綱設計最終版本前，你要十分清楚論文的架構。如果你不清楚的話，你的寫作和思路可能會顯得混亂。

圖形筆記在規畫階段十分有效，但你可能很難直接利用它們寫作業。它們闡明內容的關聯性，而且與大腦以網絡方式組織資訊的方式相似。

然而寫作是線性、以先後順序排列的，一點接在一點後面，而圖形筆記主要是敘述性的。在這樣的筆記中，較難去分析、評估及互相對比，但這些是論文裡需要的東西。

以下的方式，能幫助你將圖形筆記轉換成文字寫作。

- ✔ 利用圖形筆記，來腦力激盪出你知道的東西，並激發想法。
- ✔ 鼓勵你的創造力，而不要在這個階段擔心如何組織資訊。
- ✔ 使用顏色、號碼和線條，連接圖形中相關的資訊。
- ✔ 重新畫出圖形筆記，將相關的資訊都放在一起。
- ✔ 在圖形筆記和線性筆記轉換的途中，你可以畫個金字塔。（見 272–273 頁）
- ✔ 在個別的紙張上，替圖形裡每個主要區域畫個金字塔。經過練習後，金字塔能明示出你的資訊的架構。
- ✔ 從筆記或金字塔中，寫出你的大標題，並在每個大標題之下列出要點和項目。
- ✔ 使用圖形筆記中的顏色編碼當作指引，將這些清單放入你的空間計畫中。

# 20 用金字塔的概念組織各個重點

Concept pyramids organize ideas

## 什麼是概念？

概念是大腦對一組類似事物的代表性思考方式。舉例來說，「餐具」的概念包括像是叉子、圓形的淺湯匙、尖銳的餐刀等等。

在概念上，這些都是進食的時候會使用到的餐具。有時會使用「概念性分類」一詞取代「概念」。

## 為何概念有用？

當我們遇上一個新東西時，大腦會將這項新體驗的主要特徵與過去的經驗做連結，藉此猜出這項新東西屬於什麼種類，也就是它的概念性分類為何：

一旦它被分入某個類別之下後，大腦就能進一步猜測，或推論其他的訊息：

這種辨識和分享概念性分類的能力，讓我們能更輕易與他人溝通，而不用每次都得描述一件事的所有細節。在學術寫作上，如果想法有良好的組織，讀者就能輕易預測它的意義和其他資訊。

## 用概念金字塔組織想法

我們可以將概念分級整理，像三角形或金字塔的形狀，就像下面的簡例。你不一定要使用概念性金字塔，但它能提供另一個分析工具。

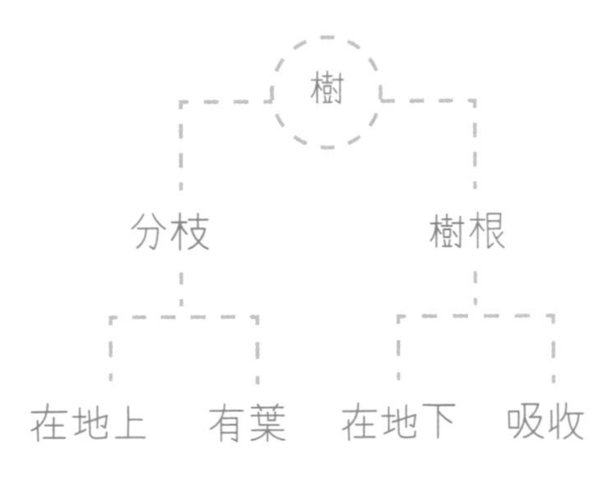


範圍最廣的訊息，或包含最多東西的標題，放在金字塔的頂端。關於樹的不同層面放在下面，而關於這些層面的細節，再放在它們下面，依此類推。金字塔的每一層，代表了不同類型的訊息。其實每一層都有自己的專有名稱，但用日常用語的說法也可以。

| 專有名稱 | 日常說法 |
| --- | --- |
| 上級分類 | 上層（樹） |
| 中級或基礎分類 | 中層（橡樹） |
| 下級分類 | 下層（紅橡樹） |
| 模範 | 範例（這棵紅橡樹） |

在別的金字塔上，植物可能是最高層的概念，而樹則會被放在中層。

## 範例：對照鳥類與哺乳類的金字塔

以下的範例為更詳細的概念金字塔，展示出如何安排關於動物的不同層級資訊。

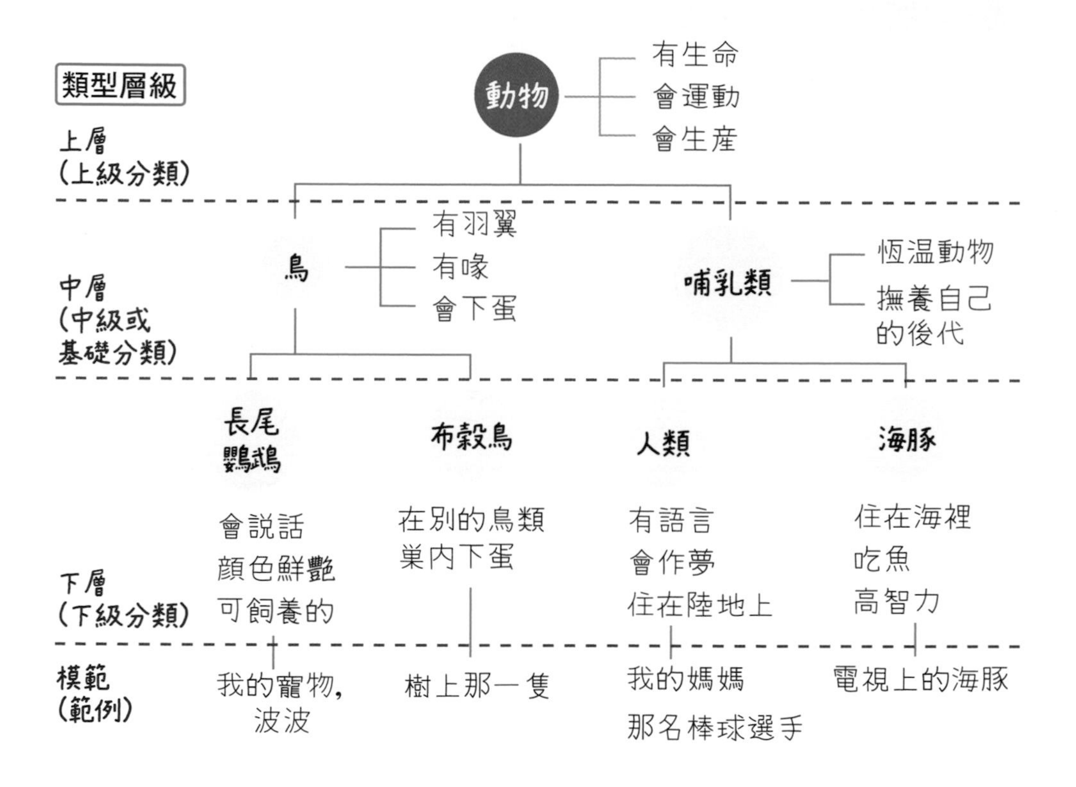


## 不同層級的範例

假如上層是畫畫，中層可能會是風格，如印象派。下層可能會是畫家的名字，如莫內，而範例則可能是莫內的畫作水蓮、紫藤花、和白楊樹等等。你可能會安排另一個層級，説明畫作的細節，分類標題可以是尺寸、顏色、設計或筆觸等等。

假如上層是樂器，中層可能會是鼓，下層則可能是定音鼓或非洲鼓。特定的範例會是桌上的那組鼓，或吉諾的新鼓組。

# 21 金字塔式的論文計畫

Essay plans as pyramids

論文架構是由幾個概念金字塔，結合成一套延續性的寫作。當作圖形筆記和線性筆記的過渡，概念性金字塔能整合更多架構和線性發展。不像圖形筆記，它能讓你評估不同種資訊的重要性（或層級），並在視覺上看到差異。

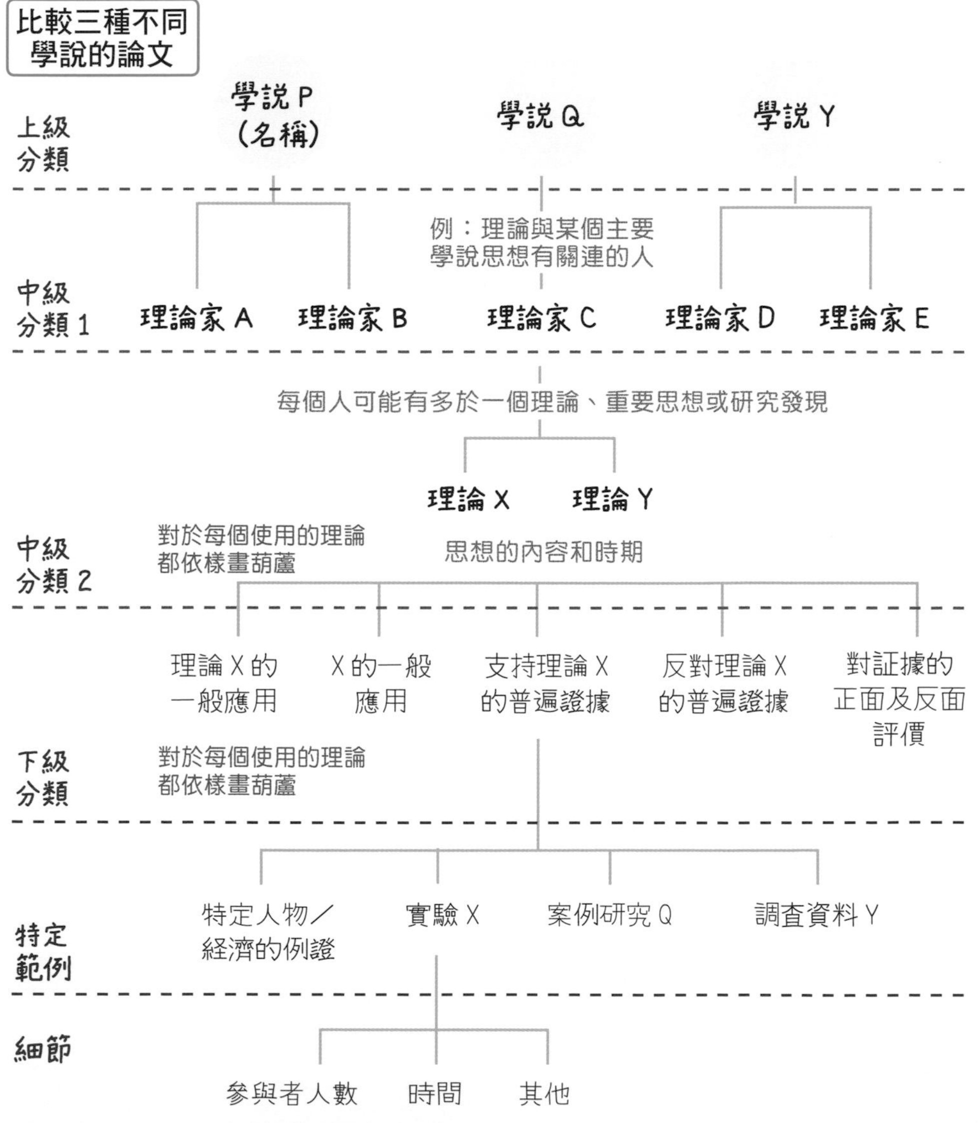

# 22 利用金字塔問題串來幫忙做計畫

Use pyramid questions

## 利用金字塔問題串來幫你做計畫

問自己關鍵問題，來尋找或整理每個層級的資訊。整體來說，在中層或下層探討不同的思想，會比給一大堆例子重要。

### ❶ 上級

- ✔ 關於這個問題，有多少主要學說思想？
- ✔ 哪幾個學說關係最密切、需要包含進來？
- ✔ 如果你不確定，就往下進行中級層級，檢查誰說了什麼或寫了什麼。

### ❷ 中級

- ✔ 哪個理論家（或法官、作家等等）何時說了什麼？
- ✔ 你能如何簡要說明？

### ❸ 下級

- ✔ 整體來說，支援該立場或理論的證據充分嗎？
- ✔ 該立場或理論的整體意涵是什麼？
- ✔ 該立場或理論如何應用？
- ✔ 整體來說，證據或反證有多充分？

### 4 範例

- 你需要放入特定的實際範例、應用或證據嗎？
  哪些是最佳例證？
- 在字數限制和可用的時間之內，你應該放入多少細節？
- 可用的空間是否只夠你提到關於一項研究的人名、
  日期和一句敘述？
- 或是你字數太少，可以再多提供些細節？

## 利用金字塔幫助面對字數的限制

在你把手邊的東西畫成金字塔後，你的字數是否符合字數限制呢？

### 1 太多東西

- 假如你的東西太多了，你將需要捨棄一些。
- 如果你在同個層級有好幾個範例，只選出其中一、兩個即可。
- 其他層級也進行同樣的動作。
- 假如你已經用掉大部分的字數，你也許可以在提到某些例子時，只提名稱、而不需提到細節（依科目而異）。

### 2 太少東西

- 假如東西太少，你能慢慢累積到字數下限。
- 在中級或下級加入更多範例。
- 針對特定的範例，寫更多東西。
- 評估範例在整篇作業中的重要性。

# 23 各階段的草稿版本

Writing drafts

專業作家會改寫草稿許多次，直到滿意為止：寫作很少能一氣呵成，一次就寫出最後的成品。假如研究、計畫和組織工作已經做好，並且在每版草稿中著重於不同的步驟，寫作會較為輕鬆。

## 第一版：簡單、快速的草稿，將想法記下來

- 利用你的計畫，不要擔心風格或文法的問題。
- 集中在作業的問題上，寫出你對標題的解讀。
- 你的核心思想是什麼？寫下來，或是推論的主要脈絡。
- 寫出你計畫中的標題和次要標題（金字塔等），但這些東西不會放在最終完成的論文中。
- 在每個標題之下加入細節，將標題和要點連結成句子。
- 利用你的計畫：在寫完每個段落之後，都要回頭檢查。

## 第二版：調整架構

確認你的資料都歸類並排好順序了，尤其是排成段落（第 280 頁）。假如沒有的話，用剪刀剪下你的文字，將它們重新排序，或是用顏色編碼和號碼，將段落排成你重寫的順序。

檢查你的論點在各段落是否清楚表達了出來，有必要的話，加入連結想法的句子。你可能需要進行好幾次這個動作。

## 第三版：調整文字風格

- 將你寫的東西大聲唸出來，它聽起來如何？
- 你能改善流暢度或風格嗎？
- 在需要的地方加入句子或細節。

## 第四版：最後潤飾

- 盡量在每個版本之間預留至少一天。你的腦子會一直想著那些想法，在休息一段時間後，你會更容易發現需要修改的字句。見 289–290 頁的〈修潤與整稿注意事項〉。

# 24 在電腦上打草稿的注意事項

Drafting on the computer

大家喜歡在紙上或在電腦上進行的工作不一樣，你可以自行嘗試，找出適合你的方法。在電腦上打草稿，會是更持續性的過程，你可能會一邊進行，一邊做小型的修正，並移動文字。把拼字檢查留到最後一版再做即可。

## 檔案管理

### 1 檔案的命名

假如你打算在一份草稿中做大型的修改，先將文件另存複本，檔名最後加個號碼（「檔名 2」），然後在這個複本裡做編輯的動作。如果你改變主意了，就可以回到先前的版本，或利用前一版裡的資料。

將較長的文件（超過 3,000 字，或內含圖片）分成好幾個檔案，在檔名後面加上 a、b、c 等註記。如此一來，你就能更快速地在檔案中移動，找到你要的東西。之後你可以把不同段的文件，貼成一份較長的文件，或在不同文件中按照順序編好頁碼。

### 2 檔案的使用

直接用隨身碟讀取文件編輯，會比從硬碟讀取慢。因此情況允許的話，將論文檔案複製到硬碟上。

為了避免你搞不清楚自己在編輯的是哪個版本，在你打字時，把隨身碟從電腦裡取出來。當你完成一個段落時，再把檔案複製到隨身碟當作備份。

## 「聽聽」你的論文

假如你有能把文字轉換成語音的裝置，聽聽電腦把你的文章唸出來，或是自己唸出來。注意聽意義，和下標點符號休息的地方。

## 把論文列印出來

在紙本上閱讀、編輯你的作品，比在電腦螢幕上容易。螢幕的閃爍會讓你的眼睛疲勞，而你也不見得一直有機會使用電腦。

# 25 段落的寫法

Paragraphs

段落是由句子組成，通常一段會有好幾個句子。每個段落是環繞著一個中心思想或主題組織而成，通常在每一段的第一句就說明了這個中心思想或主題。段落會將類似的想法或資料集合在一起，所有句子都與段落主題相關。

成功的段落排序會依邏輯進行，帶領讀者從 a 到 b 再到 c。段落內的字句與前一個段落有所連結。

段落將文章分成較易理解的小單位，幫助讀者理解內容。一頁文章分成三、四或五段時，會更容易閱讀。

段落也能組織意義，它們能幫助你的讀者想清楚你寫的東西。

## 開頭第一句

- 每一段的第一句通常是「主題句」，介紹段落的主題。
- 另起新行。
- 句首縮排，或者是前面留一行空白。

## 面的句子

- 從段落主題句中說的主題發展。
- 以合理順序排列，一句導向下一句。
- 結尾句。
- 最後一句為段落做總結，或導向下個段落。

## 練習活動：組織段落

### 練習 1

- 從一本書選出兩、三個段落。
- 閱讀主題句，總結每段主題的句子，通常（但不一定）是開頭句。
- 這些主題句歸結這些段落主題時，做得好嗎？
- 段落之間是如何連接的？
- 假如段落中缺乏一個明確的主題句，它們是否更難以閱讀？

### 練習 2

- 你分段的技巧如何？將以下的短文分成句子和段落。

充滿冒險的人生

Mary Seacole在1805年生於牙買加金斯頓她母親利用女性從非洲引進在熱帶地區發展的醫藥知識行醫當女醫生Mary從媽媽那裡繼承了她的醫術以及她經營寄宿學校的能力而從她身為蘇格蘭軍人的父親那裡她繼承了她對軍旅生活的熱愛Mary的醫術名聲是在一系列霍亂和黃熱病等傳染病爆發時傳開的她自製藥品並十分注重高度衛生並嚴格要求病患隔離她用這些方法拯救了許多生命在克里米亞戰爭爆發時Mary自願為英軍服務行醫雖然她之前曾在英軍號召之下為英軍服務這次她卻被拒絕了然而她毫不畏懼地自行進入戰區在克里米亞她不僅醫治士兵還在那裡經營一家旅館販賣食物酒與藥戰後Mary被視為名人她得到四國政府的授勳在英格蘭出版了一首歌頌她的詩甚至皇室家族都與她為伍並請她提供她醫學上的專業

### 練習 3

- 再次閱讀〈練習 2〉的段落。
- 決定每個段落的主題，並以幾個字歸納出來。
- 將你的版本與下面的答案做比較。

參考答案

【練習 2】充滿冒險的人生

Mary Seacole 在 1805 年生於牙買加金斯頓。她母親利用一些女性從非洲引進、在熱帶地區發展的醫藥知識行醫當女醫生。Mary 從媽媽那裡繼承了她的醫術，以及她經營寄宿學校的能力；而從她身為蘇格蘭軍人的父親那裡，她繼承了她對軍旅生活的熱愛。

Mary 的醫術名聲，是在一系列霍亂和黃熱病等傳染病爆發時傳開的。她自製藥品、十分注重高度衛生，並嚴格要求病患隔離，她用這些方法，拯救了許多生命。

在克里米亞戰爭爆發時，Mary 自願為英軍服務行醫。雖然她之前曾在英軍號召之下為英軍服務，這次她卻被拒絕了；然而她毫不畏懼地自行進入戰區。在克里米亞，她不僅醫治士兵，還在那裡經營一家旅館，販賣食物、酒與藥。

戰後 Mary 被視為名人，她得到四國政府的授勳。在英格蘭，出版了一首歌頌她的詩；甚至皇室家族都與她為伍，並請她提供她醫學上的專業。

【練習 3】這些段落的主題有：

1　整體資訊：出生和背景
2　早期的醫學聲譽
3　克里米亞戰爭
4　戰後

省思日誌 7-3

- 你是否覺得閱讀這篇文字，比〈練習 2〉的內容容易？
- 如果是的話，這是否增加你對分段與標點的重視？
- 加標點符號是否令你感到困難？
- 如果是的話，你可以問老師是否能提供額外的支援。

# 26 組織段落的實用技巧

Writing paragraphs

如果你覺得分段很困難，
可以將頁面分成三欄：

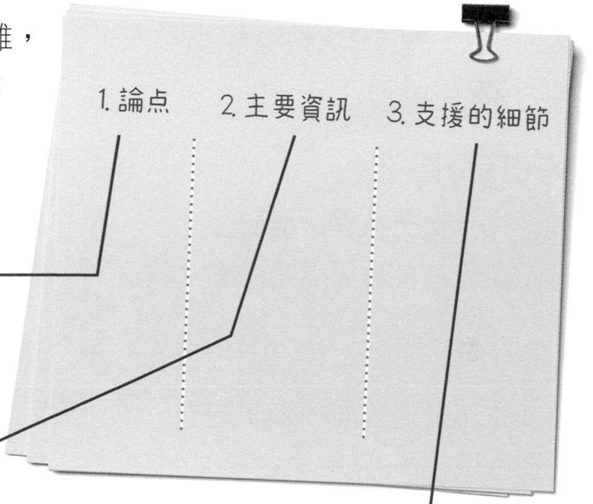

1. 論点　2. 主要資訊　3. 支援的細節

在第一欄【論點】記下你想放在文章裡的想法、理論、意見和推論。

在第二欄記下支援你推論的主要範例和證據種類。

在第三欄，寫下少量的細節、事實、人名、統計數據、日期和支援你主要論點的範例。

## 每一段應該有……

- 一項第一欄的東西
- 一到三項第二欄的東西
- 數項第三欄的東西
- 為一個段落選擇的項目，應該全都支援同一個論點

## 使用概念金字塔

每個段落很可能需要中層的一個項目、下層的一個項目、一個範例，和一些細節。

# 27 檢查你的段落

Checking paragraphs

當你完成初期的草稿時，你可以利用以下的活動，來檢查自己文章分段得如何。

## 1 閱讀每個段落

- ✔ 按照順序閱讀你寫的每個段落，決定每段的主題是什麼。

## 2 歸納出標題

- ✔ 以 1–4 個字歸納出一段的主題。

## 3 為標題下一個名稱和顏色

- ✔ 在空欄中寫下標題，並下顏色。

## 4 主題句是哪一個？

- ✔ 哪一句是你的主題句，也就是歸納出主題的句子？
- ✔ 它位於段落開頭嗎？如果不是，放在開頭是否會更有力？

## 5 每樣東西都有關連嗎？

- ✔ 檢查每個段落裡的東西是否都與主題句相關。
- ✔ 如果你不確定，就把不確定的部分圈起來，看看它放在別的段落裡會不會更恰當？
- ✔ 有沒有多餘的東西？有的話，把它劃掉。

## 6 每樣東西都放在恰當地方？

當你將每段的主題標示出顏色之後，依序檢查每個主題：是否有些小地方不小心跑進別段裡了？

將脫序的小地方用顏色標示出來。例如，如果你在第二段裡寫了鳥類棲息地的東西，卻又在之後的段落中寫了更多鳥類棲息地的資料，就將兩者用同一顏色標示出來，然後將同樣顏色的部分剪下來，貼在一起。接著，按照你重排過的順序重寫段落。

## 7 句子是以最佳順序排列嗎？

- ✔ 每個段落中，句子是以最佳順序排列嗎？
- ✔ 句子彼此之間是否清楚連貫？

## 8 你的論點是否明確？

- ✔ 對讀者來說，每個段落如何彼此連結，是否夠清楚？
- ✔ 是否明確發展到下一個段落？

## 9 所有東西都緊密連結嗎？

- ✔ 每個段落是否都與標題相關？

# 28 啟承轉合的中英語用語

Linking ideas together

有一些固定的用詞是用來連結想法，指示讀者你的推論走向，例如加強更多重點，或是帶入另一種觀點。

以下是一些用來連結想法的用字節錄，要使用哪一項，則視你論述的方向而定。

## 1 加述已提出的論點

- also 還有
- moreover 此外
- furthermore 另外
- again 再者
- what is more 甚者
- then 除此之外
- in addition 另外
- besides 而且
- above all 尤其
- too 也；而且
- as well (as) 同樣地
- similarly 同樣地
- correspondingly 相同地
- in the same way 相同地
- either 而且也不⋯⋯
- indeed 甚至
- neither . . . nor . . .
  既不⋯⋯也不⋯⋯
- not only . . . but also . . .
  不但⋯⋯而且⋯⋯
- in fact 事實上
- really 的確
- in reality 確實
- it is found that . . .
  實則
- as for 至於
- as to 關於
- with respect to 關於
- regarding 關於

## 2 分點式提出

- first(ly) 第一；首先
- second(ly) 第二；其次
- third(ly) 第三
- another 此外
- yet another 還有
- in addition 除此之外
- finally 最後
- to begin with 首先
- in the second place
  其次
- moreover 此外

- additionally 此外
- also 還有
- next 接下來
- then 然後
- lastly 最後
- finally 最終
- and to conclude 總結來說

## 3 用不同方法，說明同一個想法

- rather 更確切地說
- or 或是
- better 更好的說法
- in other words 換句話說
- in that case 既然那樣
- to put it (more) simply 更簡單地來說
- in view of this 考慮到
- with this in mind 有鑑於
- to look at this another way 用另一個角度來看

## 4 帶入範例

- that is to say 也就是說
- in other words 換句話說
- for example 舉例來說
- namely 也就是
- for instance 舉例來說
- an example of this is 有個這樣的例子
- and 而且
- such as 例如
- including 包括
- as follows 如下所示
- as in the following examples 正如下列的範例
- especially 尤其
- particularly 特別是
- in particular 主要是
- notably 特別
- chiefly 尤其
- mainly 主要地
- mostly 主要地

## 5 引進另一種觀點

- again 此外
- rather 更確切地說
- alternatively 二者擇一
- by contrast 相較之下
- another way of viewing this is 另一個觀點是
- one alternative is 另一個選擇是
- another possibility is 另一種可能有

- on the one hand . . . on the other hand 一方面……另一方面……
- conversely 相反地
- in fact 事實上
- although 然而
- in comparison 比較起來
- though 然而
- on the contrary 正相反
- on the other hand 另一方面
- even if . . . is true 就算……是真的
- although . . . may have a good point 雖然……的論點充分

## 6 重新強調先前的觀點

- however 然而
- nonetheless 但是
- despite 儘管
- in spite of 儘管
- notwithstanding 儘管
- in the final analysis 在最後的分析中
- while . . . may be true, nonetheless . . . 雖然……可能為真，但是……
- although 然而
- though 然而
- after all 畢竟
- all the same 同樣地
- at the same time 同時

## 7 指陳結果

- therefore 因此
- accordingly 因此
- as a result 結果
- so, (then), it can be seen that 所以，可以看到
- the result is 結果是
- the consequence is 結果是
- consequently 結果
- now 於是
- resulting from this 由此得出結果
- we can see, then, that . . . 所以，我們可以看到
- it is evident that 很明顯地
- thus 因此
- hence 因此
- owing to . . . 由於
- because of this 因為這個理由

- for this reason
  基於此一理由
- this suggests that
  這意味著
- it follows that
  因此結果
- otherwise 否則
- in other words 換句話說
- in that case 既然那樣
- that implies 這代表著

## 8 歸納或下結論

- therefore 因此
- so my conclusion is
  所以，我的結論是
- in short 簡言之
- in conclusion 結論是
- to conclude 總而言之
- in all 總的來說
- on the whole
  整體來說
- in brief 簡言之
- altogether 總而言之
- overall 總之
- to summarize
  總的來說
- thus 因此
- to sum up briefly
  一言以蔽之
- thus we can see that
  因此我們可以看出

活動 7-3

- 這些詞語如何在第 328–332 頁的論文範例中運用？

# 29 修潤與整稿注意事項

Editing your draft

修潤與整理你的草稿，加以改善，而且你可能需要檢閱作品好幾次，檢查不同的部分。你可以：

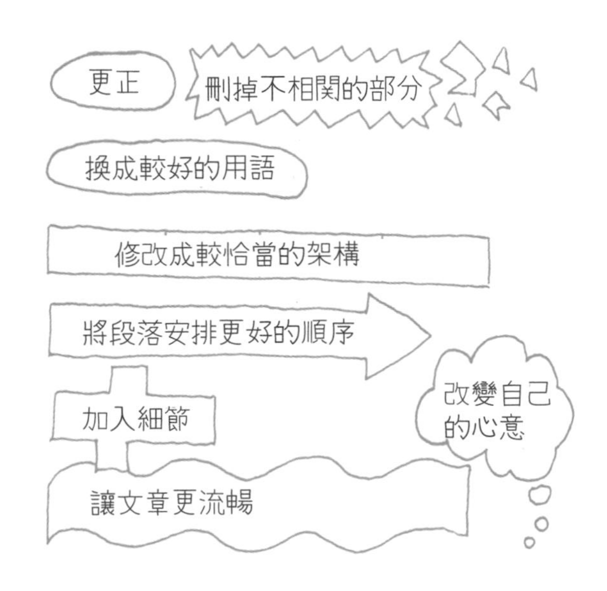


## 1 意義

✔ 它是否合理？慢慢地大聲唸出來。

## 2 組織架構

✔ 你的架構是否適當？
✔ 相關的資訊都集合在一起嗎？
✔ 內容是否以最佳順序安排？
✔ 你的作品是否有良好的分段？（見 280 頁）

## 3 證據

✔ 你是否以證據、範例、細節或研究，支援你的論點？

## 4 參考資料

- 你的資料來源是否清楚？
- 你的引用是否精確？
- 資考書目表是否寫得正確？（見224–227頁）

## 5 風格

- 文章內容是否容易閱讀？
- 是否寫得過於口語，或太過沉悶？
- 有沒有什麼地方令人困惑？
- 它是否夠精確？（見301頁）
- 文字風格適當嗎？（見第8章）

## 6 標點符號、拼字和文法

- 你寫的東西是否有分句？（見下面的「校潤」）

## 7 整體呈現

- 你的字寫得是否清楚易讀？
- 看起來是否乾淨整齊？
- 是否遵循老師要求的格式？

省思日誌 7-4

**修潤與整稿**

修潤與整稿的哪些部分，讓你花了最多時間？

## 8 校潤

- 修潤與整理你的草稿，直到你對它滿意為止。接著進行校潤。
- 再次大聲唸出來，它是否合理？
- 尋找打字、拼字上的錯誤。
- 對於有疑問的拼法，去查字典或是詢問他人。
- 如果你使用電腦的拼字檢查，就要特別去檢查拼字正確、但用法錯誤的字，例如 their 拼成了 there。
- 在檢查拼字時，從結尾倒著往前看，可避免略讀的情況發生。
- 每個人都有自己的常犯錯誤。假如你重複犯下某些錯誤，將它們記下來，並特別注意檢查這類錯誤。

# 30 檢核表：最終完稿

Editing final drafts

❤ 當你做完一項檢查時，就將它勾選起來。

### ❶ 內容和論點

- ☐ 1 文章內容回答了標題提出的中心問題。（見 254–255 頁）
- ☐ 2 最重要的幾點有得到足夠的空間（或字數）。
- ☐ 3 所有內容都與主要問題相關。
- ☐ 4 主要論點表達得很清楚，沒有在太多的細節中迷失。

### ❷ 研究資料

- ☐ 1 有足夠的範例和證據，來證明或說明我的論點。
- ☐ 2 我有對讀者清楚表達自己的想法和意見。

### ❸ 架構和組織

- ☐ 1 內文為恰當的架構或格式。
- ☐ 2 想法都適切地連結起來。
- ☐ 3 想法都以正確的順序呈現。
- ☐ 4 不同段落之間都清楚地連結。（見 285–288 頁）

### ❹ 風格

- ☐ 1 文字風格適合我的課程。（見第 8 章）
- ☐ 2 內文不會太口語或隨便。
- ☐ 3 沒有俚語和口語說法。
- ☐ 4 正確使用技術性用語。
- ☐ 5 用的是自己的文字。（沒有剽竊）
- ☐ 6 文章內容沒有重複。
- ☐ 7 內文能輕易地朗誦出來。

### ❺ 清楚

- ☐ 1 不會造成讀者的疑惑。
- ☐ 2 所用的語言清楚直接。
- ☐ 3 讀者能輕易理解文章的邏輯發展。（見第 10 章）
- ☐ 4 在我的導論中，能輕易看出哪個句子歸結出我的觀點或論點。
- ☐ 5 句子的長度合理、不會太複雜。

### ❻ 整體

- ☐ 1 導論恰當。
- 2 結論恰當。
- ☐ 3 拼字、文法和標點正確。
- ☐ 4 參考資料正確。
- ☐ 5 正確列出參考書目（如果需要的話）。
- ☐ 6 我有將前一份作業得到的評語列入考量。（見 326–327 頁）

# 31 呈現你的論文報告

Presenting your writing

論文報告呈現方式的細節，可能因不同老師要求而異。使用第 294 頁的清單來引導你。整體來說：

- ☐ 1 若是論文，就將標題寫在第一頁的最上方；
- ☐ 2 若是報告，則將標題寫在獨立的標題頁上。
- ☐ 3 只使用單面紙張。
- ☐ 4 確認每一頁上都有你的名字。
- ☐ 5 每一頁都編頁碼。
- ☐ 6 在頁面的一邊留空白，或行距加大，讓你的老師能加上評語。
- ☐ 7 你的文章最終版應該要整潔易讀。
- ☐ 8 少數整齊的手寫修改還可以被接受，但如果有太多地方修改，或文字有些部分需要重新排序，則要將論文重寫一份。
- ☐ 9 假如關於如何裝訂作業有特殊要求，要小心遵守。
- ☐ 10 大部分的論文並不需要特殊裝訂或資料夾，因為資料夾反而常讓老師看起來更辛苦。

## 使用電腦的注意事項

### 1 字型

- 更容易製作出有條有理的作業，而在字型使用方面，使用簡單明瞭的字型，不要用設計成手寫字的字型。
- 你可能想視標題的重要性，而使用不同的字型，如果是的話，使用時要統一。

### 2 讓文字更突出

你可以用以下效果來突出標題或關鍵字：

- 粗體字
- 斜體字
- 畫底線

### 3 文字的安排

- 你可以使用標籤和其他工具使文字縮排，或以特別的版面呈現。
- 你可以將文字靠左排。
- 你可以把文字置中。
- 你可以把文字平均字距，齊頭齊尾。

### 4 輕鬆進行複雜的工作

你可以讓電腦幫你工作！它能：

- 編頁碼。
- 將你的名字和作業標題加在每頁的頁尾。
- 製作整齊的要點或號碼，並加以縮排。
- 將統計資料製作圖表。

# 32 檢核表：教師／科目的要求

Lectures' preferences

❤ 你的老師對於下面列出的作業格式，可能有不同的偏好。你可以將這個表影印使用，向老師問清楚細節，並提醒自己某個科目或老師要用何種格式。

| | | 教師／科目 | 要求 |
|---|---|---|---|
| ☐ | 1 | 打字、手寫或使用 word 檔文字處理？ | |
| ☐ | 2 | 紙張 A4 大小？ | |
| ☐ | 3 | 紙張要印單面，還是印雙面？ | |
| ☐ | 4 | 是否每個單元要在新的一頁起頭？ | |
| ☐ | 5 | 使用標題？ | |
| ☐ | 6 | 為段落編號？ | |
| ☐ | 7 | 在右／左手邊留一個寬的空欄？ | |
| ☐ | 8 | 在每頁寫上自己的名字？ | |
| ☐ | 9 | 在每頁寫上標題？ | |
| ☐ | 10 | 使用雙倍行距（寫一行空一行）？ | |
| ☐ | 11 | 寫作角度要使用第三人稱，還是第一人稱？ | |
| ☐ | 12 | 使用被動語氣，還是主動語氣？ | |
| ☐ | 13 | 要用哪個方法寫參考書目？是否有任何特殊的版面要求？ | |
| ☐ | 14 | 參考書單有需要嗎？是否有任何特殊的版面要求？ | |
| ☐ | 15 | 是否須使用圖表、表格？ | |
| ☐ | 16 | 地圖有沒有標準規格？ | |
| ☐ | 17 | 是否要在圖表中使用顏色？ | |
| ☐ | 18 | 是否需要註解？ | |
| ☐ | 19 | 其他要項 | |

# 33 回顧

Review

本章探討了如何從小地方發展你的寫作，讓你能建立自信心，並熟悉寫作。雖然學術性寫作是一種特殊的寫作類別，你仍能從建立每天寫任何種類的文章中受益。你會因此建立起寫作的速度，愈來愈能同時思考及寫作，愈來愈清楚能如何改善寫作能力，也會愈來愈有自信。

本章同時也檢視以一系列較容易完成的步驟，進行學術性寫作的方式，這與〈第 4 章〉關於設立小型目標的單元有所連結。許多小技巧會漸漸成為你的本能，經過練習，你會發現自己能輕易結合不同階段，找出更快的進行方式。

## 檢查你的學習成果

- 仔細閱讀老師給你的評語。假如你不清楚自己是在哪裡失掉分數，帶著第 239 頁和第 291 頁的問卷與老師約談。
- 利用老師的評語和忠告，再寫一次第 239 頁的自我檢測問卷。注意現在你感到有自信的部分，以及你仍想改善的部分。
- 在你進行下一份作業之前，再一次瀏覽第 8 到 10 章，可能也會有幫助。

## 基礎語言能力

假如你的基礎語言能力不好，例如文法和標點符號，很難在大學拿到高分。花錢投資參加在大學的語言研習課程，或當地學院的進修班，都會讓你受益良多。

# 發展你的寫作

## 學習大綱

- 理解一些學術性寫作的傳統規則，包括：
  基本的傳統風格／要精準／分辨事實、意見和論點
- 學到不同的研究及學術寫作方法。
- 更了解「主觀」、「客觀」、「量」與「質」等詞語的意義。
- 學習使用高等教育所用的四大寫作類別：
  敘事／論說／評估／個人和經驗
- 知道如何使作業拿到好的分數，以及如何使用老師的評語來幫助自己。
- 知道好的論文須具備什麼，並藉由自己為論文評分加以練習。

# 01 學術寫作的傳統風格

Stylistic conventions for academic writing

在你進行第一份作業之前，先瀏覽本章；在做之後的作業時，再回頭更仔細地閱讀本章和〈第10章〉。

下面的傳統適用於大多數的學術寫作。不過，你的老師可能會提供特定的方針，若是如此，你就應該遵從。

## 1 使用正式用語

學術性的語言很正式，要避免口語用法，例如：

- ✔ 作者做這項建議時，順序搞錯了⋯⋯
- ✔ 新計畫十分正點。
- ✔ 這些研究超炫的。
- ✔ 這個論點有點耍過頭了。

## 2 英文要避免縮寫和縮略用法

完整地將英文文字寫出來：

- dept. ► department
- e.g. ► for example
- didn't ► did not
- they're ► they are
- isn't ► is not

## 3 立場要超然

大部分的課程都希望你避免個人化的代名詞，如「我／我們」和「你」，而用以下方式開始句子：

- 這可以看出⋯⋯
  It can be seen that . . .
- 有一些⋯⋯
  There are a number of . . .
- 研究發現⋯⋯
  It has been found that . . .

## 4 用字謹慎，語帶保留

學術性寫作通常語氣很謹慎。寫作者會指出，他們知道沒有什麼事是絕對肯定的，並在文字上反映這樣的不確定性，像是：

- 看來 appears to
- 似乎 seems to
- 有⋯⋯的傾向 tends to

- 可能 may
- 或許 might
- 可能 possibly
- 顯然 apparently
- 一般說來 generally
- 看似 seemingly
- 在某些情況之下，這……
  in some case, this...
- 證據顯示……
  the evidence suggests that...

## 5 避免連接詞

以下用詞不宜在句首使用：

- 或　or
- 與　and
- 但　but
- 不過　yet

## 6 數字的寫法

100 以下的數字，通常不使用阿拉伯數字，例如：

- 百分之三十一
  thirty-one per cent
- 十九位成員
  nineteen members

然而，與數據和科學研究相關的數字則不在此限：

- 31%（31 per cent）
- 15 ℃
- 7.3 牛頓（7.3 newtons）

## 7 具客觀性

學術性寫作須必避免個人化、主觀的用字，像是「很好」（nice）、「真棒」（wonderful）、「很值得」（worthwhile）、「通常」（usual）或「自然的」（natural），因為讀者解讀這些字的方式，可能與你的不同。

## 8 避免妄自菲薄的話

不要因為你覺得自己的研究或寫作中有什麼弱點，就向讀者道歉，像是你覺得這門科目很難，或你沒時間寫完整的結論。

即使你覺得沒自信，對你寫的東西還是要表現出自信！

## 9 對讀者的口吻

避免問讀者問題，或要求他們如何思考。

## ⑩ 要精確

將不必要的字拿掉：

- ~~一個叫做~~Jay Singh~~的大~~發明了……
- ~~在一本叫~~*Scottish Pathways*~~的書~~中……

## ⑪ 文字用語要有延續性

用完整的句子寫作，將段落整合在一起（見 280 頁）。

列點和大標題在報告和小型企畫中，可能可以被接受，但針對論文和博士論文，要避免列點：將要點整合放入句子中。

省思日誌 8-1

**❤ 自己寫的是什麼？**

寫作時，問問自己寫的是什麼？要一直檢查其精確度。問自己一些問題，像是：

- 確切的時間是？
- 到底是為什麼？
- 是什麼人？

藉此確認自己提供給讀者足夠的資料，好讓他們能清楚明瞭你在說些什麼。

# 02 陳述要明確

Being precise



**不清不楚的範例**

當時，有些人不喜歡這個想法，使得政治家阻止這件事，但接著他就公開攻擊他。

這個句子為何不清楚？

| | |
|---|---|
| 「有些人」 | 是哪些人？ |
| 「這個想法」 | 是哪個想法？ |
| 「當時」 | 什麼時候？有沒有日期？ |
| 「政治家」 | 所有的政治家嗎？還是特定的政治團體？或是一個政黨？ |
| 「使得政治家」 | 他們如何「使得」政治家這麼做？ |
| 「阻止這件事」 | 阻止什麼事？如何阻止？ |
| 「有些人不喜歡這個想法」 | 為什麼不喜歡？ |
| 「接著他就公開攻擊他」 | 一句中出現多於一個代名詞，像是「他」、「她」、「它」、「這」或「那」，容易引起困惑。 |

活動 8-1

❤ **下列哪一句最精確？**

☐ 1 一名女性統治這個國家。
☐ 2 柴契爾夫人於 1979–1991 年間，任職英國首相。
☐ 3 一名女性於 1979–1991 年間，任職英國首相。
☐ 4 柴契爾夫人統治英國好幾年，提出多項政策，影響人們生活的許多層面。

解答
第 2 句（其他句子都包含了模糊不清的訊息）

# 03 區分何謂意見、事實&論點

Using facts, opinions or arguments

## 意見（opinion）

　　意見是個人思想，它不見得都有充分的證據支持，甚至可能與證據對立。舉例來說，何謂「自然」或「正常」，通常受個人意見左右。就算大部分的人同意你的看法，它仍然是個人意見，除非你能提出證據證明它可能是真確的。

## 事實（fact）

　　事實通常可以和證據相互對照。學術性寫作中的事實，通常是循正式管道蒐集、記錄的東西，例如寫在期刊或官方記錄中。

## 論點（argument）

　　論點是用來支持一個觀點的理由（可能包括事實）。

# 04 不同科目的寫作要求

Writing for differenet subjects

每個學術科目領域，針對以下各方面的方法，都略有不同：

- **研究方法** 如何進行研究？
- **證據** 什麼東西會被視為恰當且充分的？
- **寫作類型** 偏好的寫作風格和模式。
- **主客觀** 自己的方法應該多客觀，還是多主觀？要重質，還是重量？要科學化，還是個人化？

你將需要辨別出科目採納的方法，並交出適當的作業。假如你修的是「綜合選修」課程，要特別注意其寫作方式的要求；然而，即使在單一科目領域之內，不同的學習領域，寫作方式的方法仍可能有所不同。

## 科學性模式的影響

學術性寫作受到著重「科學性」很大的影響，就算該科目並非與科學直接相關。雖然這個看法漸漸在改變，你被要求採取的方法，仍很可能受到科學性模式的影響，所以了解它的內容將對你有所助益。科學性模式有以下主要特色，接下來在下一單元中，我們將逐一來介紹這些特色：

1. 客觀
2. 可測試的假說
3. 可重複的結果
4. 控製變因
5. 定量的分析
6. 精確的敘述
7. 定性的分析

# 05 科學性模式的七大特色

Features of the scientific model

## ① 客觀

科學性模式很重視客觀，這表示科學不仰賴個人意見或常識，而是從可得的證據中測出可能的解釋。假如資料是客觀的，以同樣方式進行相同研究的兩人，最後應該會得到相同的結果和結論。

## ② 可測試的假說

假說是指以符合現有證據的方式，解釋發生某事可能的原因。為了進行實驗，假說的設計是可以接受測試的。假說不能被證明為真，但可以被證明為誤。假如假說通過了許多次的測試，它可能將漸漸被視為可信的「理論」。

## ③ 可重複的結果

一項科學研究要受到重視，必須有另一個研究者重複同樣的研究，並得到類似的結果。這樣的「重複」可說明第一次的結果是可靠的，並非偶發事件，或出自個人意見或偏見等。然而，應該要注意的是，還是要認真去思考該研究方法本身，是否就建立在偏見上。

## ④ 控制變因

科學家要知道他們想測試的東西，與實際測試出來的是相同的東西。他們要確認「變因」，任何可能變動的東西，像是天氣、時刻、參與的人或使用的材料等等，都不會意外地影響到結果。通常研究實驗都會進行許多次，來檢查不同變因造成的影響。研究者試著一次只改變一個變因，其他東西則保持不變。這就是所謂的「控制變因」。

舉例來說，要比較藍色燈光或紅色燈光對植物生長的影響的研究者，會確認除了燈光顏色之外，其他所有東西都是一樣的。每種顏色的燈光之下，他們會使用同樣種類、大小的植物，等量的水，等量的肥料，同樣的溫度，以及同樣的空氣來源。

## 5 定量的分析

科學研究十分仰賴數據資料，這表示它集中於可測量的改變或不同處，使用標準化的測量方式，如數字、時間、重量和長度，這樣結果才容易拿來做客觀的比較。

舉例來說，實驗內容可能會調查如下的元素：

- ✔ 某特定種類植物成長的高度（可測量），是否視環境的溫度（可測量）而定。
- ✔ 植物的結果（可測量），是否視光線的量（可測量）而定。
- ✔ 一個人在一段時間內能閱讀的字數（可測量），是否視印刷字體大小（可測量），或他的年齡（可測量）而定。

這個方法是：「假如其他事物都沒有變動，只有這項因素有變，它是否對那項結果有影響？」

這也可以說成：「假如在 A、B 和 C 不變的情況下，X 發生變化，它對 Y 是否造成影響？」

定量分析包括分析不同變因之間的關係。當 X 的改變確實與 Y 的改變相符時，我們說這兩種改變「相互關聯」。

然而，要明白相互關聯無法證明是 X 的改變造成 Y 的改變。相互關聯可能是出於巧合，或是 X 和 Y 兩者都受到第三項變因 Z 的影響。

## ⑥ 精確的敘述

在寫下研究時，科學家會確切描述他們使用的方法、研究條件和結果，好讓任何想複製研究的人，能夠安排幾乎一樣的條件。

你將被期望用同樣的方法，寫出精確的敘述，以便他人複製你的實驗。報告的敘述性寫作是要很精確的，不能有多餘的字。（見 312 頁和 394–399 頁）

## ⑦ 定性的分析

在定性的分析中，使用的資料並不容易測量。實驗並不完全客觀：內容包含了某些**判斷**和**解讀**，研究者也就某種方式牽涉於實驗本身，有可能在無意見影響了實驗結果。舉例來說，實驗者可能扮演了解讀該項研究的角色。

科學家在報告的「討論」中使用定性分析，他們在其中解讀研究結果，並提供為何情況不如預期發展的可能原因。他們也在這裡面評估自己設計實驗的方式，或說明實驗假說的遣詞用字有何優缺點。

然而，科學通常視客觀為「問題」，而用詞遣字方面也盡量做到讓人感覺不到科學家的存在，好像實驗完全是自己發生似的。

- ✔ 這項實驗在設計上，可以由以下方式改善……
- ✔ 我可以用以下方式改善實驗的設計……

# 06 科學性模式之外的選擇

Alternatives to the scientific model

大部分的學科都受到科學性模式的影響，然而不同的科目，重視科學模式的程度也不同，主要的差別在於對主觀觀點和量化資料抱持的態度。

## 主觀與客觀

主觀代表著將你的自我、你的個人觀感、意見、經驗或價值觀，帶入你的研究或寫作中。在商討中或藝術領域內，主觀十分受到重視，也就是重視個人情緒、感受、直覺和經驗。它與客觀（傳統科學模式的目標）完全相反。

然而，在許多科目中，則需要將兩者結合：要分析客觀標準，像是研究調查的結果、市場調查或個案研究，以及你的主觀回應，你的感覺、品味、興趣或直覺。（也可參照第 322–323 頁的「善用個人經驗」）

## 非科學學科的量化方式

科學學科通常會避免難以控制變因，或是量化結果的研究。舉例來說，像是依賴性或愛情觀會因時間而改變，但是由於這些改變難以衡量，它們通常不會被科學家研究。

不過，非科學科目通常會找出巧妙的方式，來為這類資料歸類，好讓它能依據某套標準大概地標準化。這使得更廣泛的題目，能以相對客觀的方式接受研究。

## 1 範例分析：對兒童的態度

**A範例**

一個研究者如果想研究人們看待兒童的態度，將會如何隨時間而改變，他就會將目標放在找出可分析資料的客觀方式上，而不只依賴自己的意見。

他可能會選擇集中在熱門雜誌提到「純真」和「善良」等主題，和「教訓壞小孩」的主題互相比較。這麼一來，可能的方法是計算一本熱門雜誌將每個主題分別刊載幾次，並以十年的資料為單位做比較，看看參考的數據是否隨著時間有很大的改變。這就成了量化的資料。

**B範例**

這位研究者可能也得將資料小心分類，好弄清楚該配合其選擇的主題，選用什麼樣的資料（「純真」和「教訓」）。將主題和用字分類，就牽涉了一些主觀性，因為人們對同樣的字詞會有不同的認知。

舉例來說，有人引用雜誌裡所說的「好孩子會照媽媽說的話去做」，而這可能代表這個小孩聽話是因為他教養良好，或他是因為天性善良而聽話等等。

## 2 定性分析

定量和定性之間，難以劃分出清楚的界限，正如上面所提的對兒童的態度一例。在這個例子中，研究者需要針對何為「善良」和「教訓」做出主觀的判斷。通常社會科學研究家會告知他們在研究中，扮演了解讀證據的主觀性角色。

社會科學和藝術科目會在可能的情況下，將目標放在客觀及量化上，但也對主觀性有濃厚的興趣，也就是決定和解讀是如何達成的。他們接能接受主觀與客觀的重疊。

身為學生，你可能會被要求針對作業中的證據、工作實習中下的決定，或針對藝術、文學等提出定性的評估。你的老師會想看到：

- ✔ 你選擇的細節有多少相關性
- ✔ 你在下決定時所使用的準則
- ✔ 你的解讀是否恰當

# 07 計畫表：學術法則的兩極

Polar opposites in academic approaches

❤ 針對你的科目領域，找出下面的每一點是偏向北極還是南極。答案可能因作業種類而有所不同。

北極

- ☐ 1 用盡一切努力控制研究發生的條件，好讓研究者能決定該控制、衡量哪些變因。
- ☐ 2 結果可以被普遍化，意即研究被重複時，結果仍然真確。
- ☐ 3 數字和標準化的測量，使其更容易推斷出結果。
- ☐ 4 採取客觀的立場，基於證據和事實，而非個人意見。
- ☐ 5 科學家在研究中的角色被盡可能地縮小，也幾乎不受到討論。
- ☐ 6 個別的差異並不重要，重視概括的結果。
- ☐ 7 個人經驗被視為個案而不具重要性，故不會被提到。
- ☐ 8 用字遣詞科學化、中立、客觀，不帶感情，即使研究者對主題充滿熱情。

南極

- ☐ 1 用盡一切努力使研究貼近現實生活。
- ☐ 2 獨特性被視為值得研究的，結果可能無法確切重複。
- ☐ 3 高度重視創意理解。
- ☐ 4 主觀的回應、感受、直覺和創意，被視為有價值的資源。
- ☐ 5 清楚告知研究者的角色，重視討論研究者的存在如何影響結果。
- ☐ 6 重視個案和解讀細節的機會。
- ☐ 7 高度重視個人經驗，視其為洞悉主題和深刻見解的提供。
- ☐ 8 用字遣詞容許寫作者透露出他的個性與感覺。

# 08 各種學術性寫作風格

Different styles

## 各種寫作風格

### Ⓐ 一般的寫作方式

孟特山持續噴出熔岩，岩漿吞噬了沿途的一切東西，我是說一切東西喔，包括村莊！光是想到火山的毀滅性，就令人不寒而慄。火山會造成可怕的災害，想想龐貝城和埃特納火山就知道了！

### Ⓑ 學術文章的寫作方式

為評估是否有必要淨空孟特山下的村莊，主要有三個層面要考慮。首先，最重要的是安危問題，根據地震專家的研究顯示，十年內很可能出現大規模的火山爆發（Jeter, 2016）。根據 Jeter 的說法，此大規模的火山爆發將吞沒方圓 250 公里內的所有城鎮。

比較上述兩種不同寫作風格的異同，並回答下列問題：

- ✔ 其陳述是否完整？
- ✔ 語調聽起來是否正式？
- ✔ 作者的講述語氣如何？
- ✔ 文章表達出多少的情感或情緒？
- ✔ 文章表達的是個人意見嗎？如果是，何以見得？
- ✔ 除作者的看法，還包含了其他人的觀點嗎？
- ✔ 前後句子是否具邏輯性？
- ✔ 文章中是否包含 260–261 和 298–308 頁提及過的重點？

## 學術性寫作的各種風格

學術性寫作除了和一般的寫作有明顯的差異，在學術性寫作的範疇內，也細分出許多不同的寫作風格。其中常見的風格有：

1 描述性的；敘事文（descriptive）
2 辯論／分析性的；論說文（argumentative/analytical）
3 評估／分析性的（evaluative/analytical）
4 作者的個人經驗（personal）

## 找出合適的學術性寫作風格

如果報告是教授指定的，那麼選擇適當的學術性寫作風格，就顯得更加重要了。觀察下列兩個範例，此兩篇引言回應了兩個問題：亨利四世在成為法國國王之前，面臨到了哪些問題？他又是如何解決這些問題的？第一個問題依循了第 266–267 頁的指示，每篇論文標題都包含一個明確或暗藏的問題；第二個問題則使用的描述性的寫作方法，提供了和問題無直接關係的背景細節。

**範例 A**

1598 年，飽經戰爭的法國授命亨利四世為法國國王。法國自從半世紀前的亨利二世駕崩後，就因為宗教和政治的因素而分崩離析。亨利四世於此所面臨的問題主要包含三大層面：如何解決法國境內的天主教與新教之衝突、如何壓制吉斯家族和波旁家族等對皇家權勢所造成的威脅，以及如何重振當時的法國經濟。本篇論文將逐一探討這三大層面的問題，並且討論這三大問題是如何環環相扣的。透過此一探討，將可以看到亨利四世如何擊破、解決問題，並且顯示他最後終於成功地解決了這些看似極為棘手的難題。

**範例 B**

亨利從小生長在那瓦爾國的山區，由祖父撫養長大。他的祖父信仰虔誠，亨利受其影響也成了新教徒。由於信仰的原因，祖父期望亨利能懂得領略生命中的簡單之美，田野、花卉、健康簡單的食物，以及一切的大自然之美。亨利小時候就擁有許多自由，他可以赤腳在山野中行走，和動物嬉戲……

將這兩個範例和第 260–261 頁的〈學術寫作的共通特點〉作比較。而哪一篇範例的作者，會更擅長於寫案例觀察（第 312–313 頁）的報告呢？

# 09 描述性的寫作（敘事文）

Descriptive writing

在大部分的學校報告中，都可能包含描述性寫作。就某種角度來說，這也是最早一種的寫作方式，我們在日常生活中對於事物的描述，所使用的表達方式就是描述性的。因此，我們很容易在做描述性表達時，因為在細節上著墨過多，而忽略了去凸顯主題。

在高等教育中，學校會為了培養你的描述能力，而要求你寫描述性報告。而其中通常也帶有其他目的，諸如：

- ✔ 在實驗課中，讓自己更能正確掌握學習方法。
- ✔ 讓自己更能掌握主要背景的資料，以便接下來能夠在更細節的資料中做分析。

## 1 描述性寫作的要求

1. **描述到底發生了什麼事**：例如，在一篇歷史論文中整理出主要事件，或是概述自己在某一專案報告中所採用的方法或結果。
2. **描述主要的特徵或功能**：例如，在生物報告中描述不同的身體器官。
3. **對某一理論或某一文章總結出主要重點**：例如，在報告中提出某一著作的重點，或是整理出其他人的觀點。

## 2 好的報告應包含的要點

1. 指出應該包含哪些相關主題。
2. 指出在報告內容中最為相關的事件。
3. 內容明確、精確且正確。
4. 循序漸進，論點的提出順序恰到好處。
5. 在描述過程中能一直掌握住重點。
6. 指出所描述內容的重要性。

## 範例：描述性寫作

仔細觀察下列兩篇不同的描述性寫作。

### 範例A 認知心理學報告

**方法論**

**參與者**

每一組狀況都有20位以英語為母語的人士參與，總計有40個主題。各組狀況會搭配不同的年齡和性別。

**流程**

（見附錄一）每一個參與者皆分開個別接受測試，他們須判斷回答電腦螢幕上所出現的5個字母字組（例如yongt），是否為單字。如果認為是單字，就在鍵盤上按「y」；反之則按「n」。……

### 範例B 社會學科的專案研究觀察

那位男子並未和那個小孩有什麼互動。火車駛進艾里車站。他看看摺疊式嬰兒車，觀察要如何把它推出車門。他又往車窗外望了望，小孩指著車門，身子靠向男子。男子立刻靠向小孩，聽他在說些什麼。

小孩說道：「快到了嗎？」

男子回答：「現在還沒有，但是再五分鐘就可以下車了。」小孩仍靠著男子，男子抬起頭，沒再說什麼。小孩轉過身，把泰迪熊扔在座位上，男子彎了彎身，把泰迪熊撿起來，放在小孩的大腿上，說道：「拿好。」

他們互相對看了一下，小孩露出了一下微笑，接下兩人移開目光，各自望向相反的方向。

從以上這兩個範例可以看出，因為主題的不同，描述性寫作的差異性變化也是很大。仔細觀察期刊文論的寫法，以及你修學領域的各種文章範例。針對你的研究主題，找出一個最合適的描述性寫作風格。

# 10 辯論／分析性的寫作（論說文）

Argumentative/analytical writing

大部分的老師都想要看到論文具分析性，仔細檢視「到底是什麼？」和「到底為何？」等問題。〈第 10 章〉對於分析式思考有詳細的探討。老師們也希望論文具「推論性」，去討論想法和意見，並展現出邏輯。在一篇具有說服力的論文中，作者會試著影響讀者的意見、想法或行動。

**❤ 什麼是智力？**

- 在兩份大報中，找出它們的社論。
- 作者如何試著說服你去相信他們的論點？

## 是什麼造就好的論說文？

要有效地提出論點，你需要做到以下幾點：

1. 提出一個觀點或意見，以及支持它的一套邏輯。
2. 提供證據或範例，來支持你的論點。
3. 提出證據的出處，並證明它是可靠的。（舉例來說，它不應該全是你的個人經驗，也不該是你從別人那裡聽說的東西。）
4. 展現出你已經將其他所有與你的情況或論點有衝突的論點列入考量。
5. 能夠有說服力地說明你的論點或立場為何最好（也就是說，你的想法是對的）。

如果你只是說「嗯，我是這麼想的」或「那是我的經驗」，而沒有認真考慮其他的可能性，就會顯得沒有說服力。

## 寫出你的論點！

### ❶ 陳述你的立場

- ✔ 用一句清楚明瞭的話，歸納出你的論點。
- ✔ 不要想站在中間分界線上。你的語氣可能會顯得過度小心，而且表現出正反兩方都有優勢，只是你覺得哪一方較有說服力。

### ❷ 支持你的論點

- ✔ 說明為何你證據在法庭上站得住腳，它真的具說服力嗎？

### ❸ 考慮反方

假設你的讀者不同意，而你必須用好的證據和例子來説服他們。

- ✔ 對方可能會如何與你爭辯？
- ✔ 對方可能有什麼證據？
- ✔ 你如何能說服一個立場中立的人，讓他相信你的情況與你的證據較好？

省思日誌 8-3

**❤ 發展一篇論說文**

- 選擇你有強烈感覺的主題。
- 你的意見是什麼？
- 列出你持該主張的理由。
- 列出可能的反面論點。
- 你可以怎樣回應這些論點？
- 利用下一頁的計畫表寫出你的論説文。

# 11 計畫表：論說文的架構

Framework for an argumentative essay

主要提案／假說／論點

**正面的理由或論點**

1 ______
2 ______
3 ______
4 ______

**證據與例子**

1 ______
2 ______
3 ______
4 ______

反面的論點

1 ______
2 ______
3 ______
4 ______

理由與證據

1 ______
2 ______
3 ______
4 ______

為何我的論點較有力、反面論點的邏輯或證據漏洞

1 ______
2 ______
3 ______

結論

# 12 評估／分析式寫作

Evaluative/analytical writing

就算從作業的標題無法明顯看出來，大部分的學術寫作都會包含一項評估的元素。你也許會被要求評估：

- 兩項或兩項以上的思想流派。
- 兩個或兩個以上的理論家。
- 數項物品、模式或想法，對於某個目的來說最好。
- 另一個作家將某主題分析得如何。

## 評估式寫作的特色

### 1 比較

找出相似點，並展現出你能在整體的相似度當中，察覺到小異處。

### 2 對比

將不同項目對比，以帶出它們之間的不同之處。

### 3 評估重要性

評估任何相似處或不同處的重要性。它們重要嗎？它們對於該使用哪一種模式，或針對可能的結果（哪一種動物較可能生存下來，該提供哪種治療法等等），是否有重要的訊息？

### 4 下判斷

指出哪一個理論或哪一邊較好。以一項證據的分析為基準，為你的想法提出理由。

### ❺ 表明你的判準

表明你達成此一想法所使用的判準，例如你使用了資料或研究證據，當作你決定的基礎。

## 「比較與對比」的資料要平衡

在評估式論文中，像是「比較與對比」的論文，要注意你用來比較的資料要平衡。

### ❶ 「比較與對比」同一個類別層級的東西

假設你被要求比較、對比兩種動物的棲息地。首先，你要以最基本的類別層級來比較它們，清楚表明你在做比較。例如，比較鳥和哺乳類（見 274 頁的圖表），接著你可以比較布穀鳥和海豚，這兩種動物也屬於同個類別層級（在圖表中，是在較低層）。你不應該拿布穀鳥與哺乳類做比較，因為它們不是對等的概念，它們在金字塔裡的層級不同。

### ❷ 資料的平衡

假如你使用某個關於布穀鳥的個案研究資料，就要在可能的情況下，也使用一個海豚的個案研究資料，使它保持平衡。

### ❸ 檢查你的內容是否平衡

當你完成一份草稿時，利用概念金字塔，幫你寫出來的東西做計畫。

你可能會發現自己在某些部分失去了平衡，例如在一個中級層級的主題上（鳥），而在較低層級的部分又放了太多範例（布穀鳥、蒼頭燕雀、孔雀等等）。相對的，你可能對於基本分類的哺乳類提得太少，卻提出十種特定關於海豚的研究。

這樣的論文會顯得不穩，它無法將對等的東西加以平衡。使用你的圖形式筆記或金字塔，針對每個層級選出數目相近的範例。

# 13 為「比較與對比」式論文組織資料

Organizing information for "compare & contrast" essays

**針對比較與對比式的論文整理資料，有個簡單的方式，就是做一個表格，然後將資料填寫在適當的空格中。**

一個空格內放一個理論或項目。將相似處放在一起。將不同處放在一起。
最後，將表中的要點寫成導論和結論。

導論

主題

| 要比較與對比的部分 | A 鳥 | B 魚 |
|---|---|---|
| 相似處<br>1 團體行為<br>2<br>3<br>4 | 鳥群 | 魚群 |
| 不同處<br>1 呼吸方式<br>2 移動方式 | 飛行（翅膀） | 游泳（鰭） |

相似處與不同處的重要性。（我如何決定某個項目是否重要？）

結論。（將讀者的注意力拉到要點上）

第 321 頁有空白表格可供使用。

下面提供三種寫出這類論文的方法。不論你使用哪一個方法，都要貫徹始終。在你開始用表格寫作之前，最好先在空白紙上規畫出你的要點（見 269 頁）。

## 1 方法一

這個方法很直接，但使用的字數較多。

- ✔ 縱向使用表格。
- ✔ 寫出 A 欄中所有的要點。
- ✔ 寫出 B 欄中所有的要點，與 A 欄的順序相同。
  將類似或相反處標示出來。
- ✔ 其他的欄位也照做。
- ✔ 整理出相似處和不同處的重要性。

## 2 方法二

- ✔ 橫向使用表格。
- ✔ 從 A 欄中選出一個項目，與 B 欄（及其他欄）
  做「比較與對比」。
- ✔ 看 A 欄中的下一個項目，再和 B 欄（及其他欄）
  做「比較與對比」，一直做到涵蓋每一點。
- ✔ 整理出相似處和不同處的重要性。

## 3 方法三

假如項目間太過相似，看起來幾乎相同，就在導論中說明你會一次探討完相似處，再分別討論相反處。

- ✔ 描述 A 和 B 相似處之一。
- ✔ 一直持續到涵蓋所有的相似處為止。
- ✔ 比照上面的方法一或二（看哪一種讀起來最清楚），
  繼續比較相對的項目。
- ✔ 整理出相似處和不同處的重要性。

# 14 計畫表：「比較與對比」論文的架構

Framework for a "compare & contrast" essay





導論：

主題：

| 要比較與對比的部分 | A | B |
| --- | --- | --- |
| 相似處<br>1<br>2<br>3<br>4<br>5 | | |
| 不同處<br>1<br>2<br>3<br>4<br>5 | | |

- 相似處與不同處的重要性。（我如何決定某個項目是否重要？）

- 結論。（將讀者的注意力拉到要點上）

# 15 善用個人經驗

Using personal experience

檢視自己的個人經驗，通常能幫助學習更具體。回想發生在你身上的事，或你先前如何處理類似的經驗，能幫助你思考，就算你沒有在寫作中直接提及這些經驗。

確認你的課程是否期望你寫到個人經驗。有些科目希望你這麼做，但在其他科目中，這樣反而不妥。

## 利用經驗寫作

利用你的個人經驗當作出發點。考量到你的經驗中，能提出什麼教訓，接著開始進行研究。不應將個人經驗當作你的主要證據，除非老師特別做這種要求。假如你在寫作中放入個人經驗，要考量到它的典型程度。

- ✔ 有沒有任何現有的研究？
- ✔ 你有聽說過相關報告或文章嗎？
- ✔ 這能顯示你的經驗的確是普遍的嗎？
- ✔ 將你的經驗和他人的做比較。假如和別人的不同，原因是什麼？
- ✔ 敘述要簡短，避免一長串的清單和事件的細節。
- ✔ 對於提到的任何人（提出姓名，或可明顯看出你指的是誰）要小心。確認他們不介意被寫進去，尤其是如果他們認識將批改你論文的人，更要小心。

## 分析你的經驗

- ✔ 它與你的課程有何相關？
- ✔ 它如何連結到你學習過的理論？
- ✔ 你的經驗如何支持或牴觸課程中某個作者或理論家的看法？

✔ 從中能歸納出什麼教訓嗎？
✔ 從中能做出什麼通用的結論嗎？
✔ 有什麼證據可顯示你的經驗是典型或不尋常的？

**範例**

❤ **假設你在寫自己的經驗時，寫道：**

- 用這種方式工作，我發現我的壓力較少，成果也改善了。

❤ **你可以暫且做出這樣的歸納：**

- 看來少了壓力，能創造出更有效率的成果。

❤ **接著，你就需要提出這類問題：**

- 這個結論的有效性如何？
- 別人跟你有同樣的感受嗎？
- 有沒有什麼情況，是壓力的存在能創造出更好的成果的？

## 個人寫作和學術性寫作的不同之處

**個人寫作**

- 情感的
- 可來自直覺
- 主動的口吻：「我 得……」
- 可寫軼事
- 資料來自一人
- 主觀
- 離題的小地方可能也很重要

**學術寫作**

- 邏輯的
- 使用理性
- 被動的口吻：「有人發現……」
- 使用證據
- 廣泛的資料庫
- 客觀
- 要嚴格遵守邏輯順序

# 16 如何能得到好分數？

What gets good marks?

要得到高分，你不一定要花長時間用功。不過，你需要的是：

- ✔ 正確地指出目標或問題
- ✔ 發現潛在的問題
- ✔ 確認你需要達成哪些目標

雖然每個科目領域都有自己一套作業評分方式，下面列出的整體要求，也針對評分方式提供有用的方向。

## 1 最低分

以下的人會得到最低分：

- ✔ 結構太弱
- ✔ 內容放太少研究、想法或意見
- ✔ 大部分都在敘事，沒有什麼分析或辯論
- ✔ 只考慮單一觀點

老師的評語可能會像這樣：

- ✔「你只是從我課堂的筆記裡拿東西出來寫，然後再從書裡拿幾句出來稍微改一下，而沒有仔細去想為什麼這是個重要的問題。」
- ✔「這名學生似乎把他對這個科目所知的東西全寫出來了，沒有按照順序，又犯了許多錯誤，而且答非所問。」

## 2 不錯的分數

以下的人會得到不錯的分數：

- 對潛在的問題展現出某些理解
- 到符合老師設立的標準
- 回答題目問的問題
- 建立一個論點或觀點
- 有下結論
- 展現出科目領域內，不同議題或概念之間的關聯
- 揭露一些想法和意見
- 將資料整理成特定的架構
- 提供證據和範例，支持你的論點和要點。

## 3 高分

拿高分的人，除了做到拿「不錯的分數」需要的條件之外，還要：

- 展現出對於主題的重要性透徹的理解，包括潛在的問題和隱憂，以及可能引起爭議的點、會引起爭議的原因。
- 展現出你理解主題如何連接到科目領域以外更大的題目。

# 17 利用老師的評語

Using feedback from tutors

## 如果我的作業拿到壞成績，怎麼辦？

雖然像「B」或「60%」這樣的「分數」可以當作你表現的指標，你得到的評語更重要。假如你拿到的作業上，寫滿了老師的評語，你可能會覺得很沮喪、想把作業丟掉，但還是一定要閱讀這些評語，它們可能是你通往好成績的門票。

老師如果在寫評語時，顯得很沒神經，容易讓人心情低落。有時候這是由於他們的教學方式不佳，但也要記得不要過度在意他們說的話。最好不要把尖銳評語的矛頭對著你個人，而專注在文字背後提出的問題。

此外，對於分數有強烈的感覺，也十分常見，尤其是你所做的努力似乎沒有反映在分數上時。你可能會覺得很生氣或失望，或想完全放棄。

不要放棄！等個一兩天，再開始行動計畫。

## 利用老師評語的行動計畫

看過你的作業和老師的評語，持續問自己：「這可以如何幫助我改善成果？」

**行動計畫**

| 主要問題 | 次要問題 |
|---|---|
| 2 分段 | ① 拼錯作者名字 |
| 3 列參考資料 | 3 標點符號錯誤 |
| ① 架構 | 2 錯字 |

1 在每個評語後面，確認你是否了解老師為何寫下這樣的評語。將任何你覺得對下一份作業有用的評語標示出來。

2 將一張紙分成：
- 主要問題：讓你失去很多分數的部分，例如答非所問、缺乏證據、論點太差、架構太弱。
- 次要問題：拼字、標點、文字。

3 閱讀老師的評語，將它們列在「主要問題」和「次要問題」之下。

4 將這份清單與你之前作業列出的清單作比較。哪個評語出現一次以上？

5 按優先順序，將這些項目編號（1 為最迫切改善的項目），或使用第 140 頁的「優先順序安排計畫表」。

## 做出改善

- [ ] 1 從每份清單中選擇一、二或三項優先處理的問題，在下一份作業中加以改善。為自己設下實際可行的目標。
- [ ] 2 考量你將如何處理清單上的每一項。不要慌張！要正向思考。
- [ ] 3 確認你了解自己為何會得到這樣的評語。
- [ ] 4 重新閱讀這份指南中任何相關的部分。
- [ ] 5 與其他學生討論你的作品。
- [ ] 6 假如有你不了解的評語，或你不清楚自己為何會得到這樣的分數，請老師向你解釋。
- [ ] 7 假如不清楚該如何改善你的「優先改善區域」，詢問老師的建議。
- [ ] 8 找出如何得到好成績——發問！
- [ ] 9 詢問老師，請他們提出希望你做到的成品範例。

# 18 兩篇論文範例

What is an essay like?

## 論文範例（一）

這是一篇大一學生 1,500 字論文作業的範例。完整讀過一遍。論文的對象應該是不太了解題目的「具理解力讀者」，所以它是不是在你的科目領域內，無關緊要。知道論文的內容是什麼後，就將自己當作評分老師來看待它。這能讓你更了解老師在看論文時，想要看到些什麼東西。

即使你不了解這個主題，你仍然能根據第 289 頁「修潤與整稿注意事項」清單，或是第 324–325 頁「如何能得到好分數？」清單中的標準，來進行評估。將你的意見寫在論文旁邊或日誌裡。將你的意見與 330 頁的作比較。閱讀這些意見，是否改變了你對自己批改論文方式的看法？

### 問題組

- Bowlby 的依附理論，如何受到後來研究的修正？
- 依附理論對於兒童照顧的觀念如何造成影響？

### 論文一

依附理論源自 Bowlby（1907–1990）的研究。理論內容是，嬰兒對母親形成情感依附的能力，對於他的生存以及日後發展十分關鍵。這引發一些問題：什麼情況能影響母子的聯繫，以及不同類型的分隔對兒童會造成什麼影響。本篇論文專注於 Bowlby 對於母性剝奪的研究，以及 Mary Ainsworth 早期與晚期的研究似乎支持了 Bowlby 的依附理論。它同時也探討了後期對於該項證據的質疑，它表示短時間的分離，對於依附或兒童的發展並不會有負面影響。論文中將會討論這些理論對於日間看護的相對影響，並導向結論。

Bowlby 的依附理論最初聲稱，兒童與其看護者之間若要建立聯繫，必須要由同一位看護者持續提供愛與關懷（母親或「永久的母親替代者」）。他認為，少了這些，建立聯繫的機會就永遠流失了，而該名兒童也很可能會成為少年犯罪者。這項理論原本為一項「母性剝奪」的理論。後來 Bowlby 更專注於兒童一歲時的發展，他認為兒童在這個階段組織他的行為，來平衡兩種互補的傾向：一個是「促進親密度行為」，將母親視為安全堡壘；另一種是遠離母親的「探索」。Bowlby 認為，嬰兒會針對與母親的關係，建立一種「內在的行為模式」，日後將成為所有其他人際關係的基礎。他提出，母親應該為了讓兒童發展這些行為而在家帶小孩，而且日間看護會造成傷害。

Bowlby 的想法在當時廣受政府歡迎，因為二次世界大戰後，出現男性工作短缺：戰時的日間看護工作，使得許多女人都離家工作。同時也有其他證據，似乎支持了 Bowlby 的看法。Goldfarb（1947）將持續接受九個月領養照顧的兒童，與受育幼院養育的兒童做比較，他發現接受領養的兒童較少遇上智能、社會與情感上的問題。同樣地，待在醫院中的兒童，對於日後與父母重逢顯得情緒不穩、缺乏情感（Robertson 1967–1973）。Bowlby 本身對於青少年犯罪的研究，也將兒童時期的母性剝奪情況，視為常見的因素。

後來，這項研究有許多證據遭到修正。Bowlby 的青少年研究，是以戰後的難民為依據，這段時間出現了不尋常的情感創傷與崩潰。關於 Goldfarb 的研究，Tizards（1970 年代）發現雖然家庭可能對兒童的成長造成負面影響，原因卻可能來自缺乏鼓勵的環境，以及保育員的高流動率。有些育幼院中的四歲兒童，經歷過超過五十個保育員。同樣地，Robertson 研究中所提醫院的情況，情況十分冷清，父母並不被歡迎造訪，兒童的病況也十分嚴重。這與氣氛活潑的育幼院不同，裡面的兒童身體健康，而且每天晚上都回家見父母。

雖然 Bowlby 的母性剝奪理論廣泛遭到質疑，Mary Ainsworth（1978）現今廣受引用的「陌生情況」實驗，基礎卻建立在 Bowlby 對於探索與分離造成焦慮的想法上。以「陌生情況」為基礎的研究，似乎支持 Bowlby 以及反對兒童看護的看法。然而，從「陌生情況」提出的結論，受到一些批評。Clarke-Stewart 認為，「陌生情況」並沒有將母子通常分開的距離列入考量。像是日本和美國的文化，在重視兒童獨立的程度就有所不同，因此對於「陌生情況」的解讀也就大相逕庭（Super and Harkness 1981）。

在評估以 Bowlby 理論為基礎的研究時，有一個難處，就是尋找有力的比較對象。多數研究傾向以承受經濟與社會壓力的美國母親為主要對象，但她們卻無法代表所有的母親（Burman 1994）。有一個關於日間看護兒童的有用對照組，是小孩子的情緒化讓母親無法去工作，而造成母親情緒低落。待在家照顧兩個五歲以下兒童的母親，很可能會情緒低落。母親的情緒低落，也與青少年犯罪有關。這表示，日間看護可能對母親和兒童都有好處。

Bowlby 最初的依附理論遭到修正：現在較不著重於「關鍵時期」、早期聯繫較弱的不可逆轉性，以及單一、持續的母性照顧之必要性。分離和重聚的行為仍被視為日後發展困難的指標，不過現在也將許多其他因素，例如婚姻不和諧，列入考量中。該理論的修正帶來了兒童看護、醫院與育兒環境的改變。雖然「母性剝奪」理論仍然廣受歡迎，現在許多專家都同意假如家庭和日間看護的環境良好，日間看護是有其益處的。

**參考資料**

Burman, E. (1994). *Deconstructing Developmental Psychology.* London: Routledge.

Oates, J. (1995). *The Foundations of Child Development.* Milton Keynes: Open University.

Smith, P.K., and Cowie, H. (1988). *Understanding Children's Development*. Oxford: Blackwell.

## 評語

整體來說，這是一篇合理的論文。好的地方包括：

- ✔ 導論和結論（見 266–267 頁）
- ✔ 清楚明確的邏輯，整篇論文都依照導論的方向走
- ✔ 想法有條有理，分段也分得好
- ✔ 風格十分清楚明瞭
- ✔ 以正面和反面來評估研究證據
- ✔ 作者的觀點（整體來說，不同意 Bowlby 的理論）與邏輯清楚

不過這篇論文仍有可以改善的地方，可拿到更高的分數。例如：

1. **長度**：這篇論文頗短，只有 850 字。以 1,000 字的字數限制來說，應該要介於 950–1,050 之間。作者可以說得更多，例如關於陌生情境的理論，他並沒有清楚說明理論內容。
2. **實踐導論中提出的承諾**：在導論中，作者說會在論文最後，將日間看護的想法做個整理，卻沒有這麼做。相較於理論的討論，日間看護受到了忽略。
3. **回答問題**：因為作者忽略了日間看護這一塊，他並沒有正面回答到問題的第二個部分。可再回頭去看一次題目。
4. **內文中的參考資料**：雖然這篇論文參考資料列得很齊全，第六段中提出好幾個說法，卻沒提到證據的出處。
5. **最後的參考資料**：雖然內文中提到的資料都清楚寫出，卻只有幾個資料來源在最後完整列出。所有的參考資料都要在最後完整列出。

## 論文範例（二）

現在，將下面針對同一題目寫的另一篇論文前半部，與前面的論文範例（一）做比較。

論文二

**Bowlby 的依附理論如何受到後來研究的修正？**
**依附理論對於兒童照顧的觀念如何造成影響？**

心理學的世界中，充斥著許多關於兒童的理論，有些較為有用，不過每個理論都對兒童的整體了解有所助益，因此沒有一個理論是完全沒用的。關於「依附」的理論便是如此，它是由一名叫 Bowlby 的心理學家提出的。Bowlby 理論的主要元素有哪些呢？嗯，首先是他早期關於依附的研究。第二，還有他把理論融入後來關於母性剝奪的想法中。當時有很多研究支持 Bowlby 的理論，他的想法對於社會也很有用，所以在他的年代中，有許多追隨者，也就不令人意外了。後來，他的一些想法被推翻了，但有些想法則被 Mary Ainsworth 提出。她發展了一個叫做「陌生情境」的東西，後來受到許多注重兒童福利的人注意。

Bowlby 相信，假如媽媽沒有在兒童的早期童年中一直陪在身邊，對這名兒童會是一件很糟的事。他非常反對母親出去工作的想法。在戰爭期間，許多母親將小孩放在政府設立的特殊托兒所。這些托兒所讓女性能在工廠裡製作軍備武器、出門種植食物，或進行任何先前男性在做的工作。許多女性很享受這份新得來的自由，也學習了新技能，像是建橋、開公車或當雷達兵等等。Bowlby 認為，女性的新收獲是以兒童為代價換來的。他舉出在戰時被拋棄的兒童為例，顯示缺乏良好母性照顧，導致這些兒童日後出現犯罪行為，以及其他嚴重的終生問題。之後，Bowlby 提出說，假如有適當的照顧者能夠一直陪伴在小孩身邊，讓小孩持續得到照顧，母親不在身邊也是可以接受的。他覺得小孩能夠從這名照顧者或母親身上，學到如何建立關係。所以基本上，假如一個小孩沒有母親，他就對於如何建立關係沒有概念，那他就沒有用來建立其他關係的碁石，這會使得建立關係變得困難。他事實上受到 Lorenz 想法的影響，Lorenz 發現在關鍵年齡缺乏母親的小鴨，會將其他物品，像是玩具，視為母親。Bowlby 說嬰兒也有這種與母親建立聯繫的關鍵年齡，實際上是九個月。Harlow 發現，猴子也會受到影響，而且長大後會無法照顧自己的孩子。

Mary Ainsworth 發現，假如讓嬰兒與陌生人共處，他們的行為會因與母親的關係是否良好，而有所不同。她說嬰兒在陌生人身邊的行為，以及稍後對於母親放他與陌生人獨處的反應，讓人能從中預測這個小孩日後會不會是犯罪者。她說她這項利用陌生人情境的實驗，顯示出接受日間看護的嬰兒，日後較可能成為犯罪者。

## 評分

利用第 291 頁或 324–325 頁的清單：

- ✔ 將你認為有待改善的部分畫底線。
- ✔ 把自己當作老師在給學生建議，在空欄處寫下評語。
- ✔ 你能不能看出為何〈論文一〉的分數會比〈論文二〉高分？

練習評語：完成後，將你的意見與下面的意見做比較。

1. **焦點**：第一句範圍太廣，對論文沒有任何幫助。
2. **精準度**：整體來說，用了太多字、說了太少東西。這表示作者在這篇論文中能涵蓋的東西，無法像寫作精準的人那麼多，會因此而失分。（尤其是第 3–5 行以及 22–25 行）
3. **邏輯性**：從導論中看不出來作者的邏輯或主要論點是什麼。
4. **處理問題**：論文的前半段沒有處理問題，Bowlby 的理論如何受到其他研究的修正。
5. **架構**：早期認為 Bowlby 理論有用的說法可以省略，因為稍後有提到這個部分（第 6–8 行）。
6. **細節**：關於女性在戰時進行的活動，提供過多細節。嚴格說來，這與論文本身無關，浪費了珍貴的字數。
7. **分段**：第 2 段太長了，而且中心要旨不明確。
8. **參考資料**：參考資料沒有寫時間，例如 Lorenz（第 25 行）和 Harlow 的研究（第 28 行）。
9. **精確度**：內容提到的一些參考資料十分模糊。〈論文一〉明確寫出 Bowlby 的研究有兩個階段，但〈論文二〉對這個部分寫得並不清楚。
10. **用字**：像是「基本上」和「事實上」這樣的用詞，通常不會用在學術性文章中（第 23 和 25 行）。
11. **清楚**：有些部分（如第 28–29 行和 31–33 行）可以寫得更清楚些。

# 19 回顧

Review

學術性寫作有一些特定的正式常規，像是不要使用俚語或縮略詞。它十分講求精確，如果你寫的東西太模糊，是很難拿分數的。

在學術寫作中，提出個人意見時，一定要清楚明確。用來支持理論、且有證據的意見，普遍受到學術性寫作的重視。

大部分的學術寫作都受到科學模式的影響，它十分重視客觀與量化的資料。不同的學科對於主觀（你的個人反應）和定性分析（你對於自己在評估證據中，所扮演角色的自覺性）的態度也不同。

在學術寫作中，有四種主要風格。有些會要求你在同一份作業中，使用好幾種風格。幾乎所有寫作都會包含論證與評估的元素。敘述性寫作與個人化的寫作，需要小心處理。

會拿到好成績是有特定原因的，而不只是因為寫的人很聰明。重要的是要知道你的科目如何評分。正向使用老師的評語，不要被看似批評的話嚇退。老師希望越多學生成功越好，他們的評語也出於善意，想幫你改善成績。

假如你利用一套評分的標準清單，自己為論文評分，你會開始用老師的眼光來看待論文。這能幫助你評估自己的寫作，你將可以不用那麼依賴別人的意見，而可以自行判斷自己寫的東西好不好。

第九章

# 專題報告、學位論文、一般報告和個案研究

## 學習大綱

- 了解學生專題報告（project）、學位論文（dissertation）和個案研究（case study）有哪些要求。
- 釐清一般論文（essay）、一般報告（report）和學位論文之間的相似與相異處。
- 為你的專題報告建立研究策略。
- 辨識一般報告和學位論文的主要部分。
- 辨識一般報告中不同部分，需要什麼樣不同的寫作風格。

# 01 寫出專題報告作業

Writing up project work

一般的報告寫作用在實驗、觀察、個案研究，和大部分職業導向的學習上。多數課程在某個階段會涵蓋到專題報告，並要求一份專題報告。你的評分可能有部分或全部以寫報告為基準。準備專題報告或寫一般報告所需要的技巧中，有許多與前幾個章節提到的類似。例如，你將需要：

| | | |
|---|---|---|
| 1 | 選擇在你能力範圍之內的作業題目 | 見〈第 7 章〉 |
| 2 | 善用你的時間 | 見〈第 4 章〉 |
| 3 | 保持高度的動力 | 見〈第 4 章〉 |
| 4 | 以獨立的方式進行 | 見〈第 1 章〉 |
| 5 | 以集中、有計畫的方式閱讀 | 見〈第 6 章〉 |
| 6 | 蒐集、選擇和組織資訊 | 見〈第 6 章〉 |
| 7 | 以批判的方式研究手邊的資料 | 見〈第 6 章〉與〈第 10 章〉 |
| 8 | 進行團體作業時，與他人合作愉快 | 見〈第 5 章〉 |
| 9 | 研究和寫作時，使用恰當的傳統學術寫作方式 | 見〈第 7 章〉 |
| 10 | 編輯你寫的東西 | 見〈第 7 章〉 |
| 11 | 告知你的資料來源、寫參考書目 | 見〈第 6 章〉 |

學位論文就像是較大型的專題報告，這大概是大學生所會遇到最大型作業了。它結合一般報告以及一般論文寫作的某些層面。因為它綜合了多項技巧，學位論文通常安排在整個學程接近尾聲時進行。

學位論文使用的研究方式，可以應用在較小型的專題報告上。早點開始使用這些方法，能幫助你進行專題報告的規畫，並且建立起在寫學位論文時將需要的技巧。

# 02 專題報告的特色

Characteristics of projects

**專題報告的特色**

- **獨特性**：專題報告是獨一無二的，每個專題報告都有特定的目的或概要。
- **知性的**：專題報告都以研究為根據。
- **主題集中**：專題報告集中在深入探討單一主題。
- **另外進行，卻與課程相關**：專題報告通常不同於一般學習或工作的模式。
- **有時間壓力**：專題報告要在一定時間內完成。
- **具挑戰性的**：做出一份專題報告，會需要好的組織、計畫和時間管理。

## 1 獨特性

在每個專題報告中，會有一些層面的不同，例如主題、對象、資料或成品，使這份專題報告與其他人的不同。

老師會期望你的作品是**原創**的。這可能表示你：

- ✔ 拿別人的研究來自行試驗。
- ✔ 設計了一份問卷或調查表，讓你能用自己的資料做研究。
- ✔ 將現有的研究應用在新的領域。

## 2 知性的

雖然你的專題報告將像以上述的那樣「獨特」，你的老師會想看到你使用先前的研究，來充實你自己的報告。

你的專題報告中，應該指出你如何引用先前發表過的資料以及經過歷練的方法，用來創造你自己的專題報告。它應該要清楚表示你自己的專題報告，是如何建立在先前的研究或專題報告上。

## ❸ 主題集中

確認你的報告主題在你的能力範圍內。選擇一個能在時間、字數限制內，合理地研究並完成的主題。有需要的話，將主題縮小，使工作份量更符合現實。避免在時間限制內只能鑽研到皮毛的大主題。

指出你的關鍵問題，讓你有個清楚的目標。你的老師會希望你能設計出合理且焦點集中的專題報告，並使用適當的研究方法。避免蒐集和使用那些雖然有趣，但與專題目標沒有直接相關的資料。

## ❹ 另外進行，卻與課程相關

專題報告通常是單獨進行的作業，與整個課程相關，但涵蓋的範圍是由學生選擇的。向你的老師清楚說明你選擇的主題與課程之間的關聯性，亦即專題報告與課程中的作業和課程內容的相關性。

## ❺ 有時間壓力

專題報告的篇幅通常比一般論文大得多、字數上限也較高，要花更多時間完成。因此，專題報告的時間分配，通常比一般論文更多。專題報告通常需要做比一般論文更多的工作，所以工作量要小心計畫分配。

## ❻ 具挑戰性的

專題報告通常需要思考與事前計畫，得在小地方花心思，例如，你可能得事前預訂房間或資源、確認參與者都有時間、計畫資料等等。這些工作不見得困難，但需要時間以及良好的計畫。通常，專題報告需要你：

- ✔ 選擇好的題目。
- ✔ 辨識出適宜的進行方式，包括記錄資料的方式。
- ✔ 辨識出可善加利用的人、地點和資料。
- ✔ 將整個報告分成較易處理的工作。
- ✔ 做出一份報告。
- ✔ 準時完成企畫綱要。

# 03 學位論文的特色

Characteristics of dissertations

學位論文是一般論文或報告的延伸寫作，需要更廣泛的閱讀和研究。學位論文讓你有機會：

- ✔ 進行有一定份量的獨立學術研究
- ✔ 更深入地去探討你有興趣的相關主題
- ✔ 建立個人專長
- ✔ 以個人名義完成一份研究作品
- ✔ 在你選擇的主題範圍內，探索它的文獻資料
- ✔ 提昇並擴展你尋找、選擇，以及批判式分析資料的技巧
- ✔ 提昇你下決定、工作處理與解決問題技巧
- ✔ 提昇你歸納與呈現研究結果的技巧

## 學位論文與其他論文報告的不同之處

1. **獨立性**：你對於作業的本質與規模有更多掌控權。
2. **個人參與程度**：**學位論文**需要高度的投入。你很可能會十分投入這個工作，並對於最終成果感到驕傲。
3. **時間**：由於這是一份大型寫作作業，你的時間可能全部都花在**學位論文**上。你每日與每週的時間分配，可能會變得與平常不同。
4. **自我管理與動力**：你可能會有更多時間要獨立作業。你將需要保持動力，以及遵從時程表進度的計畫。
5. **蒐集文獻**：這比其他的課業工作規模更大。你需要閱讀更多東西，並精確地加以歸納。在你閱讀時，針對讀到的東西做出精準且有條有理的記錄，這樣你之後就不需要浪費時間，搜尋你想用的細節或參考資料上了。
6. **整體呈現**：你的**學位論文**應該經過仔細地校潤，並能吸引人閱讀，為成為圖書館的館藏作準備。

## 學位論文與其他論文報告的相同之處

### 1 與一般論文的相同之處

- 遵循寫作業的基本程序（見〈第 7 章〉與〈第 8 章〉）
- 遵照學術傳統模式（見 298–300 頁）
- 大部分的內文為連續性的散文
- 需要分析性與批判性的閱讀與寫作能力

### 2 與專題報告的相同之處

- 需要策略與管理
- 需要有系統的進行方式
- 使用自己蒐集的資訊
- 是獨一無二的，不會有別人涵蓋到一模一樣的範圍，或使用一樣的資料
- 是單次、有時間限制的作業
- 使用自己設計的新資料或方法，來測試學科範圍內的理論、假說或研究方法

### 3 與一般報告的相同之處

- 包含一份摘要（見 363 頁）
- 有許多一般報告的特性（見 354–355 頁）
- 架構上分成幾個部分（見 356–357 頁）

# 04 如何選擇題目

Choosing the title

選擇主題是專題報告和學位論文當中，最重要的一部分。作業規模越龐大，早點決定適當的標題就越重要。以下是一些選擇題目的技巧：

## ❶ 具前瞻性

一般期望專題報告和學位論文在某些方面能做出突破，對一個議題、研究方法或實際運用方面，提出領導性的知識和理解。在選擇題目時，要準備好回答這個問題：「這份研究對該主題現有的知識，能有什麼樣的貢獻？」要找出一個新的角度，需要時間、腦力和研究。

## ❷ 小即是美

有些學生在寫**專題報告**或**學位論文**時，遇上了困難，因為他們選擇這樣的主題：

- ✔ 範圍太廣：可能需要好幾年才能完成。
- ✔ 缺乏研究根據：需要將研究建立在過去的東西上。
- ✔ 在企圖開闢新天地時野心太大：你得實際些：就算一個主題是重複先前的研究，或只在某方面做變化，它仍具有「原創性」。

## ❸ 找到適合的位置

用腦力激盪，想出一份可能主題的清單。在做過一些事前的研究之後，將這份清單縮小到合理的範圍內。選擇一個主題是：

- ✔ 你感興趣的。
- ✔ 在其目前的研究中，有所缺漏（老師指出，或你自己閱讀時發現的）。

- 與你住的地方、你的背景、年齡層相關，或任何你熟悉、可輕易接觸的領域。

## 4 建立在過去的東西上

選擇一個這樣的標題：

- 已經過徹底的研究
- 你的老師專精的領域
- 現在已有架構良好的研究方法與技巧
- 你能針對它提出較為不同的觀點（舉例來說，你可能重複一份過去的研究，但使用新的對象、應用在相關領域上，或做些許調整）
- 道德和金錢方面的考量較少

## 5 具體指明你所要研究的問題

- 在你進行資料庫的研究時，將焦點縮小，直到你決定自己將研究的確切標題為止。盡早進行這個動作。
- 釐清你的論文將處理的一或兩個主要問題。你要尋找什麼樣的答案？

雖然你將會把焦點放在處理關鍵問題上，不過標題可以比一般論文的標題更開放些。它可以比較像一個陳述，而不是一個問題。例如：

- 洪水 Smalltown 對當地小型商家造成的影響
- 在豆類植物上應用某一技巧，促進氮的固定
- 使用 XYZ 軟體改善運動表現

# 05 研究策略的七大技巧

Developing a research strategy



## 研究策略的不同層面

1. 計畫
2. 文獻的蒐集
3. 研究的假說
4. 文獻的檢視
5. 研究設計或方法學
6. 蒐集、核對和分析資料
7. 提出結論
8. 寫出報告

## 1 計畫

專題報告和學位論文需要好的管理。以下的計畫能幫助你做到最好的管理：

- ✔ 提出一份行動計畫。（見 63 頁和 367–368 頁）
- ✔ 設立清楚的目標與里程碑。（見 133 頁）
- ✔ 尋求支援，找到能給你動力、並與你分享想法的人。
- ✔ 留下充裕的時間來編輯、列印、影印，並裝訂最後的報告。

### 1 仔細閱讀作業綱要

你的老師將針對如何進行專題報告和學位論文，提供你方針。檢查：

- ✔ 需要的字數
- ✔ 截稿日期
- ✔ 可涵蓋的主題有沒有任何限制
- ✔ 必須考慮的道德問題
- ✔ 指引有用的資源和方法
- ✔ 最終版本的報告要如何呈現

### 2 多多請教論文指導者

- ✔ 指導者或老師能夠提供指導。
- ✔ 早點檢查你走的方向是正確的：篇幅較大的報告很難後來再修正方向。
- ✔ 接受關於標題的建議。
- ✔ 接受關於該閱讀哪些適當資料的建議。
- ✔ 接受該使用何種方法的建議。
- ✔ 找出有哪些能用來分析資料的軟體，以及你能在哪裡學習使用它。

- ✔ 檢查你進行的方向是否正確：你的報告是否野心太大？它是否具備足夠的挑戰性？

## ② 文獻的搜尋

- ✔ 安排時間在圖書館目錄中瀏覽標題，看看有沒有足夠的相關最新資料，是你能輕易獲得的。
- ✔ 在你的大學圖書館中，瀏覽學生的學位論文。感受一下適合你科目的主題有哪些，將字數限制也考量進去。
- ✔ 閱讀固定範圍內期刊文章的摘要，找出日後需要完整閱讀的相關文章。
- ✔ 找出關鍵文章、書本章節、會議記錄、網頁與其他資料。
- ✔ 尋找你能應用的想法或方法。
- ✔ 漸漸將閱讀的範圍縮小到特定主題上。做清楚的筆記。為參考資料寫一份詳細的清單。（見 222–227 頁）

## ③ 研究的假說

大部分的學術報告都包括一個「假說」。你的假說在開始進行研究前就已成形，它陳述了你認為會發生的事情。

「假說」能在決定什麼該閱讀、測量和陳述時，有效提供明確的焦點。（見 358–359 頁）

## ④ 文獻的檢視

- ✔ 閱讀經過選擇的資料，批判式地評估你讀到的東西。（見第 10 章）
- ✔ 尋找「關聯」：一項資料，或是一系列的想法，如何導向下一步？簡短地回顧主題過去發展的歷史。
- ✔ 對於關於主題目前為止的研究發展，寫下簡短的筆記。記下關於主題最有影響力的 5 到 10 項關鍵研究，簡單依每項研究如何影響其他研究，畫出圖表。
- ✔ 指出你的專題報告或學位論文，將如何銜接過去的研究。它對於該主題或方法，會有什麼貢獻？
- ✔ 將這些寫進你的導論中。

## ⑤ 研究設計或方法學

研究設計指的是你進行研究的方法，包含以下各方面：

- ✔ 你需要的資料和數據
- ✔ 蒐集的方法

- ✔ 你想訪問或邀請參與的人數與類型
- ✔ 你希望這些人做些什麼
- ✔ 如何設計問題，以求只達成你所需要的東西

大部分專題報告和學位論文，都是使用透過觀察、實驗、問卷等製作或蒐集的資料。不過，你也可以使用已出版的資料（如官方資料或歷史來源），並以新的觀點來看這些資料。

每個科目都有各自可接受的研究方法，你的老師會提供相關的細節。期刊文章可以讓你大致掌握如何在你的科目領域內製作、分析資料。然而，基礎原則（精確、盡可能客觀和避免扭曲事實）在大部分科目領域中普遍適用。（見 260–261 頁和〈第 10 章〉）

## 6 蒐集、核對和分析資料

計畫蒐集足夠的資料，以達成有說服力且可靠的結果。然而，蒐集與分析資料很耗時，所以要聽從別人的建議，了解你的科目資料數量最低限度是多少。

資料太多對學生報告並沒有幫助，它只代表了你的時間都浪費在蒐集、分類，以及選擇你不能用的資料。

用能幫助你快速整理資料的方式，設計蒐集資料的問卷（見 346–348 頁）。一旦你蒐集到資料之後，就將它整理成圖表或表格，讓你能夠解讀。從中尋找固定模式和趨向，並做相關的比較，你的老師會想知道你對自己的研究結果能解讀得多好。

## 7 提出結論

指出研究假說是否得到證實。假如沒有，是不是有明顯的證據可用來說明這個情形？有需要的話，也可提出建議。

## 8 寫成報告

在你每完成一組相關的工作之後，就將它們寫進報告。報告的不同部分，需要用到不同的寫作風格，第 358–363 頁有更多細節。

# 06 問卷設計的技巧：定量研究

Designing questionnaires I

許多學生的報告都會用到問卷或調查，一份好的研究，其問卷題目的設計優劣，是問卷成敗的關鍵。定量和定性的調查中，都會用上不同種類的問題（定量的調查會需要得到確切的數字）。想知道這兩種研究之間的不同，請見 303–309 頁。

## 1 定量研究問卷的題目設計技巧

在定量研究中，如果對象人數較多（至少 30 人），少量的問題（2–5 個簡單問題）就能得到在處理範圍內、又有其重要性的結果。要得到有用的答案，問卷題目的設計應具備以下特性：

1. 設計簡短、清楚、毫不模糊的問題。
2. 設計少數經過謹慎選擇的關鍵問題，以求得到你實際需要的答案。
3. 避免私人的問題，或可能造成受訪者尷尬、哀傷的問題。
4. 確認每個問題都是單一的問題。（避免在一個題目中問兩個問題）
5. 使用只有「是／否」回答的封閉式問題，或你能計算結果的問題。
   這能讓你更容易記錄、分析答案。
6. 確認問題不會被誤解，可以先請家人或朋友試試。
7. 選擇一群具代表性的對象，切合作業主題。
8. 在控制中的環境進行，使你清楚每個問題是如何提出、又是誰來回答。

**架構良好的問題範例**

1 你較喜歡以下哪一種字型？ ☐ 範例 1 ☐ 範例 2 ☐ 無偏好

2 你是工作人員之一嗎？ ☐ 是 ☐ 否

3 你多久搭一次火車？ ☐ 每天 ☐ 大約一週一次 ☐ 大約一個月一次 ☐ 很少

活動 9-1

❤ **不良的問卷技巧：**以下的題目有什麼錯誤之處？

**問題：你年紀多大？**

1 請圈選右列其中一項： □ 0–20 □ 20–40 □ 40–60

2 你知道誰是現任國安局局長嗎？

3 你贊同死刑嗎？ □ 是 □ 否

4 你喜歡到學校，去校園餐廳吃飯嗎？

## ② 使用比率表

有種蒐集資料的方法，是提供受訪者一系列的敘述，要求他們圈選偏好的回答。或者，你也可以請受訪者在比率表上評分，像是下列範例「比率表問題範例 I」中的偏好比率。或者，也可在每個問題後面放上供勾選的選項，變成「比率表問題範例 II」。

**比率表問題範例 I**

請將您對這個渡假區的意見，在 1–5 的比分當中選出適當者，1 為極差，5 為極好。

| | 極差 | | | | 極好 |
|---|---|---|---|---|---|
| 1 飯店品質 | 1 | 2 | 3 | 4 | 5 |
| 2 當地交通 | 1 | 2 | 3 | 4 | 5 |
| 3 清潔度 | 1 | 2 | 3 | 4 | 5 |
| 4 兒童娛樂 | 1 | 2 | 3 | 4 | 5 |
| 5 購物 | 1 | 2 | 3 | 4 | 5 |

**比率表問題範例 II**

請將您對這個渡假區的意見，在方框中勾選出來。

| | 極差 | | | | 極好 |
|---|---|---|---|---|---|
| 1 飯店品質 | □ | □ | □ | □ | □ |
| 2 當地交通 | □ | □ | □ | □ | □ |
| 3 清潔度 | □ | □ | □ | □ | □ |
| 4 兒童娛樂 | □ | □ | □ | □ | □ |
| 5 購物 | □ | □ | □ | □ | □ |

〈活動 9-1〉的解說

1 20 歲或 40 歲的人應該勾選哪一個項目，並沒有清楚劃分。好的選項寫法，舉出以下兩個例子：
☐ 0–19 ☐ 20–39 ☐ 40–60 ☐ 0–20 ☐ 21–40 ☐ 41–60
2 這個問題並沒有抓到明確的資料。局長是誰？假如對方回答「知道」，你要如何得知他們真的知道？問題應為：
☐ 誰是現任的教育部長？
3 這個問題並沒有捕捉到人們對於這個議題可能的不同立場。問題應為：
☐ 下列哪個立場最接近你的立場？（然後列出幾個編號的選項）
4 這題包含了兩個問題。對方可能喜歡來學校，卻不想在校園餐廳吃飯，或諸如此類。這兩個題目應該分開來問。如果問題是關於是否喜歡在校園餐廳吃飯，可以這樣說：
☐ 你喜歡在校園餐廳吃飯嗎？

## 3 準備工作

如果你希望受訪者自己完成問卷，就要仔細設計問卷在紙本上呈現的方式。

✔ 留足夠的空間，供人回答問題。
✔ 最多放 5 個問題。
✔ 記住多數人只對是非題或有選項勾選的問題有回應。（很少有人會寫下評語）
✔ 記住郵寄式的調查回應率很低，而且你無法得知寄回的調查，究竟是由什麼人完成的。

## 4 記錄回應

✔ 做精確的記錄。
✔ 將研究結果排入表格中。
✔ 設計一個簡單的表格，用來蒐集你得到的回應。

下列表格能讓研究者快速且清楚地記錄每個受訪者的身分與性別分類，以及偏好何種字型。

**偏好的範例字型**

| | 女性 | 男性 |
|---|---|---|
| 範例 1 | ☐ | ☐ |
| 範例 2 | ☐ | ☐ |
| 無偏好 | ☐ | ☑ |

☐ 員工 ☑ 學生

★ 註：該答案來自男性學生，對範例字型無偏好。

# 07 問卷設計的技巧：定性研究

Designing questionnaires II



## 定性研究問卷的題目設計技巧

在定性研究中，學生報告中通常只會包含一到兩個人或物。然而，好的問題技巧常能鼓勵受訪者多加表達自己。事前準備禮貌性的提示句，鼓勵受訪者回到你想討論的主題上，像是：

- ✔ 關於您之前提到的一個點，我想再多了解一下……
- ✔ 這很有幫助，謝謝您。我也想請問一下……

少數的開放式問題，通常會得到許多資料，這些資料將需要不少時間分析。好的問題設計，包含了以下特性：

- ✔ 開放式：鼓勵受訪者做出多於「是／否」的回應。
- ✔ 有重點：鼓勵受訪者回答你在研究的問題。
- ✔ 能使受訪者從不同角度來思考一個問題：例如，「參與引導式學習的優點是什麼？」和「它的缺點是什麼？」
- ✔ 沒有偏見：不會將受訪者導向某個特定的答案，像是「我想你認為參加並不是個好主意？」或「我聽說你很高與能參與？」

## 評估你的問卷

1. 需要多少時間完成它？
2. 這個時間合理嗎？
3. 它會得到我需要的資料嗎？
4. 每個問題都是必要的嗎？
5. 每個問題都是單一問題嗎？
6. 別人能不能了解這些問題？
7. 有沒有什麼問題，可能會引發不同的理解方式？
8. 有沒有誘導式的問題？
9. 有沒有足夠的選項，讓對方做出精確的回應？
10. 問卷的版面設計是否能鼓勵對方完成它？
11. 回應是否能輕易記錄？
12. 回應是否能輕易分析？

# 08 訪談技巧

Interview techniques

## ❶ 事先做準備

做好準備能幫助你掌控訪談過程，使訪談集中焦點，並控制在合理的時間限制內。

- ✔ 事前做好準備。
- ✔ 想想你要如何在訪談一開始介紹自己？
- ✔ 介紹要簡短而清楚，你要說明這是為了一份學生報告，或提出相關的公司名稱。
- ✔ 你要讓受訪者知道資料的去處。你要怎麼確保保密性？
- ✔ 假如受訪者的回答要存放為電子資料，受訪者必須知情並且同意。
- ✔ 決定你要如何結束訪談。

## ❷ 問題的一致性

通常你要盡可能在相同的情境下進行訪談，以保持一貫性。

- ✔ 在訪談之前，列出一份問卷，問題都加上可能的提示句。
- ✔ 如果訪問者不只有一位，彼此要事前在問題和提示句上取得共識。
- ✔ 多加練習，讓你問問題的用字遣詞，與記錄回應的方式相同。
- ✔ 按照練習進行訪談，用同樣的方式訪問每個人。

## ❸ 進行訪談

熟記你的問題，這樣你才不用當場把問題讀出來，使受訪者更投入。

- ✔ 坐在受訪者的正對面。
- ✔ 利用眼神接觸，並不時微笑。
- ✔ 自信，並有禮貌。
- ✔ 保持簡短，不要佔用別人的時間。
- ✔ 感謝參與的人。

## ❹ 事前演練過程

- ✔ 事前練習整個訪談的過程，確認運作的方式是你想要的。
- ✔ 修正訪談內容，使其更容易進行。
- ✔ 確認你能輕易記錄受訪者的答案。如果不行，是不是因為問題太過複雜，或你需要更好的圖表來記錄？
- ✔ 分析演練的受試者回答。他們是否給了你需要的訊息？如果不是，再設計新問題。

## ❺ 設定規則和限制

如果要與同一個人進行一系列的訪談，像是個案研究，訪談者可能會變得過度投入。要採取對策，確保你保持對訪談的興趣，但立場超然。

- ✔ 清楚告訴受訪者你期望些什麼。
- ✔ 解釋在訪談過程和訪談結束後的情況，以及所需的時間。
- ✔ 明確指出你對於訪談空間或隱私的要求，並與對方就其他可能性溝通。如果對你來說有任何風險，就不要進行下去。
- ✔ 不要做下承諾。
- ✔ 避免分享個人經驗，因為這可能造成無法預知的後果，也可能改變你提出的問題得到的答案。

## ❻ 在較長的訪談後

- ✔ 盡快寫下你的筆記。
- ✔ 如果你需要將訪談完整用文字記錄，就要照本宣科地將對方說的話全記下來，像是暫停、咳嗽、「嗯」和「啊」等等。
- ✔ 拿色筆或鉛筆，看過一遍你的筆記，將提到類似主題的部分標示出來。
- ✔ 將提到的主題列出來，並寫下你能在筆記的什麼地方找到它們。

# 09 呈現與分析資料

Presenting & analyzing the data

## 呈現資料的方式

決定哪一種呈現的方式，最能清楚地展現你的成果。你可能會想用表格、圖表、大餅圖，或類似的東西。為它下一個標題。

### 1 表格

將每個問題的回應加總起來。你可能會想用年齡、性別、地點、職業等與作業相關的類別，當作回答分類。如果你這麼做的話，要在表格的標題中清楚註明。

**表 1 對樣本字型的偏好，以性別分類**

| | 女性 | 男性 | 總計 |
|---|---|---|---|
| 樣本 1 | 8 | 15 | 23 |
| 樣本 2 | 13 | 5 | 18 |
| 無偏好 | 9 | 10 | 19 |
| 總計 | 30 | 30 | 60 |

表格可以用來清楚地將資料分類。舉例來說，表格 2 依性別（兩個選項）和職業（兩個選項）指出其偏好（三個選項）。

**表 2 對樣本字型的偏好，以性別和職業分類**

| | 樣本 1 | 樣本 2 | 無偏好 | 總計 |
|---|---|---|---|---|
| 男性教職員 | 13 | 2 | 0 | 15 |
| 女性教職員 | 4 | 6 | 5 | 15 |
| 男性學生 | 2 | 3 | 10 | 15 |
| 女性學生 | 4 | 7 | 4 | 15 |
| 總計 | 23 | 18 | 19 | 60 |

### 2 長條圖

在使用長條圖呈現資料時，選擇兩樣能互相比較的事物。在水平線（橫軸）上標示被比較事物的細節。

在下面的範例中，橫軸指的是對樣本的偏好。在直軸上標示受測量物的不同處。在下面的範例中，直軸指的是提出不同偏好的人數。

**圖 1 對字型樣本的偏好，依樣本分類**

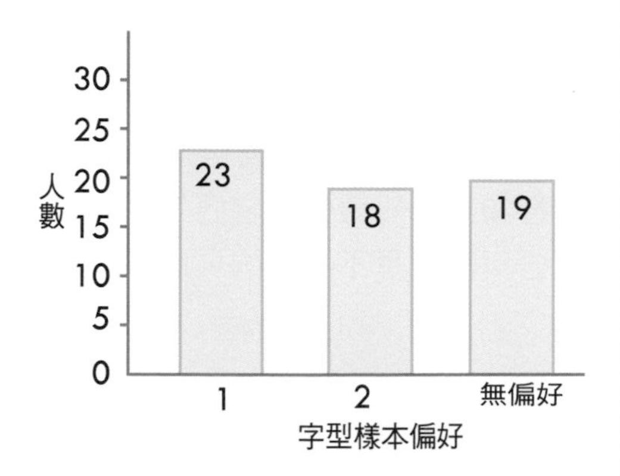


## 3 圓餅圖

圓餅圖用一種能一眼辨識的方式呈現資料。

**圖 2 對字型樣本的偏好，依職業分類**

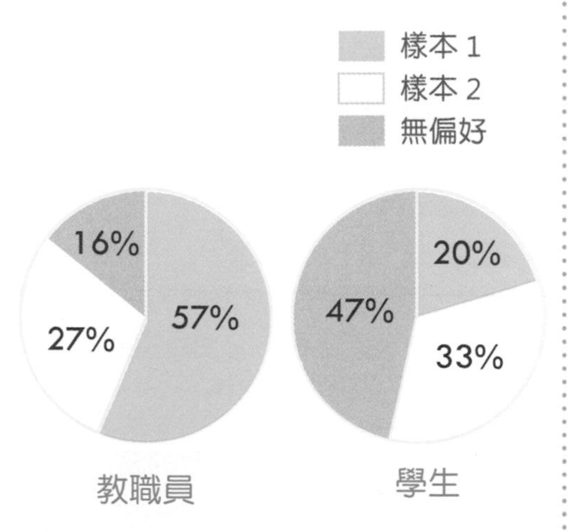


## 分析資料

當你將資料分類整理時，會更容易看出某些模式，並提出結論，就像上面的圖表。以不同方式整理結果並加以比較，是十分重要的。

- 分析你的資料，它透露出什麼訊息？是你期望的結果嗎？
- 你的結果與過去資料庫中的研究比起來如何？
- 有哪些問題因為你設計研究的方式，而使你無法回答？
- 這種設計能加以改善嗎？
- 從你的研究中，可提出哪些問題？

# 10 報告的特性

Characteristics of reports

報告就是正式將一份研究或專題寫出來。報告的寫作風格通常講求精確，提供精準的細節。雖然有許多不同種類的一般報告，它們的架構常十分類似，好讓讀者能快速找到資料。報告與論文是不一樣的，以下是兩者的比較。

| 報告 | 論文 |
|---|---|
| 1 通常都與**職能**相關。 | 1 通常都與**學術**相關，很少用在別的地方。 |
| 2 提出的內容是你**自行蒐集的研究資料和成果**，透過實驗室的實驗、調查、問卷或個案研究、將理論應用在工作上或其他方式。 | 2 通常集中在**分析或評估理論**、**過去他人所做的研究**以及**想法**。常提出研究成果或新研究。 |
| 3 論文和報告的架構不同。報告的架構見 356–357 頁。 | 3 論文架構見 266–267 頁 |
| 4 通常可分成不同的部分。 | 4 通常不會分成不同的單元，而是一篇**連續性**的寫作。 |
| 5 通常包含了**表格**、**圖表**與**附錄**等。 | 5 沒有表格或附錄。 |
| 6 報告的每個部分都有**標題**（見 356–357 頁）；每一點都有**編號**（見 364–365 頁的圖表）。 | 6 論文沒有單元標題或編號。（假如在寫作過程中有使用這些，要在最後交出去前拿掉） |
| 7 通常包含**不同寫作風格**的混合，依單元性質而定。（見下面說明） | 7 從頭到尾通常都使用**一致的寫作風格**。 |

| 報告 | 論文 |
| --- | --- |
| 8 包含所使用**方法的敘述**。 | 8 不應該提出達成結論的方法。 |
| 9 報告中的敘述，應該包含了對於研究可**如何改善**，以及日後研究可加強的缺漏的**評語**。 | 9 論文並不會寫這些，通常對於研究過程和寫作本身不會有任何評論。 |
| 10 報告通常會包含**採取某項行動的建議**。 | 10 論文並不包含建議。 |

## 不同的目標

- 報告的風格與內容，應該適當切合你的讀者。
- 如果你提出採取行動的建議，要評估不同的可能性。
- 商業報告要提出每個選擇的成本、虧損和可能收益。
- 以實驗為基礎的報告中，要敘述實驗和其進行的環境。
- 如果你是為客戶寫報告（像是工作實習的雇主），要將你的報告寫得符合客戶本身的要求。

# 11 計畫表：為報告設計架構

Structuring reports

❤ 確認你的課程是否使用特定的報告架構。如果沒有的話，就按照以下的順序，放入這些東西。

☐ ❶ **標題**（title）

- 寫在該頁的正中央，並與名字、課程、日期放在一起。

☐ ❷ **致謝詞**（acknowledgements）

- 列出你想感謝、幫助你的人。

☐ ❸ **摘要**（abstract）

- 為你的報告寫一段簡短的摘要或綜述，包含結論。
- 這通常以一個段落為限。
- 除了主要實驗資料之外，將細節或例子刪除。
- 報告摘要可能會被重製，並與報告其他部分開閱讀，所以通常包含了其他部分也有的資料。

☐ ❹ **目錄**（list of contents）

- 列出報告內的主要單元，以及每個單元起始的頁數（包括任何附錄）。

☐ ❺ **圖表目錄**（list of tables & illustrations）

- 列出所有插圖、表格、地圖等等，每項都要提供頁碼。

☐ ❻ **導論**（introduction）

- 簡短地討論研究的內容，為何它很重要或很有意義？
- 簡單陳述你的提議或假說：你要展現或證明些什麼？

☐ ❼ **檢閱文獻**（review of the literature）

- 簡短討論關於主題最重要的寫作，並討論其他研究者的主要發現。
- 你是否同意他們的說法？
- 注意先前的研究如何與你的研究連結。
- 如果有實驗假說的話，就將它帶出。

□ ❽ **方法**（method）

- 你如何進行研究？你使用了什麼方法？
- 是否重複其他研究者用過的方法？
- 即使老師明確告知你要使用什麼方法，還是要在報告中提到這些。
- 實驗的實際情況是什麼？涵蓋了多少人或物？你提供參與者多少指示？

□ ❾ **衡量標準**（measurement criteria）

- 討論你蒐集的資料，你如何分析它們？
- 你的資料有多可靠或精準？

□ ❿ **呈現成果**（present the results）

- 簡短呈現你的主要研究結果，如果適當，放在標題之下。
- 依你進行實驗的順序提出結果，或從最重要的結果開始。

□ ⓫ **討論成果**（discuss the results）

- 這個部分會比較長，分析並解釋你的研究結果。
- 它們是否符合你的期望？它們是否與你的假設一致？
- 它們有多大的重要性？
- 這份研究能如何改善？什麼樣的後續研究會有幫助？

□ ⓬ **結論**（conclusions）

- 結論在某些科目並不適用。然而其他科目卻要求你將重點歸納出來，並展現為何你的假說得以成立或被推翻。

□ ⓭ **建議**（recommendations）

- 在像社會政策或健康等主題中，你可能要提出一系列要求改善問題的建議行動。

□ ⓮ **參考資料**（references）

- 依字母排序列出所有的資料來源。

□ ⓯ **參考書目**（bibliography）

- 如果有要求的話，也以字母排序將相關的深度閱讀書目列出來。

□ ⓰ **附錄**（appendices）

- 將任何必要的額外資料放一起，像是對參與者的指示、使用資料的複本，或是資料中的圖表等等。
- 除非是報告中有提到的東西，否則不要放進去。

# 12 報告寫作的開場

Opening sections

在**報告**的不同部分中，會用到不同種類的寫作。

## 導論

- ✔ 陳述一般報告涵蓋的問題或議題
- ✔ 總結研究文獻中的主題、提出要點，並展現每項研究如何建立在先前的研究上。
- ✔ 展現出你的一般報告如何利用、並建立在過去的研究上。

注意在下面的例子中，根據規則，只能用少數幾個字提到任何一份先前的研究。這能影響你做筆記的方式：只選擇關鍵的細節。也要注意選擇的項目是否經過安排的，讓它能「導向」該名學生的報告，最後一段顯示這名學生將如何「將研究往下進行」。

下面的介紹適用於一份 1,500–2,000 字的報告。更長的報告或學位論文，可能會提到更多資料來源，不過通常不會對每個資料提到更多細節，除非是特別重要的。

**範例：報告的導論**

有人提出（Ayer 1990, Bea 1992）飲食習慣可能受到食物顏色的影響。舉例來說，Bea 發現在一系列 6 項實驗中，有 15% 的受試者對某些食物顏色組合，表現出特別的反感。如果一個人不喜歡某種顏色組合，他就較不可能去吃那種食物。Dee（1994）發現，年齡會影響對食物顏色的偏好，綠色在兒童之間是最不受歡迎的食物顏色。然而，Evans 質疑 Dee 的研究結果。Evans（1996, 1997）發現兒童對顏色的偏好，只能應用在某些種類的食物上。舉甜食為例，兒童就對紅色食品有特別強烈的偏好，但一樣時常選擇綠色和其他顏色的甜食。

Jay 將這個領域的研究，延伸到非自然食物的顏色。早期的指標（Jay 2000a）顯示兒童傾向選擇藍色的食物，即使並沒有藍色的食物自然存在。這份研究被 Kai（2001）的研究取代。針對成人，也有類似的發現（Jay 2000b）。然而，Jay 的研究只包含了甜食產品。就像 Evans 所展現出來的，人們對於甜食和鹹食的顏色喜好並不同。Jay 和 Kai 的發現可能並非對所有食物產品都正確，尤其是鹹食。

Jay 的研究（2000b）指出成人對藍色甜食有強烈的偏好；Jay 認為這可能是由於藍色本身的「新奇價值」。現在這份研究的目的，是要看看成人在面對鹹食時，是否仍偏好藍色食物。研究假說為……（見下一部分）。研究假設在鹹食方面，也會有「新奇價值」的存在。

## 其他種類的導論

如果你的報告受公司行號委託提出，導論通常會對以下方面提供更多背景資料：

- ✔ 委託者是誰？
- ✔ 為何委託進行這份報告？
- ✔ 報告的規模：會涵蓋些什麼？
- ✔ 用詞定義
- ✔ 進行方法
- ✔ 結果與建議的概述

## 研究假說

假說的用字要十分清楚且精準，它通常陳述某件會或不會發生的事。

**範例：研究假說**

這份研究的假說為，成人會偏好藍色的鹹食，多於含有天然色素的鹹食。第二個假說為，男性與女性之間並不會有顯著的喜好差異。

# 13 報告寫作的主體

The body of the report

## ❶ 方法或「研究設計」

說明方法的部分，為針對你如何獲得、分析資料，提供讀者需要的細節。你應該提供足夠的解說，以便讀者能夠重複你的研究。寫作為敘事方式，並依你進行的順序寫：「首先做這個步驟，然後再做下一個……」。

**範例 方法**

**參加者**

研究參與者為 25 歲以上的學生，各 32 名，男女各半。

**材料**

準備四種食物（馬鈴薯沙拉、印度麵包、米飯、蒸丸子），每一種都分成四等分，使用四種不同的色素：其中三種為業界使用，看起來「自然」的食物顏色；第四種為淺藍色。四種食物各分為四等分，每一分都染了不同的顏色，因此每種食物都有各種顏色選擇，一共有 16 個可能的選擇。

**方法**

首先，告知參與者所有的食物都使用人工染劑上色。接著，每個人可以選擇三樣食物來嘗試，這表示他們無法每種顏色都選到。每個人選擇的顏色，都被記錄下來。最後根據整體食物顏色的偏好和性別，來計算結果。

## ❷ 結果

**報告**通常會包含關鍵結果的表格，其他資料和表格則放在附錄中。結果單元只呈現資料，並不會加以討論。這個部分要盡量簡短，只放相關、具代表性的資料。陳述你的結果是否支持研究假說。通常，結果並不支持假說，而這不好也不壞。

**範例 結果**

32 名參加者中，有 24 名（75%）並沒有選擇藍色的食物。研究結果並不支持研究假說。然而，8 名選擇藍色食物的參加者中，有 7 名為女性。44% 的女性選了藍色，而男性只有 6.25% 選擇藍色。這並不支持研究假說。

## 3 討論

批判式、分析式寫作常用在討論單元中。討論單元分析資料，並且提出有趣的結果。它包括了：

- ✔ 結果的重要性，以及它是否證實或推翻先前的研究。
- ✔ 你的結論，以及支持的證據。
- ✔ 研究假說是否受到支持的說明。
- ✔ 研究方法是否有任何可改進處，以及是否需要進一步的研究。
- ✔ 你的結果能如何應用在別處。

舉例來說，針對前述的研究，討論可能包含了以下的分析：

- ✔ **樣本**：它是否夠具代表性？種族或年齡上是否會造成影響？
- ✔ **方法**：是否有改善空間？藍色食物會不會看起來不是不自然，而是不吸引人？藍色當作食物的顏色，是否很奇怪？如果用一種看起來不自然的綠色進行實驗，得到的反應是否會不同？
- ✔ **將來的研究**：有什麼研究能進一步釐清這些結果？舉例來說，顏色的偏好是否能應用在所有食物上，或僅限於某些食物？「新奇因素」的效用能持續多久？

**範例 討論單元節錄**

研究指出即使參加者得知所有食物都經過人工上色，他們仍然選擇顏色看起來「自然」的食物，而非藍色的食物。這意味著成人偏好顏色看起來自然的食物。然而，藍色並不是一個會與食物聯想的顏色，這有可能扭曲了結果。

# 14 報告寫作的結論、建議、摘要

Conclusions, recommendations, abstracts

## 1 結論

結論為你的研究做總結，提出它的重要性與你的研究結果。這個部分並不會有新資訊或參考資料。結論也包含在摘要、介紹和討論中。以前面的研究來說，結論可能包括：

- ✔ 提到研究結果與先前的研究發現並不一致
- ✔ 簡短摘要你的結果為何不同的可能原因（例如參加者為成人而非兒童，食物為鹹食而非甜食）
- ✔ 記錄研究所有的缺點（選用藍色可能扭曲結果）

**範例 結論**

這項研究顯示，如果有其他染色食物可選擇，成人並不會選擇藍色的鹹食。先前研究指出藍色產品的「新奇效應」，在鹹食方面並不一致。本研究意味人們選擇鹹食的方式，與甜食不同。然而，這個假設要進一步經過測試：要調查一組參加者對甜食和鹹食做的選擇（等等）。

## 2 建議

建議的目的，在於提出往下進行的建議。它可能提議如何改善現有的運作方式，或需要採取的行動。建議項目需加編號。舉例來說，如果你為一家事務所進行研究，你的建議可能是：

- ✔ 用更大型的樣本，來進行更深入的研究。
- ✔ 在針對成人製作鹹食時，避免使用藍色食物染劑。

從學術或科學角度進行、而非市場性的研究，通常不會包含建議。

## 3 摘要

摘要放在報告的目錄頁之後。雖然它放在一開頭的地方，留到最後再寫通常會比較容易。要留足夠時間去寫，它通常會花上比預期更長的時間。摘要會歸納你的目標、研究假說、使用方法、結果與結論。你的字數限制可能很低，摘要要簡單扼要。

**範例 1 摘要**

這份報告提出，關於逃學的研究忽略了學校休息時間扮演的重要角色。深入訪談六名曾經逃學的受訪者（現為學生）後，充分顯示出學校操場上團體動力的重要性。訪談指出，在休息時間若覺得「像個局外人」的學生，容易引發逃學的行為。

**範例 2 摘要**

這份報告分析了成人在面對傳統顏色的食物、和含有藍色色素的食物時的反應。最初的假設建立在 Jay（2000b）的研究上，主張成人會偏好含有藍色色素的食物，而較不偏好自然色的食物。這份報告重複了 Jay 使用的方法，但用鹹食取代甜食。32 名 25 歲以上的成人，要從 16 個選擇中選出 3 項食物。他們的反應指出，成人在選擇鹹食時，比較不會選擇藍色的食物。結果在統計上十分重要。

## 4 概述

有些科目要求概述，而非摘要。概述通常比摘要長，但仍然不超過一頁。概述包含了目標、對象、研究問題的要項、關鍵結果、結論與主要建議等。

# 15 報告的版面、呈現&風格

Layout, presentation & style

## 1 為標題編號

為每個單元下標題，指明該單元涵蓋些什麼（見 356–357 頁的「為報告設計架構」）。使用簡短的次標題，來介紹不同種類的主題。為每個單元和小單元按合理順序編號，讓讀者能輕易看出報告進行到新的單元。下列表格列出一種為單元及小單元編號的方式。

| | |
|---|---|
| 9 | 結果 |
| 9.1 | 實驗 A 的結果 |
| 9.1.1 | 在實驗 A 中，參與者都沒有完成…… |
| 9.1.2 | 第二次時，4% 的參與者完成了…… |
| 9.1.3 | 第三次時，17% 的參與者完成了…… |
| 9.2 | 實驗 B 的結果 |
| 9.2.1 | 在實驗 B 中，33% 的參與者完成了…… |
| 9.2.2 | 第二次時，64% 的參與者完成了…… |
| 9.2.3 | 第三次時，97% 的參與者完成了…… |

## 2 標題的層級

標題以層級分類：「A」、「B」、「C」、「D」等等。「A」標題最突出：它就是大標題。避免使用到三或四個層級，否則報告本身與它的編號可能會混亂。舉例來說：

| | | |
|---|---|---|
| A | 主要標題 | 大型字體並加粗 |
| B | 單元標題 | 用比內文大一點的字體，並加粗 |
| C | 次要標題 | 可以用斜體或加粗 |
| D | 其他較不重要的標題 | 應該明顯標示出來 |

不論你用什麼方法組織標題，整份報告都要使用同一套方法。

## 3 呈現內文

- ✔ 為每一頁編頁碼。在目錄頁上，提供每個單元的頁碼。
- ✔ 使用容易閱讀的字型。
- ✔ 兩邊都要留清楚的空欄。
- ✔ 避免花俏的圖片，除非報告主題需要。
- ✔ 版面要清爽。除非有必要，避免在報告內放滿表格和圖形。
- ✔ 將大部分的表格、資料和資料範例（如果需要這些的話），放在報告最後的附錄中。

## 4 寫作風格

**報告**內的文字應該：

- ✔ 正式：避免用俚俗語和縮寫
- ✔ 集中：只提與報告主題直接相關的東西
- ✔ 精確：避免離題和不必要的例子
- ✔ 專門：遵循該科目的適當風格

## 5 有目的的寫作

報告內容完全由這份報告的目的來決定。例如第 358–363 頁的報告，是關於在校園進行研究的報告。然而，如果你是為了一家欲推出野餐食物的公司，進行類似的報告，研究和報告都會反映這些目的。例如：

- ✔ 導論會簡短陳述該公司希望研究能達到什麼目標。
- ✔ 取樣範圍會更大，集中在社會大眾，而非只是學生。
- ✔ 如果取樣範圍更大，進行方式應該會更簡單。例如你可以只提供兩種食物，一種有色素、一種沒有，並提出少數幾個問題。
- ✔ 討論會集中在結果對於提議的新食品有什麼意涵上。
- ✔ 你可能會想提出建議。在這個案例中，就是不要使用藍色。

# 16 計畫表：報告和學位論文清單

Project & dissertation checklist

| | 報告和學位論文清單 | 進行與否 | 是否需要進一步行動 |
|---|---|---|---|
| 1 | 釐清研究報告的目標或目的 | | |
| 2 | 有要求的話，寫一份研究假說 | | |
| 3 | 選擇清楚明確的標題 | | |
| 4 | 閱讀文獻並記錄 | | |
| 5 | 決定研究方法並記錄 | | |
| 6 | 與老師或指導者確認，報告的主題和規模是否適當 | | |
| 7 | 預訂房間、設備，並約好參加者。有需要的話，請求使用資料或訪問參加者的許可。 | | |
| 8 | 有要求的話，先預訂好裝訂報告的設備 | | |
| 9 | 建立表格，以精確地蒐集並記錄資料 | | |
| 10 | 遵照你選擇的方法，蒐集並記錄資料。 | | |
| 11 | 分析資料：寫出「結果」與「討論」單元。 | | |
| 12 | 完成報告：報告整體是否符合主題？ | | |
| 13 | 所有必要的單元是否都完成、並涵蓋到了？ | | |
| 14 | 每個單元都有清楚的標題嗎？ | | |
| 15 | 每個單元內是否包含正確的資料？ | | |
| 16 | 報告是否符合字數限制？ | | |
| 17 | 讀者是否有每樣需要的資料？所有的資料都切題嗎？ | | |
| 18 | 寫下摘要，放在標題頁。 | | |
| 19 | 為每頁編碼（預留一頁目錄頁）。 | | |
| 20 | 寫目錄頁，放入頁碼。 | | |
| 21 | 每個單元內是否用了正確的寫作風格？ | | |
| 22 | 報告是否清楚、容易閱讀？ | | |
| 23 | 報告是否經過校潤？ | | |
| 24 | 最終的報告是否整潔、依要求的方式呈現、且經過裝訂（有需要的話）？ | | |

# 17 論文寫作計畫

Dissertation action plan

| 論文標題 | | | | 完成日期 | |
|---|---|---|---|---|---|
| **目標** | | **里程碑（要進行的步驟）** | **筆記** | **截止日期** | **完成與否** |
| 1 組織與計畫 | 1 | 仔細閱讀論文概要 | | | |
| | 2 | 為每個步驟做計畫，在日記裡寫下所有的工作 | | | |
| | 3 | 做好與論文指導教授有效率的合作計畫 | | | |
| | 4 | | | | |
| 2 選擇論文主題 | 1 | 在圖書館裡瀏覽之前的論文 | | | |
| | 2 | 腦力激盪，想出一些可能的標題 | | | |
| | 3 | 瀏覽文獻，尋找想法和認知上的漏洞 | | | |
| | 4 | | | | |
| | 5 | 具體指定研究問題 | | | |
| 3 文獻研究和評論 | 1 | 閱讀主題範圍內的關鍵研究文獻，並做筆記 | | | |
| | 2 | 找出過去研究導向的論文軌跡 | | | |
| | 3 | | | | |
| | 4 | | | | |
| | 5 | 撰寫文獻的評論 | | | |

| 論文標題 | | | 完成日期 | |
|---|---|---|---|---|
| **目標** | **里程碑（要進行的步驟）** | **筆記** | **截止日期** | **完成與否** |
| 4 方法 | 1 決定可能的方法：你需要什麼資料？你能如何蒐集這些資料？ | | | |
| | 2 與老師討論，或是拿科目領域的期刊文章對照檢查 | | | |
| | 3 選擇正確的規模：足夠的資料，但不要太多 | | | |
| | 4 設計你的資料 | | | |
| | 5 有需要的話，預訂房間、論文合訂本，或與人事前約好 | | | |
| | 6 | | | |
| | 7 | | | |
| | 8 撰寫方法單元 | | | |
| 5 蒐集資料 | 1 在日記內規畫時間 | | | |
| | 2 做精確的記錄 | | | |
| 6 分析資料、討論結果 | 1 | | | |
| | 2 | | | |
| | 3 | | | |
| 7 寫出論文 | 1 寫出論文 | | | |
| | 2 編輯、校潤 | | | |
| | 3 是否裝訂？ | | | |
| 8 交出論文 | 交出論文，並慶祝你的成功！ | | | |

# 18 個案研究

Case studies



個案研究是對單一範例的深入研究。它提供你機會去分析單一案例，例如一個人、一個團體、一家公司、一個事件，或是一個地理區域，當作一個通用典型的範例。它讓你能比其他研究方式更深入地探討細節。

## 個案研究的特色

個案研究讓你能在真實生活中或模擬情境下，測試技巧或理論。

- 它包含對某議題、技巧、客戶團體中的一員等等的詳細分析。
- 它以事實為依歸，通常以真實生活中的主題為基礎。
- 它將一個議題實際放入生活中。
- 你要將個案研究與一個理論架構做連結，並說明它如何證明或反對先前的相關研究。
- 你可能會被要求利用個案研究來分析一個問題，並提出建議。

## 個案研究的優點

- 個案研究對於說明論點很有用。
- 它允許你對小細節做更多調查；這些細節在事物實際的操作上能提供新方向。
- 由於個案研究來自「真實生活」，可能會出現實驗等控制條件下不會出現的複雜性。
- 它可以用來試驗理論。
- 對細節的考量，能幫助理論架構的進展。
- 個案研究可能開拓新的研究方向。
- 它能幫助辨識應如何調整規則、理論或工作實習，來符合特殊案例的需求。
- 它能提出工作場合內，好或不好的操作範例。

## 個案研究的限制

- 個案研究可能對於整體情況不具代表性。
- 在只有一個個案研究，或只有少數幾項個案研究的情況下，要特別謹慎地訂出規則。
- 個案研究十分費時，所以只能進行少數幾次。

## 定性的個案研究

個案研究是定性研究的範例。（第 305–308 頁有討論定性與定量研究的不同。）個案研究的研究策略，包含以下部分或全部要點：

- 認識目的：研究是為了了解一項議題而進行的嗎？是要測試一項理論？測試一項產品？建議做改變？
- 閱讀背景資料：閱讀案例的歷史，直到你了解透徹為止。
- 認識相關理論與研究方法。
- 觀察或提問：這在早期通常是開放的，使你不會對結果抱有偏見。
- 分析早期資料，看有沒有新興的主題。
- 將更進一步的觀察或提問集中在特定主題上，或在資料的漏缺上。確認你所知的東西是正確的。
- 認識可能問題的原因。
- 評估或測試可能的解決方案。
- 做出行動建議。

## 個案研究：設定架構

### 1 導論

導論簡要說明進行個案研究的原因，並提供簡單的概要。

### 2 背景

你可能要在個案研究中，提出因它而做的相關研究摘要。

## 3 個案研究單元

報告的主體將個案研究提出的議題，整理在適當標題下，分成數個單元。單元可能包括：

- 背景資料
- 使用的研究方法
- 問題、議題或焦點的陳述
- 早期的行動或介入因素
- 現在的行動或介入因素
- 委託人對任何行動或干涉的反應
- 他人的回應
- 對於介入因素或行動的整體評估
- 任何突顯的議題或問題
- 可能造成明顯問題的原因
- 明顯問題的可能解決方法
- 評估可能的解決方法

## 4 結論

將你的主要結果整理在一起。這項個案研究如何證實或駁斥先前的研究與現存的理論？對其他案例來說，這項研究有多典型？

## 5 建議

將任何個案研究提出的建議列出來。好的建議有：

- 以真實需要為基準。
- 經過推敲思索的：基於證據提出需要採取什麼樣的行動，並陳述假如採取了行動，將可以期望出現什麼結果。
- 清楚說明其他可能的選擇。
- 適當性：符合組織文化或個人情況。
- 實際性：能以合理的費用實行，在可行的時間範圍之內，並且有可得的專業技術。
- 特定性：清楚說明該由誰、何時、做些什麼。

## 個案研究的寫作風格

**範例　個案研究寫作**

接著有人介紹一位教育心理學家給 Rabina，對方告訴她患有閱讀困難症。這位心理學家的報告描述她為「十分聰明」，擁有「能在大學有所成就的認知能力」。

Rabina 也曾經透過一些人的介紹，看過幾位耳科專家，因為她似乎在聆聽與處理語言資料方面有困難。結果表示她的聽力在正常範圍內，這使得 Rabina 和父母十分驚訝。然而，研究顯示閱讀困難症患者在接受範圍較廣的聽力測試時，常顯示出聽力方面的問題。舉例來說，Baltic Dyslexia Research Laboratory 就發現閱讀困難與左耳控制以及其他聽力處理異常之間的關係（Johansen 1991, 1994）。Rabina 無法參加在 Baltic 中心進行的測試，所以她可能有尚未被發現的聽力問題。

Rabina 說，她小時候覺得文字會「掉出頁面邊緣」，她以為自己「瘋了」。人們在兒童時期常將閱讀困難的各種症狀，歸咎為他們能理解的原因。通常，這些症狀會與令他們感到極度難堪和丟臉的事件有關。Edwards（1994）證明這種內心的傷害，可能會持續到成年時期。以 Rabina 的情況來說，是表現在她的疏離、不願參加課堂活動上。她……

注意在這篇範例中的寫作：

- ✔ 集中在一個特定的個人身上
- ✔ 比一般論文提供更多細節
- ✔ 將 Rabina 的經驗與更廣泛的研究做連結
- ✔ 帶出 Rabina 的經驗有什麼特別之處

# 19 回顧

Review

專題報告的範圍很廣。專題報告的目的，會影響你進行研究和寫作的方式。大部分的學生報告都是學術性的，主要寫給老師看。你可以找其他學生來當參加者，加以蒐集資料。

設立專題報告或一般報告的主要原因，是要讓你熟悉研究一項主題的技巧，並自行處理整個過程。通常，老師不會期望你有什麼重大的發現。

好的報告，會寫得清楚且定位明確，而且經過審慎的思考，以便在時間範圍內能夠完成。主題的範圍可能會很小，不過只要報告經過完善處理、清楚寫明結果，並與先前的研究做連結，就沒有問題。

將先前的研究應用在還沒有研究過的小型樣本上，是個很好的方法。舉例來說，你可以從同年齡的團體、少數族群、當地居民中等等取樣。這能使報告更有趣也更切身，並能對該主題的整體知識庫做出貢獻。

一旦你學會如何進行專題報告、撰寫一般論文與一般報告，就應該有寫學位論文的能力。學位論文頗具挑戰性，因為你有更多掌控權。你要下更多決定，並自行處理整個過程。學位論文是篇幅較大的專題報告：它需要閱讀更多東西、（在某些情況下）蒐集更多的資料，也會花更多時間分析與呈現。

學位論文需要好的管理技巧、事前規畫，以及對細節的注意。然而，到你需要做學位論文時，你應該很熟悉基本的作業方式了。

專題報告和學位論文提供你機會，去研究自己真正感興趣的主題，這將十分值得，令你樂在其中。

# 批判分析式思考

學習大綱

- 藉由採用批判或分析方法，來了解它的涵意。
- 更清楚如何在閱讀、寫作時使用批判與分析式思考。
- 建立在寫作中，評估一個論點或理論的標準。
- 建立在寫作中評估證據的標準。
- 學習如何辨識與提出有效的結論。

# 01 批判性&分析式思考

Critical analytical thinking

## 批判性思考

批判性思考代表衡量正面與反面兩方的論點與證據。Edward Glaser 建立了一套分析思考的測驗，他的定義為（1941）：

批判性思考需要持續檢視支持某信念或知識的證據，與其進一步的可能結果。

也就是說，Glaser 強調以下幾點的重要性：

- ✔ 持續性：不止一次仔細考量一個問題。
- ✔ 證據：評估被提出支持某信念或觀點的證據。
- ✔ 言外之意：考慮到該信念或觀點的導向，它會做出什麼結論？結論是否恰當且理性？如果不是，該信念或觀點是否應重新接受檢視？

## 分析式思考

分析式思考涵蓋更多的過程：

1. 客觀看待得到的訊息。
2. 從眾多角度檢視它。
3. 仔細檢查它是否完全精確。
4. 檢查每個說法是否合理銜接先前的研究。
5. 尋找推論、證據或提出結論的方式中，是否可能有缺陷。
6. 從其他理論家或作者的觀點，比較同樣的問題。
7. 能夠有力說明為何某一組意見、結果或結論優於另一組。
8. 對於鼓吹讀者將可疑的陳述當作文獻或數據的資料，存保留態度。
9. 檢查有沒有隱性的臆測。
10. 檢查有沒有試圖引誘讀者同意的意圖。

# 02 發展偵探般的頭腦

A detective-like mind

要發展批判與分析式的思考能力，你可以想像自己在發展一個偵探般的腦袋。

## 1 閱讀

閱讀時的批判性思考包括：

1. 看出文字中的邏輯
2. 批判地評估這套邏輯
3. 對表面提出質疑，並檢查有沒有隱性的臆測或計畫
4. 辨識出文字中的證據
5. 根據有效的標準，評估證據
6. 辨識作者的結論
7. 決定文中提出的證據是否支持這些結論

## 2 寫作

寫作時的批判性思考包含類似的過程：

1. 清楚你的結論是什麼
2. 清楚展現出你的邏輯，一個「論點」導向你的結論
3. 提出證據，來支持你的理論
4. 同上，以批評的方式閱讀自己寫的東西，以及你的資料來源
5. 從幾個不同觀點來看你的主題
6. 以批判式、分析式的風格撰寫，而不要以敘述性、個人性或新聞性的方式撰寫

## ❸ 聆聽

聆聽時的批判性思考包含與閱讀相同的自覺，還加上：

1. 檢查說話者所說的話是否一致？說話者是否會自相矛盾？假如會的話，矛盾之下的原因是什麼？
2. 確認他的肢體語言、眼神接觸、說話速度與語調等，是否與談話內容相符？說話者是否看起來、聽起來像是堅信自己所說的話？

這些主題已經在先前章節提過：以下幾頁將更深入探討這些，並包含一些基本練習，讓你能實際測試你的批判思考技巧。

## ❹ 批判性問題

整體來說，在進行批判時，你會問類似以下這些問題：

1. 為什麼？
2. 多遠？
3. 多少？
4. 多常？
5. 到什麼程度？
6. 要怎麼知道這是真的？
7. 來源有多可靠？
8. 表面之下的實際情況可能是什麼？
9. 我們不知道些什麼？
10. 哪一個較好？
11. 為了什麼原因？

# 03 在閱讀中進行批判性思考

Critical thinking when reading

閱讀對學術上的成就來說，是十分關鍵的，因為你的作業寫作有很多都會包含對他人作品的批判分析。以下是閱讀時的批判性思考要點。

## 看出邏輯

你被要求閱讀的文章，通常都會包含一個論點。在學術寫作中，「論點」可能如下：

- 一套邏輯理論
- 一個角度、一種觀點
- 一個被捍衛的立場
- 一個由證據與範例支持
- 一個由證據與範例支持，而且導向結論的案例

閱讀時，你要一直問自己：

- 這名作者最主要希望我接受什麼？
- 他為什麼想鼓勵我接受這些？

**短文 10-1**

**Rochborough Health**

戶外活動對兒童的健康，以及社交互動的程度，都有所助益。根據 Rochborough 健康諮詢機構在今年 9 月的臨床測驗顯示，一年當中在外玩耍超過 50 天的兒童，肺活量比一般在室內玩耍的兒童高 20%，而且罹患氣喘與支氣管疾病的機率，也較低 30%。據稱，在室外玩耍的兒童，也比在室內玩的兒童交到更多朋友。Rochborough 社會環境委員會發現，擁有自己的庭院，或住家附近有受到管理的遊玩場所的父母，較可能讓兒童在戶外玩。彌頓街的 Arkash 先生說，他的小孩對於在 Rochborough 郊外的兒童草坪玩耍，覺得沒有安全感，因為他兒子曾在那裡被狐狸嚇到。這名父親說話時，他的小兒子哭得很傷心。他的父親說：「他常常哭，因為他沒有可以玩耍的地方。」受到管理的遊玩場所，花費可能十分昂貴。然而，在 Rochborough 只有 18% 的家庭擁有庭院。因此，要改善當地全體兒童的健康，Rochborough 需要提供更多受到管理的戶外遊玩場所。

活動 10-1

❤ **你想建立什麼樣的技巧？**

- 你是否能看出〈短文 10-1：Rochborough Health〉主要的論點，亦即作者的主要觀點？（解說見下頁）

## 批判式論點的評估

可以由是否包含以下要素，來批判地評估一個論點（每一點都會在接續的後文加以探討）：

- ✔ 相關、有建設性且充足的提議（理由）
- ✔ 上下文的陳述符合邏輯
- ✔ 錯誤的前提

### 1 相關、有建設性且充足的提議

〈短文 10-1〉這段文章提出好幾項陳述或提議。舉例來說：

- ✔ 在戶外玩耍能改善社交程度。
- ✔ Rochborough 的家庭中，只有 18% 有自己的庭院。

這是一些被提出用來支持其論點的理由。在檢視其論點時，你要考慮到它提出的理由是否有關，以及它們是否支持這整個論點。舉例來說：

- ✔ 提到單一的狐狸事件，與整體關於健康的論點並不是十分相關。
- ✔ 提到管理遊玩場所的費用，與整體論點的確相關，但這不僅沒有加強論點，反而削弱論點，因為文章內容並沒有說明該如何解決這筆費用。

最重要的是，要檢查理由和證據與主要訴求是否有關，而且是否支持這個訴求，這能幫助你看出作者的結論是否有效。然而，即使作者提供支持論點的相關理由，他可能沒有提供足夠理由，來證明這是唯一可能的結論。

短文 10-2

**職業傷害**

職業傷害近來機率大幅升高。今年，有超過三十例在工廠發生的重複性肌肉拉傷（Millex 傷害報告，1999）。這些傷者都在纖維部門工作。十年前，並沒有傷害的案例。這表示我們的工作環境對我們健康的傷害，比過去更為嚴重。

〈短文 10-2〉中作者的前提（起點），為提出近來職業傷害大幅升高。結論是工作環境對健康的傷害，比過去更為嚴重。他提出一個相關且正面支持的理由：受傷案例的數據增加。

然而，他沒有考慮其他可能造成受傷案例數據增加的理由，例如三十年前的人是否知道重複性肌肉拉傷，或人們是否過去較不會報告意外傷害的情形。

此外，作者並沒有看其他種類傷害的數字，或其他部門工作者的健康情形。他僅基於單一種類的傷害，以及工廠裡的單一部門，就下普遍性的結論。關於職業傷害的數據上升，他可能是對的，但他沒有成功地提出證明。他沒有提供充分的理由（或證據），來使結論合理化。

## 2 上下文的陳述符合邏輯

在日常對話中，一個人說的話通常都會照著邏輯走，現在說的話與接下來說的話有邏輯性的關聯。在寫論說文或任何學術性文章時，你要質疑這一點與接下來的內容是否按照邏輯進行。一套合理的論點會：

- ✔ 從一個前提開始
- ✔ 合理地往下進行（A 導致 B；B 導致 C；C 導致 D……）
- ✔ 直接從前面的內容導向結論（有相關的理由、按照邏輯排序、一步步朝向提出的結論前進）

〈短文 10-1〉的前提是，在戶外遊玩對兒童的健康有益。它的邏輯進程為：

- ✔ 當地的證據支持這項健康的論點（在戶外遊玩有益）
- ✔ 父母的態度支持這項論點
- ✔ 缺乏設備阻礙了戶外遊玩
- ✔ 需要更多戶外遊玩設施

## 3 錯誤的前提

假如有理由說明為何戶外遊玩對 Rochborough 的兒童**不好**，〈短文 10-1〉的作者就從「錯誤的前提」起頭了。

〈活動 10-1〉的解說

主要論點：在戶外玩耍對兒童健康有益，因此 Rochborough 需要更好的遊樂設備。

〈短文 10-2〉的作者可能真的由「錯誤的前提」起頭，相信 Millex 工廠內的職業傷害率在上升。作者並沒有提供任何關於這部分的決定性證據，所以它可能不是真的。注意錯誤的前提十分有用：許多論點都建立在像這樣脆弱的基礎上。

## 4 有缺陷的推理

### 1 將鬆散的事件做連結

假如兩件事同時，或在同個地點發生，很容易會認定它們要不就彼此有關，要不就是其中一件事造成另一件事，例如：

> 我很努力複習考試，卻得到很低的分數，所以下次我不複習了，應該會得到較高的分數。

只認定複習與考不好有關，卻沒有考量到其他可能造成考不好的原因。同樣地：

> 英國的牛隻數量減少了，而起司的消費量卻增加了。心理上來説，人們似乎因爲覺得起司會缺貨，而吃更多的起司。

假設起司的消費與英國牛隻量數有關，但是它可能也與其他原因有關，例如素食者的增加，或起司進口量增加了。牛隻數量減少可能只與肉牛量有關，也許乳牛的數量並沒有變動。

這些範例是特別選擇用來強調錯誤的邏輯，但這一類有缺陷的邏輯不一定容易看出來。

### 2 只用一項或少數幾項範例，提出整體結論

> 這件羊毛夾克對於這名三歲兒童的皮膚造成嚴重的過敏，因此羊毛類衣物應該禁止販售。

這裡，以一個非常小的樣本為基礎，提出一個整體的結論。(後面將深入探討使用適當樣本的重要性。) 這名兒童有這樣的反應，可能有特別的原因。

### 3 不當的比較

在〈短文 10-1〉當中，作者將在室內玩耍的兒童，與在室外玩耍的兒童做比較。然而，也有可能在室外玩耍的兒童本身就較為健康，而在室內玩耍的兒童，

是因為健康情況不好，而去室外玩耍情況可能更糟。舉例來說，氣喘患者通常對花粉過敏，所以不鼓勵去室外玩。

## 質疑表象

批判性思考需要你檢視以下的因素：

- ☐ 1 證據是否表裡如一？
- ☐ 2 除了最明顯的解釋之外，是否有其他可能的解釋？
- ☐ 3 是否提供了所有必須的訊息，還是有其他會導向不同結論的細節？
- ☐ 4 假如結論被接受，有利益關係的某方是否會獲利？
- ☐ 5 有沒有隱性的假設或計畫？
- ☐ 6 證據是否來自可靠、無利益關係的來源？

活動 10-2

**再看一次〈短文 10-1〉**

- 在這段文章中，有沒有可能隱藏某種計畫？
- 是否缺少了會導向不同結論的細節？

## 辨識文字中的證據

辨識文字中的證據通常很直接。尋找數據、範例、案例歷史、實驗結果、調查、問卷或個案研究等。證據可能是軼事，也就是由一或少數幾個人根據自己經驗說的故事。

活動 10-3

- 在〈短文 10-1〉中，有什麼證據？

## 評估證據

學生光是寫論文或報告是不夠的，「正反兩面皆有證據」。不見得每項證據都一樣重要。

〈活動 10-1〉的解說

主要論點：在戶外玩耍對兒童健康有益，因此 Rochborough 需要更好的遊樂設備。

〈活動 10-3〉的解說

主要證據有兩類：調查與軼聞。關於 Arkash 一家人的細節為軼聞（它只是一個人的經驗），也有一個關於擁有庭院家庭的數據。

我們要如何決定哪項證據比較好？以下列出一些基本的方向供參考，學生要使用有效的標準來評估證據。

批判性思考包括了找到一套有效評估事物的標準。舉例來說，當一名醫生宣稱某人很健康，他就採用了某種標準，例如體溫、血壓測量，以及沒有出現一些已知（或常見）疾病症狀等等。他評估可能的疾病跡象是否值得擔憂，並基於他的經驗與長久建立的醫學知識，判斷證據是否表示健康良好、未患有疾病。

以下針對評估學術文章中的證據，或自己的研究證據，提供一些判斷標準。

## 1 檢查研究日期

你用的資料可能已過了時效，或者建立在該資料上的結論可能已經過修改。假如你發現〈短文 10-1〉的寫作時間為 1300、1927 或 1999，你對它會抱持什麼樣不同的態度？

## 2 檢查資料來源

學術文章、專業期刊或受推薦的教科書裡的文章，通常以深入的研究為基準，並且被認為比報章雜誌裡記載的資料更為可信。報章雜誌在某些主題，例如文化學習上，可能是很有用的一級文獻，但通常在論文中不具「權威性」。

## 3 檢查資料來源是否立場偏頗

偏頗的立場可能不明顯，而且不一定代表你的資料來源「不誠實」或「偏激」。舉例來說，假如某家醫院的生存對某人有特別的利益存在，他們提出的證據可能是正確的，卻不是完整的。

在批判性思考時，我們腦中要持續質疑是否可能有暗中的計畫，或是證據指向某方而非另一方的原因。

值得考慮的是，政治或經濟利益是否會阻礙事實完整的呈現。也要考慮到要發揮傳播其他觀點，是否有困難，例如在某些社會中，像是十六世紀的英國，藉由發表、出版或販售來傳達某些觀點的人，可能會遭到死刑處決或失去手腳。

今天，小型組織或個人可能很難獲得研究和證實不同觀點的資金。真相若不大白，就可能會扭曲整體的局面。

你可能不是每篇論文都需要寫關於經濟、政治和媒體管道的議題，但重要的是，你應該知道誰能、誰又不能獲得權力、資源和訊息，以及這背後可能的寓意。

## 4 提防數據的迷思

記得要檢查數據資料，以及暗示某種數據資料的文字，因為這些東西常被誤用或是誤傳，目的是要左右讀者的想法。

### 1 大部分／許多

注意像是「大部分」或「許多」這類用詞：

> 大部分的人說，柳橙和蘋果比起來，他們比較喜歡柳橙。

「大部分」是一個很模糊的量。假如這項陳述真確與否十分重要，我們要知道更多細節：

- ✔ 有多少人接受詢問？
- ✔ 有多少人偏好柳橙？
- ✔ 又是在什麼情況下？

### 2 百分比

注意作者提供的百分比。假設上面的陳述寫成：

> 60% 的人偏好柳橙；40% 的人說偏好蘋果。

這看起來具有說服力：作者提供了數量。但 60% 與 40% 的差距很大嗎？我們要知道有多少人受訪。如果有 1,000 受訪，其中 600 人偏好柳橙，這個數據就具有說服力。然而，假如只有 10 個人受訪，60% 就只代表有 6 個人偏好柳橙。「60%」聽起來比「10 個裡有 6 個」有說服力得多了。

身為一個批判的讀者，你要注意百分比數據可能使不夠充分的訊息，變得有說服力。

### 3 樣本大小

也要注意假如只多了兩個喜歡蘋果的人，兩邊就都有 6 人了。樣本數（詢問的人的資料）小小的增加，就可以輕易扭轉原本的百分比，使它變成蘋果 50%、柳橙 50%，兩邊完全平均。

樣本大小是指研究、實驗、調查或其他中，使用的人、動物或物體數量。小型的樣本提供的訊息很不可靠。其他部分都均等的話，樣本越大，資料就越可靠。通常，1,000 名參加者被視為可靠的合理數據。

### 4 代表性

樣本應該要代表研究對象整體。假如所有被詢問水果喜好的人都來自靠賣柳橙維生的Seville，我們可能就不會視他們為典型或可靠的樣本。

同樣地，假如被詢問的人都是女性、十歲兒童，或來自英國南部，將他們視為研究對象的代表並不可靠。

要使樣本具有代表性，研究者要把目標放在不同性別、不同年齡、不同背景和利益的綜合族群上。

### 5 蒐集資料的環境

假如你發現說偏好柳橙的人，就能得到進行調查的人提供一個免費的柳橙，你可能會好奇受訪者是否在回答時有進一步的企圖，以及訊息是否可靠。

同樣的，假如資料以面對面的方式，由穿著知名柳橙汁公司服裝的人蒐集，可能某些受訪者會想取悅訪問者。

可能的話，一定要了解蒐集資料的環境，藉此決定它們的可信度。學術期刊中的文章通常會提供研究環境的完整細節。

## 5 情緒化的語言與說服性的字眼

有些字眼可能十分具說服力，促使讀者產生信賴感。這樣的字眼因主題而有所不同。

舉例來說，對一些人來說，「實驗」這個字就喚起準確的科學與可靠的想法。然而，使用了實驗的手法，並不代表證據就完善。

### 1 情緒性的字眼

使用像是「殘酷」、「不公正」、「濫用」、「自然」、「正常」、「常識」、「天真的兒童」、「老」、「小」、「巨大」、「極端主義」、「激進的」、「年輕人」、「新」，甚至是「最後的建議」這樣的字詞，能夠激起讀者的情緒，將讀者帶離可評估眼前證據的精確判斷力。

情緒性的意象，例如哭泣的人們，也能以類似的方法利用。

### 2 說服性的字眼

這樣的字詞藉由聲明他的主張清楚明確，來吸引讀者。也許他們所言是真的清楚明確，但在看到這類用字時，仍然要提高警覺。

這類的字，包含像是「必然」、「清楚地」、「明顯地」、「很明顯的」、「很容易可看出」、「自然的」，以及「當然」等等。

活動 10-4

- 利用以上所提的標準，評估〈短文 10-1〉裡的證據。

## 辨識作者的結論

結論通常出現在文章的最後。然而，它們可能也會出現在文章一開始，或是在文章中間，這種情況下，會較難找出結論，也較沒有效果。

通常結論由「引發詞」帶出，像是「因此」、「所以」、「因而」等等，或是使用祈使語氣，指明要進行某事的用字，像是「一定」、「應該」或「必須」。

活動 10-5

- 辨識〈短文 10-1〉的結論。

〈活動 10-4〉的解說

評估證據：關於健康與家長態度的證據來自官方來源，可以被視為很好的「權威」，十分可靠。這個證據與主題相關，也對主張有助益。

另一方面，作者只從一組健康因素（與肺有關）下整體化的結論。有可能在戶外遊玩的兒童遭遇不一樣的健康問題，像是皮膚過敏，或是腳扭傷。此外，有可能在室內玩的兒童是因為他們本身較容易生病（像是氣喘、支氣管過敏等）。疾病可能是他們在室內玩的原因，而不是結果。

我們無法得知受到調查的兒童，是否能代表 Rochborough 全體的兒童。關於 Arkash 家兒童與狐狸的軼聞具情感性，而且與主要論點並不直接相關。這個軼聞可當作新聞式寫作吸引人的賣點，但在大部分的學術寫作中，都是無法被接受的。

關於 18% 的家庭擁有庭院的數據，並沒有提供來源：我們無法判斷它是否可靠。作者兩度提到室外遊玩對社交活動的影響，卻沒有提到證據或細節。他可以將這部分與主要論點做更多連結。

〈活動 10-5〉的解說

結論：Rochborough 應該提供更多受到管理的遊玩場所。

## 評估證據是否支持結論

作者可能呈現了建立在良好研究上的可靠證據，但提出的證據卻無法直接證明結論。這裡用一個較誇張的範例說明：

- 敘述 1：泛舟的冠軍是位女性。（可靠的事實）
- 敘述 2：我的母親是位女性。（可靠的事實）
- 結論：我的母親是位女性，所以她是位泛舟冠軍。（錯誤的結論）

### 1 檢查隱性的錯誤假設

在以上的範例中，錯誤的邏輯建立在錯誤的假設上，假如一名女性是泛舟冠軍，那麼所有女性都是泛舟冠軍。這個錯誤的假設很容易看得出來，但卻不見得總是這麼容易。研究者可能試著要客觀，但很難完全站在常識的觀點、與作者所處社會的意識形態之外。

**範例**

想想第八章的〈18. 兩篇論文範例：論文範例一〉（見 328 頁）那份關於 Bowlby 1950 年代具影響力研究的論文中所討論的想法。Bowlby 的研究結果（1951, 1969）認為早期便與母親分離的嬰兒，日後會遭遇行為與情況上的問題。這被用來反對母親出外工作的情況。要求母親留在家的主張，無疑是基於對兒童身心健康的考量，但是這個結論也符合當時的經濟情況，當時男性從二次大戰（1939-1945）歸來，遭逢工作上的短缺。

之後，兒童因母親和照顧者不在身邊而受創傷的結論，受到嚴重的批評（Clarke and Clarke 1976; Clarke-Stewart 1988; Tizard 1991）。例如一般認為 Bowlby 的資料是以狀況十分極端的兒童為基礎，像是 1950 年代飽受驚嚇的戰火遺孤，以及在貧窮醫院及育幼院中的病童。

這些兒童並非典型，而且需要與在具親和力、經營良好的育幼院成長，且與母親天天見面的一般健康兒童比較。不論 Bowlby 的研究有多精確，他的結果可能無法證實從這種證據提出的結論。Bowlby 很可能受到當時主流思想的左右，認為女性的職責便是在家照顧小孩，而這影響了他對資料的解讀。也有可能他的對手在研究上也受到當時變遷思想的影響，像是女性主義，或是女性兼職的人數增加等。

研究以這種方向進行是很典型的，由後來的研究者對先前研究提出質疑，像是樣本是否具代表性，或研究是否含有當時研究者看不到的先入為主之見等等，而有所進步。

活動 10-6

- 你是否認為〈短文 10-1〉段落內的證據支持它的結論？
- 該段落中做了什麼樣的假定？

〈活動 10-6〉的解說

**支持結論的證據**：作者提出合理的案例，也給了支持的證據。然而，支持結論「為了改善兒童健康，Rochborough 需要提供更多有管理的戶外遊玩場所」的證據並不充足。我們不清楚在戶外遊玩能如何造成健康的改善。舉例來說，可能兒童在戶外時較有機會到處奔跑，但室內的奔跑區域也會有相同的效果。

**潛在的假設**：這個段落假定——

1. 在戶外玩耍對所有兒童的健康都有益。這可能不見得是真的。
2. 目前在室內玩耍的兒童的健康，要靠在戶外玩耍來改善。這可能並不正確。
3. 在戶外玩耍能減少氣喘和支氣管疾病的發作。
4. 只有在戶外遊玩區域，才能獲得有益的結果。事實上，可能是在戶外遊玩的其他因素，像是可奔跑的空間或可攀爬的東西，可改善健康。
5. Rochborough 沒有足夠受管理的戶外玩耍空間。文中並沒有引用現存的受管理戶外玩耍空間數量，所以我們並不知道是否需要更多。作者引用的來源並沒有提到需要更多的遊玩空間。我們不知道在室外遊玩的兒童百分比。這些缺漏代表了作者沒有提供足夠的證據來支持結論。

# 04 練習：批判分析式思考

Critical thinking

現在你已經按部就班研究過一篇短文，來試試分析〈短文 10-3：兒童的遊玩〉。這個作者提到的議題與〈短文 10-2：職業傷害〉類似，所以你可以將這兩篇互相比較。

**短文 10-3**

**兒童的遊玩**

兒童需要在戶外遊玩，但是驚人的是，竟然少有兒童有這樣的機會。雖然 Smith（1982）提出 48% 的兒童偏好在室內遊玩，Jones（1964）發現英國有 98% 的兒童偏好在戶外遊玩。我與 Rochborough 的一些父母談過，他們說他們的小孩因為不能在河邊或鄉間安全地遊玩，而無法出門。大部分的兒童現在都看電視成癮，或者更糟地，玩電玩上癮。大家都知道這對兒童的教育有害，但卻沒人採取任何對策。對於 Rochborough 的兒童來說，情況尤其如此，主要原因是他們沒有其他可以遊玩的地方。Rochborough 的住戶幾乎沒有自己的庭院。如果兒童在室外遊玩，對他們的健康會比較好，但家長卻說他們不會讓兒童出外遊玩，除非有提供受到管理的場地。家長擔心在兒童遊玩時看不到他們。假如 Rochborough 的兒童都不在戶外遊玩、而變成電視成癮者，當地居民的健康能有什麼希望呢？

**活動 10-7**

- 它的邏輯推論良好嗎？
- 結論是什麼？
- 證據有多強？
- 潛在的假定是什麼？
- 它的推論與證據是否支持結論？

〈活動 10-7〉的解說

**批判分析思考：以下是〈短文 10-3〉，並且加上了參考號碼。**

兒童需要在戶外遊玩 (1)，但是驚人的是，竟然少有兒童 (2) 有這樣的機會。雖然 Smith（1982）提出 48% 的兒童偏好在室內遊玩，Jones（1964）發現英國有 98% 的兒童偏好在戶外遊玩 (2b)。我與 Rochborough 的一些父母 (2) 談過，他們說他們的小孩因為不能在河邊或鄉間安全地遊玩，而無法出門 (3)。大部分的兒童現在都看電視成癮，或者更糟地，玩電玩上癮 (4)。大家都知道這對兒童的教育有害 (5)，但卻沒人採取任何對策。對於 Rochborough 的兒童來說，情況尤其如此 (4)，主要原因是他們沒有其他可以遊玩的地方 (6)。Rochborough 的住戶幾乎沒有自己的庭院 (2)。如果兒童在室外遊玩，對他們的健康會比較好 (7)，但家長卻說他們不會讓兒童出外遊玩，除非有提供受到管理的場地 (2)。家長擔心在兒童遊玩時看不到他們。假如 Rochborough 的兒童都不在戶外遊玩、而變成電視成癮者，當地居民的健康能有什麼希望呢 (8) ？

1 邏輯：這類寫作可能會得到像是「你的重點是什麼？」這樣的評語。很難從段落中找到脈絡，它的邏輯論點很弱。作者在不同種類的資訊之間跳來跳去，像是在 (8) 的部分，就再次提到已經提過的要點。最後一句也對已提過的東西 (4) 沒有增加任何東西。

2 結論：結論並不清楚。最接近類似結論的東西，是 (1)。「兒童需要在戶外遊玩」，這大致上總結了整個段落。這段文字並沒有將資訊指向一個最終結論，而段落最後幾句也沒有任何方向。將它與〈短文 10-1：Rochborough Health〉段落做比較，後者導向一個清楚的結論。

3 **證據**：證據很弱，沒有足夠的細節。標示 (2) 的部分都需要更進一步評估：「多少兒童？多少父母？他們足以代表 Rochborough 全體家長嗎？其他有什麼觀點被表達出來？到底有多少人有自家庭院？我們是怎麼知道的？」老師可能也會評論說，作者並沒有分析來源。在 (2b)，雖然作者使用數據，卻並非最近的。他並沒有針對為何 Smith 和 Jones 有不同研究結果提出解釋，像是他們研究的是不同世界的兒童。文章內引用的證據不但沒有支持論點，反而造成困惑。

4 **提供證據，支持論點**：在 (7) 和 (5)，關於健康或教育的議題可以發展成有意思的要點，但作者沒有提供證據或細節，使得論點顯得很弱。將 (7) 與〈短文 10-1：Rochborough Health〉段落中的同樣要點做比較，後者較具說服力。

5 **證據**：情感性的用語：在 (3) 的部分，作者提到童年較安全或較好的「黃金年代」。指兒童為「上癮者」也有強烈的情感成分在裡面。

# 05 檢核表：批判分析式思考

Checklist: Critical analytical thinking



使用以下表格來分析你必須為了作業閱讀的一篇文章。你也可以用這個表來分析你自己的文章。

| 批判性問題 | 寫作的分析 |
|---|---|
| □ 1 主要的邏輯推論（論點）是什麼？ | |
| □ 2 邏輯是否在導論和結論裡都清楚？ | |
| □ 3 用來支持論點的關鍵證據是什麼？證據是否以能建立論點、並清楚導向結論的方式呈現？ | |
| □ 4 證據的時間點是什麼時候？它是不是最新的情報？是否還與主題有關？ | |
| □ 5 是否有足夠的證據來證明？證據是否與主題相關？有什麼是可能缺少的？ | |
| □ 6 如果有的話，用什麼更好的順序呈現證據能加強論點？ | |
| □ 7 有沒有任何有缺陷的邏輯？企圖以喚起情感來說服讀者？證據的解讀與利用是否正確？ | |
| □ 8 作者有沒有充分考慮到其他可能的觀點？請舉例。 | |

# 06 在寫作時進行批判性思考

Critical thinking when writing

寫作時的批判性思考，包含了許多閱讀批判性思考的元素。然而，批判地分析自己的作品、看清並承認自己的想法與偏見，可能會比較困難。

學生的寫作通常較弱，因為他們在開始撰寫最終版本的文章之前，思路並不清析。這有一部分是計畫的問題（見第 7 章），也有一部分是因為沒花足夠的時間，來批判地評估所閱讀的東西，以及自己的想法與文字。花在批判分析上的時間，相等於「推敲問題」，這個過程就像我們在〈第 3 章〉看到的，是得到好成績和壞成績的學生之間不同處之一。

## 1 結論要清楚

令人驚訝的是，學生交出來的作業，常看得出他們花了工夫去讀該讀的東西、甚至也努力思索過作業內容，但卻對自己的結論沒有把握。整篇寫作應該要導向結論：假如結論不清楚或模糊帶過，整篇文章都會失去力道。

一旦你被指派作業之後，就將你認為結論會是什麼寫下來。把它放在你看得到的地方。你發現某樣東西會使你改變或調整結論時，就寫下新的結論。這可能讓你覺得很弔詭（或是本末倒置），但你如果先寫結論，你的文章就會比較清楚。

## 2 要有一套清楚的邏輯論點

如果你的結論清楚，你的論點或邏輯就很可能也會是清楚的。結論提供你一個可瞄準的目標。

使你的寫作焦點集中，而不要漫無目的地寫。記得四項原則：

- ✔ 早期的草稿對於推敲與修正你的思路可能有幫助。然而，要確定你的最終作品有寫出你真正的想法。

- ✔ 遵照一份按最合理的方式安排理由、範例與證據的寫作計畫。
- ✔ 思考怎樣連結想法和訊息最好，讓你的寫作不只是列出事實，而是有邏輯的文字。
- ✔ 使你的論點清析。從你在研究階段蒐集的一大堆資料中，選擇最能支持並指明你的論點的要項。

## ❸ 利用證據支持你的理論

選擇性地使用證據：太多範例可能會掩蓋了你的論點。選擇少數幾項能清楚支持主題的證據即可。

## ❹ 透過批判式閱讀，評估自己的作品

身為學生，你也有你的「讀者」。你的老師或考試官在為你的作業評分時，就會使用批判的閱讀方法去看。用別人文章的方法（如前面所提的），來看自己的文章。

## ❺ 採取多數觀點

不論你在閱讀、聆聽、觀察或寫作，你會被期望能以不只一個觀點分析自己與他人的論點，像是作業、設計或提案。這代表考量到正面與反面兩方的強項與弱項。

在你從不同角度批判地思考、分析時，答案很少是直接的對或錯。通常有許多相反的證據要衡量、評估。

# 07 批判分析式寫作&敘述性寫作

Critical analytical writing vs. descriptive writing

整體來說，學生在批判分析上所損失的分數，比任何其他弱點上損失的都要多。

好的批判寫作技巧，通常是得最高分者與得較低分者之間決定性的不同。老師對學生寫作的典型評語有：

- ✔「需要更多分析。」
- ✔「少寫一些敘述，多寫一些批評。」
- ✔「太多敘事了。」
- ✔「這是敘事文，而不是分析。」
- ✔「你告訴了我理論的內容，沒寫你是如何評估的。」

## 找到平衡

敘事和分析寫作都有它們的地位。敘述性寫作要用來提供必要的背景資料，讓讀者能夠理解文章內容，然而這部分應該盡可能少用，如果你將有限的字數大多用在敘事上，你在能拿高分的分析部分能用的字數就變少了。

有技巧的作家會在寫作中適當的部分使用敘事文體（見第九章〈13. 報告寫作的主體〉，第 360–361 頁），或將少量的敘事性文字融入在批判式寫作中。

## 比較：批判分析式寫作 & 敘述性寫作

這兩類寫作方式的主要不同處，列在下表中。

| 敘事性寫作 | 批判分析寫作 |
| --- | --- |
| 1 陳述事件 | 1 指出其中的重要性 |
| 2 陳述某件事物的模樣 | 2 評估其強項與弱點 |
| 3 提供目前為止的發展 | 3 拿兩項訊息彼此衡量 |
| 4 陳述事件發生的順序 | 4 提出經過思考的判斷 |
| 5 說明如何進行某事 | 5 根據證據提出某項論點 |
| 6 解釋理論內容 | 6 展示出為何某事相關或恰當 |
| 7 解釋某事如何運作 | 7 指出為何某事能順利進行 |
| 8 說明使用的方法 | 8 指出某事是否合宜、恰當 |
| 9 說明某事發生的時間 | 9 指出時間點為何重要 |
| 10 陳述不同的要素 | 10 衡量不同要素的重要性 |
| 11 陳述不同選擇 | 11 提供選擇每個選項的理由 |
| 12 列出細節 | 12 評估相關細節的重要性 |
| 13 以任何順序列出 | 13 依重要性為資料排序 |
| 14 陳述不同項目間的關聯性 | 14 展示不同訊息間有關的連結 |
| 15 提供訊息 | 15 下結論 |

## 辨識：批判性寫作＆敘述性寫作

**範例 1：敘述性寫作**

我的名字叫 John，住在 Acacia 大道。我有五個兄弟姊妹。我很擅長團體運動，喜歡打足球、板球和棒球。我的雙親都鼓勵我參加團體運動。我的家人都參與運動。我們在 Beckfield 學校的老師對於運動科目非常有興趣。他們鼓勵我們喝很多水，來改善我們的表現。我們的隊伍表現總是很好，看來這方似乎有效。我也喜歡跑步。我住在漂亮的威爾斯邊境，所以每天進行健康的跑步令我很快樂。

幾乎整段文字都是陳述和敘事。有一個評估性的評語（我們的隊伍表現總是很好），並且與可能的原因做了連結（喝很多水），但這個連結並沒有得到深入的探討。這個段落整體來說是敘事文，將這段與下面的段落做比較。

**範例 2：批評分析式寫作**

在 Beckfield 學校，老師們對學校運動採取一個為期十年的科學方法，特別是鼓勵學生掌控他們的飲水量。所有的學生都被要求一天喝八杯水。該校在這段期間內，體育競賽的成績一直很出色，老師聲稱這證明了多喝水能造成好的表現。然而，該校的運動表現是否能歸因於水的飲用，這並不清楚。Beckfield 學校的聲明受到一名獨立研究者，Martinez（2002）的調查。Martinez 提出雖然 Beckfield 的表現良好，它在競賽上的表現只是符合這樣規模學校的一般表現。除此之外，學生的訪談反映了多數學生並沒有遵照學校的飲水指示去做。多數學生說，他們一天喝少於一杯水。雖然其他研究確實顯示喝水能改善表現（Fredo, 1997；Mitsuki, 1997），Beckfield 學校對於飲水功效的聲明並沒有經過證實。

這是批判分析式寫作，它有個清楚的論點，帶領讀者看到學校的聲明及其根據。接著，這篇文章將學校的聲明與其他證據做衡量。它引用已出版的證據，而非個人意見。作者考慮到該論點的正反兩方，將支持飲水重要性的已出版證據也列入考慮。這份研究被拿來與案例的事實相互衡量。作者最後提出結論：「這所學校對於飲水功效的聲明並沒有經過證實。」這個結論建立在證據上。

這個段落確實包含了提供背景訊息的敘事文，像是前四句。雖然這個段落包含許多事實的陳述，像是「多數學生說，他們一天喝少於一杯水」，這些敘述都是經過安排、能建立其論點的。一些帶入論點的句子也支持這個說法，像是「然而，該校的運動表現是否能歸因於水的飲用，這並不清楚。」

活動 10-8

- 辨識以下五則短文是敘事文還是批判性寫作。

短文 10-4

在西方，所有的生命形態被分成兩類：植物或動物。動物會活動、吃東西。植物都以某種方式根植在土地裡，缺乏活動力。動物學研究動物，植物學研究植物。細菌被分類為植物，因為許多細菌會行光合作用、產生自己的食物。然而，它們也可以移動。近來的研究顯示細菌的種類十分龐雜。有些能在極端的溫度，或缺乏氧氣的情況下存活。多數植物無法在這樣的環境下生存。因此，雖然細菌能行光合作用，他們現在已不再被視為植物。

## 短文 10-5

分類細菌是件困難的事，一部分原因是我們認定所有生命都分成兩類：植物和動物。行光合作用、缺乏活動性的有機體被分類為植物；能夠移動並食用食物的被分類為動物。細菌在傳統上被分類為植物，因為許多形態的細菌能像植物那樣，以光合作用自行產生食物。然而，細菌也像動物一樣能移動。現在基因研究顯示，至少有 11 種細菌的主要分支，在基因上比起植物更偏向動物（Fuhrman et al., 1992）。除此之外，之前被稱為「細菌」的有機體，現在被發現是由幾種單細胞和多細胞的主要界與種所組成（真細菌、古生細菌、真核細菌）（Woese, 1994）。這份研究十分重要，因為它顯示出將所有生命形態分為「植物」和「動物」這兩大分類是個錯誤，而且植物與動物只是更大型生物體系中的一小部分而已。

## 短文 10-6

科學家對於創造力與右腦半球的活動有多少關聯，沒有共識。大腦兩個半球的生物化學是不同的。舉例來說，右腦中的神經傳導物質與正腎上腺素比左腦的多（Oke et al., 1978）。正腎上腺素與因視覺刺激增加的警覺度有關。Springer 與 Deutsch（1981）提出，這可能使右腦較為擅長視覺與空間認知。然而，這個關連並未受到證實。大腦右半球是否負責任何創造性的任務，目前尚不清楚。此外，雖然認定對視覺刺激的反應可能是創造力的重要因素看似合理，這也尚未經過證實。

## 短文 10-7

大腦包含了上百萬個神經元。這些神經元透過位於神經元末端的神經鍵，進行電子化學活動、彼此通訊。促使這類通訊能發生的化學物質，就是神經傳導物質。每個神經傳導物質都與不同種類的訊息有關。通往大腦的不同訊息，影響我們對內在或外在世界事件的反應方式。有些神經傳導物質與心情轉變、沮喪、快速反應等等有關。

## 短文 10-8

Bowlby 的依附理論，主張兒童發展受到母子親近程度的影響。Bowlby 認為在嬰兒時代，即使只是短期與母親分離，都會對他未來的發展有深遠的影響。這就是「母性剝奪理論」。根據這個理論，早期「關鍵期」與母親的關係，為正在發展中的兒童提供「內在範本」。這個範本接著就成為他所有未來人際關係的基礎。

### 〈活動 10-8〉的解說

短文 10-4：它主要是敘事文。作者描述生物界如何被分為動物和植物，並提供新近研究的資料。這一段主要由陳述組成。陳述並沒有經過特別的排序、也沒有清楚指向一個結論。文章內很少衡量證據、用來建立結論。結論本身的重要性並不清楚。

短文 10-5：這段文字比前一段更具批判性，因為它針對為細菌分類的難處，提供經過推論的發言。它引用研究來顯示為何存在著困難，並為更大的生物分類的問題，評估研究資料的重要性。

短文 10-6：這是一篇批判、分析式寫作。這篇文字針對右腦與創造力有關的理論評估證據。作者提出現有的研究發現不同層面，可能具有長遠的重要性。作者質疑「合理的假定」，清楚說明寫作的當時有什麼已經得到證明、而什麼還沒。

短文 10-7：這是敘事文。它描述大腦運作方式的某個層面。

短文 10-8：這是敘事文。它描述 Bowlby 的理論，但沒有批判式地評估它們。將它與第 328–330 頁的批判分析式文章做比較。

# 08 回顧

Review

這一章探討了建立批判分析思考技巧的方法，以你在前幾章學到的東西為基礎。

現在你應該能夠將批判式閱讀與分析式寫作結合在一起。老師常交互使用像是「批判分析」或「分析式寫作」這樣的詞語。他們指的是 377–378 頁上提到「發展偵探般的頭腦」方法，以及你解釋人們如何達成不同結論，或不同結果的能力。

你需要以越來越高的批判自覺性，來閱讀、寫作並思考。你將會被期望仔細檢視論點、證據與結論，以及它們之間的連結。你將被要求評估他人的邏輯與證據，使用一套標準來指引你。

注意讀者很容易被情感式的風格動搖。理解冷眼旁邊、詳細檢視的重要性。

# 第十一章

# 記憶

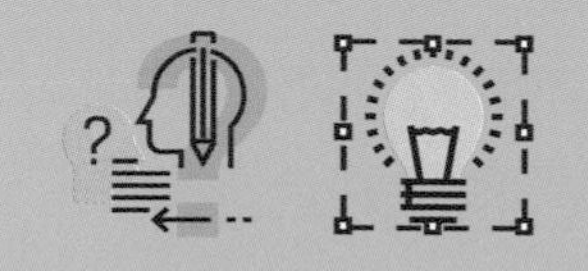

## 學習大綱

- 更加了解你的記憶方式，以及適合你的記憶對策。
- 學習幫助記憶的整體對策。
- 明白與大腦不同區域相關的能力，以及如何利用它們來改善記憶力。
- 探索如何將大腦「三位一體」在學習與記憶做最佳發揮。
- 了解記憶過程的不同「階段」能如何用來幫助記憶。
- 建立將訊息「解碼」的概念，使其更好記。
- 學習組織與歸類訊息的重要性。
- 進一步整體了解記憶，以及如何加以利用它。

# 01 記憶力&個別的記憶方式

Remember, remember...

## 人的記憶力

人們通常低估了自己的記憶力，他們只注意自己忘了什麼，而沒注意自己記得什麼，很少去體會自己記得的東西有多熟。

舉例來說，要閱讀這個段落，需要十分複雜的記憶組合。你要記得花了你多年才學會的複雜語言內涵；你回想起數千個學過的單字；你將特定的書寫符號，與記憶庫中數千個書寫符號做連結。你在記憶中將這一切整合，然後去理解你讀到的東西。這一切都在幾秒之內完成。

人們擔心記憶會隨著年齡老化。Harris 和 Sunderland（1981）的研究顯示，年長者某些事情記得比年輕人清楚。年長者通常期望自己的記憶會退化，所以忘記事情的時候就會特別去注意到，但是年紀大也意味著他們有更多事要記。Buzan 和 Keene（1996）主張學習隨年齡增長而改善，而學習包括了記憶。

我們的大腦接收的訊息大於需要的量，假如我們不積極使用某項訊息，就會像是一條荒廢或長滿雜草的小路一樣，變得越來越難到達。我們接收訊息的方式也影響到記得的東西。

你對於大腦與記憶如何運作知道得越多，就越能建立技巧在需要的時刻，記得你想記的東西。每個人都有一套最適合自己的記憶方式。每個人都使用不同的方法，來記憶不同種類的訊息。你可能在回想電話號碼、與回想上學第一天情景時，使用不同的方式。你可能用了以下的方式，如果不是的話，現在試試它們。

## 具體事物的記憶方法

許多技巧能幫助你學會一項事實，例如電話號碼。你可以試著：

- 吟唱這組號碼的韻律。
- 用手指劃出打這組號碼的路徑。
- 在腦中看到這組號碼。
- 聽自己的聲音說這組號碼。
- 用手指寫出這組號碼。
- 很快寫下這組號碼。
- 注意這組號碼任何好記的特別處，像是重複（2727）或交替出現（1331）。
- 注意是否有任何一組與個人資料相關的號碼，像是你的出生年分，或是親友家的門牌號碼，包含在電話號碼中。

**活動 11-1**

### 你如何記憶事物？

- 回想下面 1–6 列出的項目。在每個項目後面，記下你做了什麼來幫助你想起來。
  1 你最好朋友的電話號碼？
  2 你如何使用削鉛筆機？
  3 你上學的第一天，是什麼情景？
  4 你昨天穿著什麼衣服？
  5 你現在最好的衣服在哪裡？
  6 你要怎麼走到最近的郵筒？

## 往事的記憶

試著回想上學第一天的情景，可能喚起了不同類型的記憶。

- 事件的情感回憶可能浮現腦海，例如你對於開始上學的興奮，被媽媽留在學校的沮喪心情，或是你對老師的恐懼。
- 你可能生理上有所經歷，像是胃痙攣或呼吸速度改變等等。
- 你可能對於去學校的路程有很強烈的視覺記憶，或者對當天的某些片段印象特別深刻。這可能像一部電影或一系列畫面一樣，在腦海中播放。
- 你可能能夠聽到學校的聲音，例如操場的嬉鬧聲或學校的鐘聲。
- 你可能記得某些味道，或甚至手指上粉筆的味道。

## 其他方式

在回想上述的事物時，你可能使用了很不同的方法。

- 要想起如何使用削鉛筆機，你可能會動手引導自己做一系列的動作。
- 要想起你穿了什麼衣服，你可能會想起自己當時所在的場所。
- 要想起你的衣服現在在哪裡，你可能使用綜合的方式：視覺上回想它們通常在什麼地方，然後在腦中確認最近發生的事件，看看它們有沒有可能在別的地方。
- 關於郵筒，你可能在腦中將附近的地理環境視覺化，或回想你寄信的時刻，或想像走去郵筒的路途，或低聲複誦的方法。

# 02 檢測：你的記憶方式

Check your memory style

什麼能幫助你記憶？用以下這個簡單的方法可以得知。

- 在下面的文字圖表中，將 10 個字標出顏色。
- 閱讀圖表 2 分鐘，然後將它整個蓋住。
- 寫下所有你記得的字。
- 檢查結果後，閱讀下文。

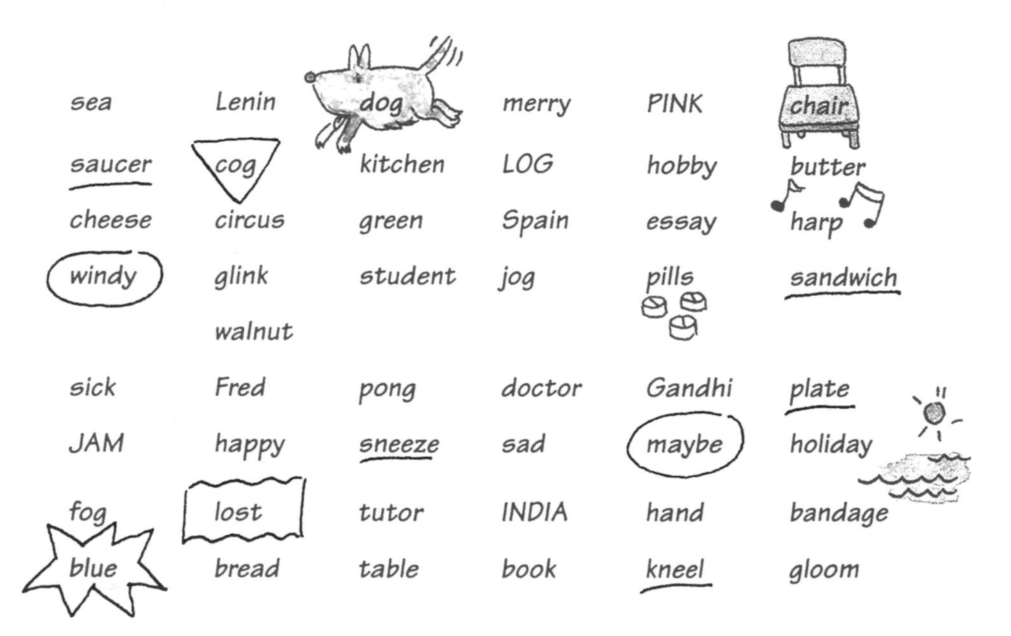

## 什麼能幫助你記憶？

看看你記得什麼字。你記得的字是否反映出你使用了任何以下的方法？如果是的話，你對於自己如何能安排想記得的訊息，就有了寶貴的線索。以下任何或全部的方法，可能幫助了你的記憶：

**❶ 最近期效果**

☐ 你可能記得最後看到的字。

**❷ 優先效果**

☐ 你可能最記得你先看到的字。

**❸ 聲音**

☐ 你可能記得押韻字、唸起來奇怪的字，或是在腦中一起聽到的字。

**❹ 軌跡（地點）**

☐ 你可能將字與你知道的地點做連結。

**❺ 真實姓名**

☐ 你可能特別擅長記名字。

**❻ 視覺特色**

☐ 你可能注意到一個字的外觀（像是大寫字，或周圍有形狀的字）。

**❼ 視覺連結**

☐ 你可能連結文字與圖畫或意象。

**❽ 視覺安排**

☐ 你可能記得字在頁面上的什麼位置（如果是，你可能會覺得記憶流程圖或圖形式筆記很容易，或在視覺空間、圖形連結之下的幫助很容易）。

**❾ 語意連結**

☐ 你可能記得有意義關聯的字，像是麵包、奶油、三明治。

**❿ 特殊、不尋常**

☐ 你可能注意到奇怪的東西，像是 pong 和 glink 這樣的字顯得特別突出（如果是的話，將普通事物與奇怪的意象做連結，可能會對你有幫助）。

**⓫ 故事**

☐ 你可能將不相關的項目連結在一起，編成一個故事（這可以幫助記憶難拼的字，像是 liaise: Liam Is Always In Such Ecstasy）。

**⓬ 顏色和活動**

☐ 如果你記得一些標了顏色的字，你可能對顏色很敏感；或者可能實際去做你正在記的訊息對你有幫助。

**⓭ 音樂連結**

☐ 你是否試著用熟悉的旋律，唱出或吟誦出訊息？

# 03 如何增強記憶力

Improve your memory

## 增強記憶力的技巧

特定的練習能幫助你記憶。以下是一些廣為人知的方式，你可能也有一些自己的方法。

### 1 自覺

知道你目前使用了什麼技巧和方法來記東西。

### 2 重複或強迫學習

這是必要的。一項訊息至少看過三遍。每隔一段時間，就回頭做個小複習（而不是花很長時間，只看一次）。

### 3 關聯

將你需要記得的東西，與你已經知道的做連結。相關訊息見第 4 章的「積極學習」。

### 4 記憶法

任何能幫助你記憶的方法，就是記憶法。有種常見的記憶法，是使用每個關鍵字的開頭字母，來創造一個新「字」，來歸納這個主題，就像「CREAM」歸結出第四章那樣。湊起來的字母不一定要組成一個真正的字。

### 5 積極聆聽

與朋友討論你想記起來的東西。聽自己的聲音説或讀它。把自己説的錄下來，誇大一點，加入腔調，戲劇化一點。

### 6 寫下來

用自己的話把它一遍又一遍地寫下來。

### 7 個人化

將你學的東西與自己做連結。舉例來説，它以什麼方式對你造成影響？它是否使你想起你認識的人，或去過的地方？

## 8 玩

把玩這個訊息，從中尋找樂趣。放輕鬆享受過程。

- 想出三個廣告（電視、雜誌、看板等等）。
- 是什麼讓你記得這三個廣告？

## 想想廣告

廣告公司的目的就是要讓我們記得他們的廣告。他們用來加強我們記憶的「技巧」和「方法」，也可以用來幫助我們在學習上的記憶。

廣告商使用的方法千變萬化，以下哪一個方法最能有效幫助你記憶？

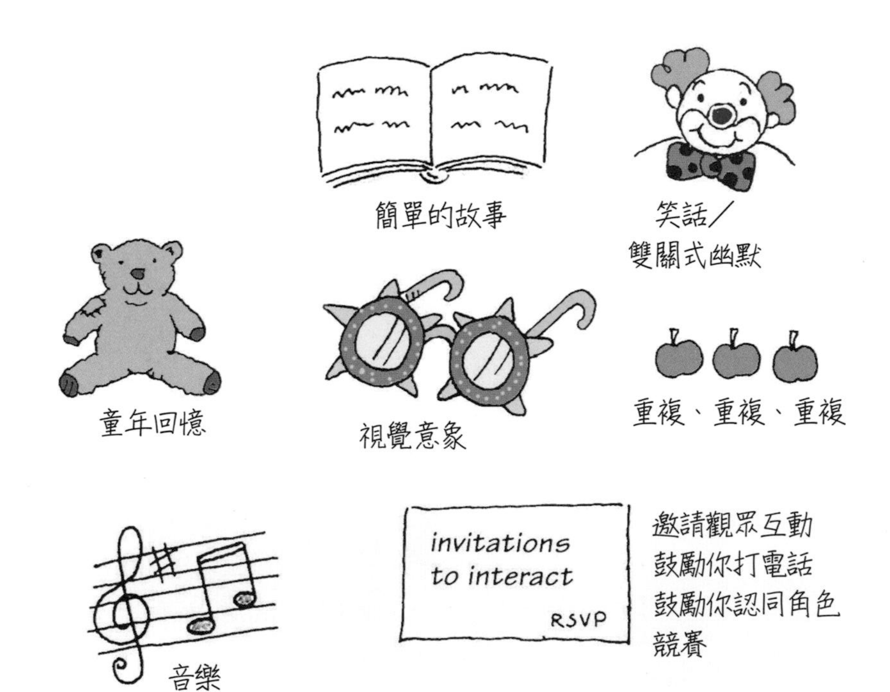

# 04 使用左腦&右腦

Using the brain

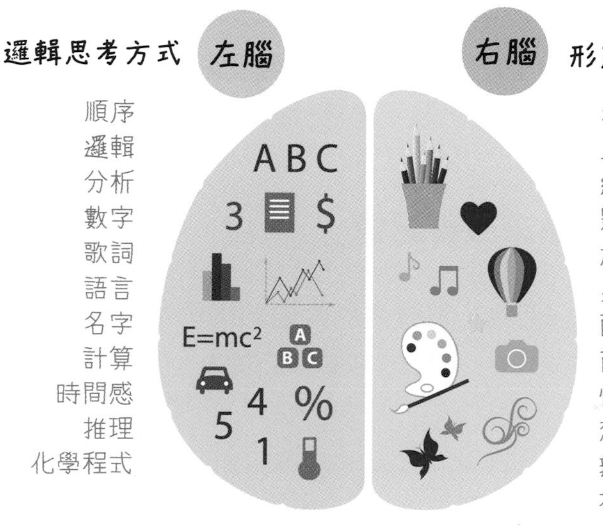


## 左腦 & 右腦

大腦分成左腦和右腦兩個半球，大腦傷害的研究顯示，腦部不同半球受到損害，會對不同的心理功能造成影響，並且與特定的思考與記憶方式有關。

- 兩個腦半球之間，有兩百萬以上的神經纖維連結（即胼胝體）。
- 交互作用：每個半球控制身體的另一邊。
- 身體的構造，能幫助兩個半球通力合作。
- 兩個半球都通曉另一個半球的心理能力。

## 兩個腦半球通力合作

大部分的活動，都需要同時用到兩個腦半球。舉例來説，要記得一首歌，你需要將歌詞（左腦）和旋律（右腦）連在一起。要記得一個人，你需要將他的臉（右腦）與名字（左腦）連在一起。

假如大腦其中一部分的某樣東西造成學習困難，大腦擁有強大的容量，能找出另一條學習的路徑。這表示如果某樣東西用某種方法來學或記憶很困難的話，很可能你的大腦能用別的方法學習。

許多人傾向認同邏輯或是形態式思考其中一方。你覺得你是「左腦主導」還是「右腦主導」的人呢？你能利用自己偏好的方式，來將訊息在兩個半腦間做連結。這能促進大腦不同部分的合作，使學習更容易。

## 使用左腦和右腦來改善記憶

雖然幾乎進行任何活動，都會用到大腦的兩個半球，你能促進這個過程，提供更多的腦部互動，更充分利用你的腦。

### 1 假如你偏好使用「右腦」

- 畫圖表或圖片，顯示不同的訊息如何互相連結。
- 將訊息個人化，找出方法，使它與你的個人生活或經驗相關。
- 使用形狀和顏色來標示、組織訊息。
- 不同主題用不同顏色。
- 將你要學的東西唱出來。
- 學習時到處走動，在做家事，或走到公車站牌時，試著回想你學到的東西。

### 2 假如你偏好使用「左腦」

- 用手寫下這項訊息。
- 將這項訊息做成清單。
- 為它編號，使順序清楚。
- 加上標題，將不同部分分在不同的類別下。
- 將訊息轉換成流程圖，讓你能看見過程。
- 從細節慢慢累積，直到你了解全貌為止。

## 3 在腦中找到訊息

做個實驗：當你試著視覺化一項訊息，或要回想它時，先往上並往左看；接著做同樣的事，但往上並往右看。也試試看左邊、然後看右邊、再往下看兩邊。哪個方向的效果最好？你想要回想起某件事時，就往那個方向看。

## 4 結合左右腦的方式和長處，達到最佳記憶力

不論你偏好左腦或右腦，找出一個方法，將它的能力與另一半腦的能力連結起來。舉例來說，假如你是圖像式思考者，將你的圖畫編號、排序。假如你使用清單，就將它們唱出來，或標上顏色。

左腦思考者要確定他們看清整體，且能夠看見每樣東西如何連結。右腦思考者要確定他們理解重要性的順序及階層等。

在學某樣東西時，結合不同的記憶策略：

- ✔ 看看它
- ✔ 依節奏重複它
- ✔ 寫下它
- ✔ 為它編號
- ✔ 給它一個形狀
- ✔ 將它轉換成圖表
- ✔ 大聲說出來
- ✔ 唱出來
- ✔ 畫出來
- ✔ 給它一個顏色
- ✔ 將它做出來
- ✔ 使它顯得怪異
- ✔ 使用本章其他任何你覺得有用的方法

# 05 三位一體的大腦

The triune brain

## 三位一體的大腦

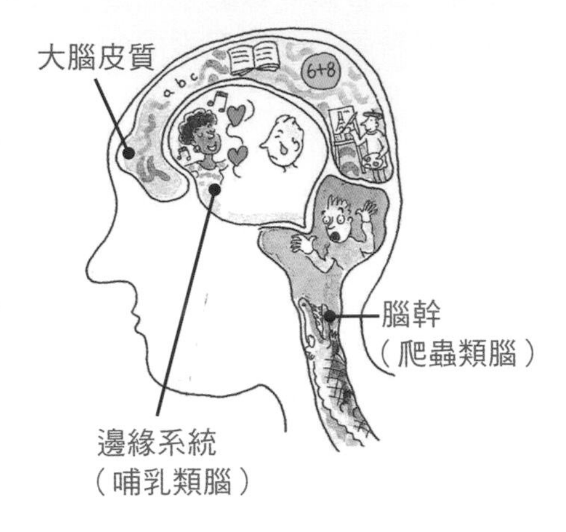


大腦從上往下，也分成三個主要的活動區域：爬蟲類腦、邊緣系統與大腦皮質。McLean（1973，在 Rose 1985 中被引用）稱之為「三位一體的大腦」。

### ❶ 大腦皮質

大腦皮質就是人們通常所謂的「灰色物質」或想像中的腦的樣子。它控制像是語言、思考、處理數字等等的智慧處理。然而，大腦皮質只是這過程的一部分而已：三位一體大腦中的其他部分，也影響了能學習和記憶的對象。

### ❷ 哺乳類腦（或邊緣系統）

哺乳類腦位於腦幹上方，大約位於腦部中央，由數個控制情感、快感、心情、愛情，以及免疫功能的器官組成。

### ❸ 爬蟲類腦也影響學習

在演化上來看，爬蟲類腦是腦部最古老的部分。它位於頭基部的腦幹中，並處理基本的本能與生存反應。

爬蟲類腦將壓力或焦慮解讀為生存上的危險。為了幫助我們「逃脫」，它會將身體主要資源都挪到大肌肉上，並製造出額外的腎上腺素，讓我們處於提高警覺的狀態，隨時準備好要逃走。

這些資源是從我們用在課業學習上的大腦區域提取的：基本生存並不需要邏輯理論。處於「生存模式」對學習沒有幫助，如果我們不移動大肌肉、好將這些腎上腺素耗盡，我們可能會覺得緊張、過度警覺、容易分心且難以專心。

## 學習

學習包含腦部這三部分的互動，它藉由邊緣系統連結。

有些心理學家相信，情感是這三個區域的主要連結。情感也是記憶一項很好的催化劑。加速學習運動使用了音樂、影像、顏色和聯想，在不知不覺中催化情感，使學習速度加快。

「放鬆警覺」的狀況能幫助想像力，並增加對新訊息的接納與開放程度。它也能促進左右腦的互動（Rose 1985）。

## 利用三位一體的腦，使學習發揮最大功效

下列方針能幫助你盡可能有效率地學習。

- 保持放鬆，以避免「生存模式」。假如覺得緊張，就出去散步、跺跺腳、做做運動或在學習時走動：這能用掉多餘的腎上腺素。
- 一旦你放鬆下來，就讓自己對手邊的工作抱持積極的態度：想著它很簡單、有趣、刺激、好玩、充滿驚奇。
- 發揮你的想像力，將困難或無趣的挑戰「重塑」。為自己設下目標，像是「接下來半個小時內，我要讀三頁」或「這將會是我目前為止，做出來最有創意的一組圖形筆記」，讓你的興趣和情感投入其中。
- 在學習時，聽有強烈好記旋律，以及大約每分鐘六十下的規律貝斯節奏的弦樂，像是古典巴洛克音樂（如巴哈或維瓦第）、經典印地安音樂，以及新世紀治療音樂。
- 發揮想像力，在想法之間創造強烈的視覺連結。
- 使你的筆記在視覺上令人印象深刻、討喜、並能夠引起注意力。

# 06 記憶過程的階段

Stages of the memory process

另一種利用大腦改善記憶的方式，是利用記憶過程的不同階段。記憶過程的四個階段如下：

1. **吸收訊息**：看到或注意訊息，並加以吸收。
2. **將它留住**：以短期記憶記住。
3. **將它編碼**：以活動的記憶與訊息互動，使大腦能將它存入長期記憶中。
4. **回想它**：重新取得或記起訊息，不論是有心、無意間，或在夢中。回想時，有可能感覺上是正確的，但事實上不是。

## 階段一：吸收訊息

我們已經知道且有既定名稱的東西，影響我們注意力的指向、對什麼東西留意，以及會記住什麼。為了記憶，我們需要維持注意力。

假如你在「自動導航」的情況下學習，你的注意力並沒有投入其中，所以你記得的東西會比較少。你會記得比較多東西，假如你：

- 有意識、特地將注意力導向某個方向。
- 以放鬆的方式集中，而不是緊張地集中。
- 每隔一段時間就休息一下，並在做的事情上有變化，讓你維持放鬆的注意力，花幾分鐘走動或做點別的事就夠了。
- 將訊息與你知道的東西做連結。
- 為訊息命名、貼標籤。
- 特地安排或調整該訊息，讓它有條有理，卻又顯得突出、特別、不同或更有趣，好讓它抓住你的注意力。

## 階段二：留住訊息，將它記住

以短期記憶重複演練新訊息，能幫助運作中的記憶把它記住。重複能給大腦時間，喚起已存取的記憶，幫助你理解這項新訊息，並為了儲存做解碼的動作。

演練要在幾秒之內開始，因為訊息很快就消逝了。演練對於記住名字、日期、數字、公式、指示等等，是很有用的方法，讓你能有足夠的時間將它們寫下來。然後，你便能利用其他記憶法，將它長期記下來。

## 階段三：將訊息編碼，記憶的關鍵？

大腦會為新訊息編碼，使它能存在於記憶中。密碼可能是口語、聽力、感官（觸覺與感覺）、語言、情感，或運動神經的（使用一系列肌肉運動）。舉例來說，你在說一個故事時，大腦會將你說話時使用的細微肌肉運動模式編碼並儲存起來。它也可以幫你自己聽到自己說話的聲音、故事帶給你的影像和情緒、文字的模樣，或是像有誰在現場、燈光發出的嗡嗡聲這樣的細節，加以編碼並儲存。

大腦會將它編碼的訊息做連結，所以任何一個層面都能觸動整段記憶。大腦為一個經驗的越多層面編碼，這段記憶就有越多觸發的媒介。因此，你也可以藉由選擇用好幾種方式為訊息編碼，來幫助記憶。以下是一些建議，你也試試創造自己的方式吧！

## 階段四：回想

要回想得好，與你在吸收訊息、為其編碼的過程中，花了多少注意力與心思，有很大的關係。

## ❶ 強迫學習以幫助回想

假如你想隨心所欲回想起東西，像是應付考試或常用到的複雜程序，你可能需要「強迫學習」。強迫學習結合了：

- ✔ 積極學習
- ✔ 使用本章提到的技巧
- ✔ 一直回頭檢視你學到了什麼，而不看提示

## ❷ 強迫學習策略

1. 在一張大型索引卡片或紙上，做一套圖形筆記或論文計畫的綱要，讓你有個概念。
2. 在索引卡上，寫下每個主題參考的名字、日期和關鍵字。確認你能在記憶中複誦或重製卡片上的訊息。
3. 如果不能的話，將提示卡放進塑膠資料套中（讓它不會被弄糊），然後帶在身邊。有空的時候拿出來瞄幾眼，像是在等公車或洗碗時。
4. 幾天之內，重複做好幾次。只要隨時看一下提示卡，或在腦中思考這項訊息，就能維持記憶。少量而頻繁的記憶，會比一次不停重複同樣的東西有用。

假如這項訊息很難記，可能有更好的編碼方法。

## 圖解：記憶的過程

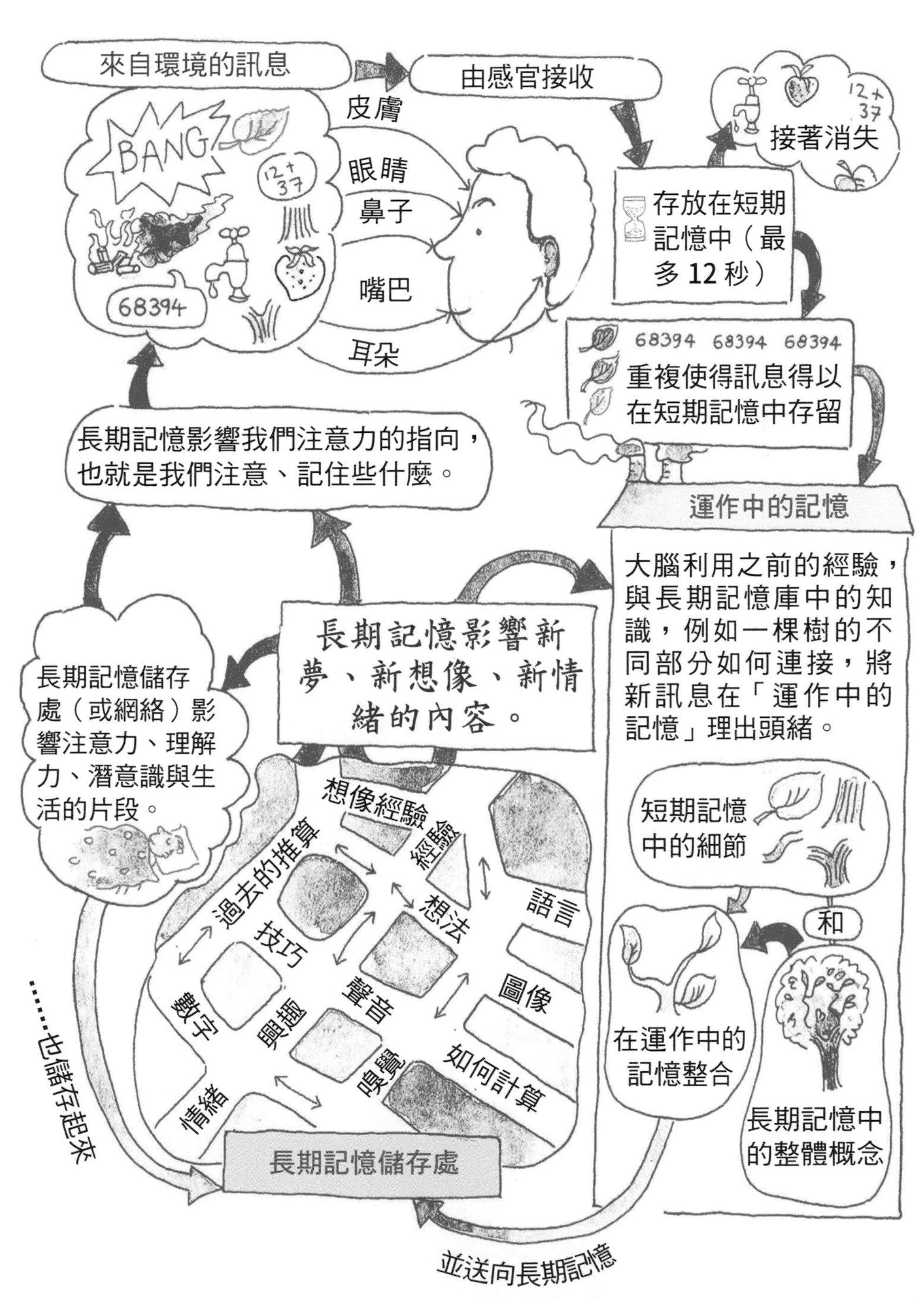

來自環境的訊息
由感官接收
BANG
12 + 37
68394
皮膚
眼睛
鼻子
嘴巴
耳朵
接著消失
存放在短期記憶中（最多 12 秒）
68394 68394 68394
重複使得訊息得以在短期記憶中存留
長期記憶影響我們注意力的指向，也就是我們注意、記住些什麼。
運作中的記憶
大腦利用之前的經驗，與長期記憶庫中的知識，例如一棵樹的不同部分如何連接，將新訊息在「運作中的記憶」理出頭緒。
長期記憶影響新夢、新想像、新情緒的內容。
長期記憶儲存處（或網絡）影響注意力、理解力、潛意識與生活的片段。
想像經驗
經驗
過去的推算
想法
語言
技巧
聲音
圖像
數字
興趣
嗅覺
如何計算
情緒
長期記憶儲存處
短期記憶中的細節
和
在運作中的記憶整合
長期記憶中的整體概念
……也儲存起來
並送向長期記憶

# 07 複合式編碼的建議

Multiple encoding

## 1 利用你的環境

- ✔ 每個科目，使用不同的空間。
- ✔ 注意環境的各方面情況，例如燈光，或燈光的感覺，你在這個地方有什麼感覺？
- ✔ 將你的筆記貼在家具上。注意它們的位置。
- ✔ 將每個科目與不同的地點做連結；將家具、窗戶、植物與裝飾品，跟特別的主題做連結。

## 2 利用你的衣服

- ✔ 將衣服上的不同物件，與你在學習的主題做連結，一隻鞋子可以代表某外交政策的一方；襯衫上的每個鈕扣，可以各代表一段引言。有圖案、口袋和鈕扣的衣服特別好用。
- ✔ 考試時穿著這些衣服，來觸發你的記憶。

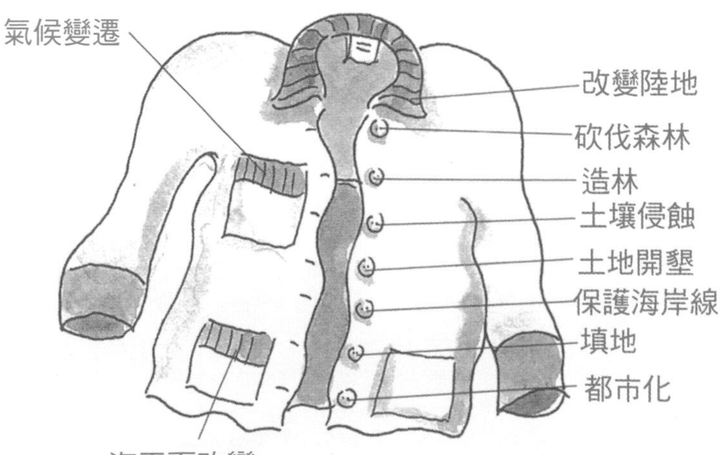

## 3 利用身體部位

- ✔ 將身體部位當作記憶的觸發媒介特別有用，因為你的身體會隨著你進考場！
- ✔ 舉例來說，每隻手可以代表一個論文計畫，每根手指頭代表一個主要題目；每個指節代表你會用到的重要參考資料。指甲可以代表反面的論點；指節可以跟相關的引文做連結。

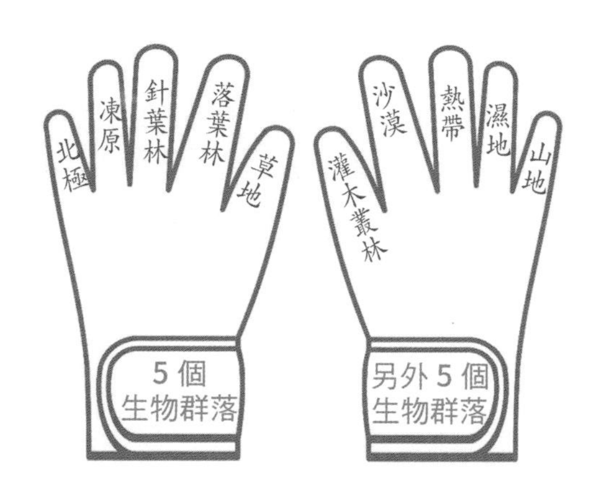


## 4 使用肌肉記憶

- ✔ 邊動邊學習。假如你在運動，就將每個動作與你想記得的東西做連結。要喚起記憶時，就在腦海中演練一次這項運動。
- ✔ 寫、畫圖和說話也使用到肌肉記憶：大腦會記錄這些細微的肌肉運動。

## 5 使用聽覺記憶

- ✔ 將你的想法錄音下來，並在散步時聆聽。
- ✔ 用一個知名的旋律，唱出考試可能考到的論文計畫。記下每個科目用的旋律是什麼。
- ✔ 和一個朋友、想像中的朋友，或是你的貓，一起談論一個主題。
- ✔ 用特別的聲音，把筆記大聲唸出來，誇張一點，讓它更好記。

## 6 使用視覺記憶

- ✔ 讓你的頁面配置清楚、吸引人。
- ✔ 將你的資料轉換成一段電影片段，讓你可以在腦海裡看到畫面。
- ✔ 將一個主題放在一項物體上，例如一輛汽車，然後在這物體不同的部位，貼上你需要記住的東西：方向盤上貼要點；四個輪子點四個主要的理論家；車門貼上這項理論實際應用的範例；行李箱裡的物品可以當作背景訊息或歷史發展的提醒；引擎的零件或前座的物品可以用來表示未來的發展。

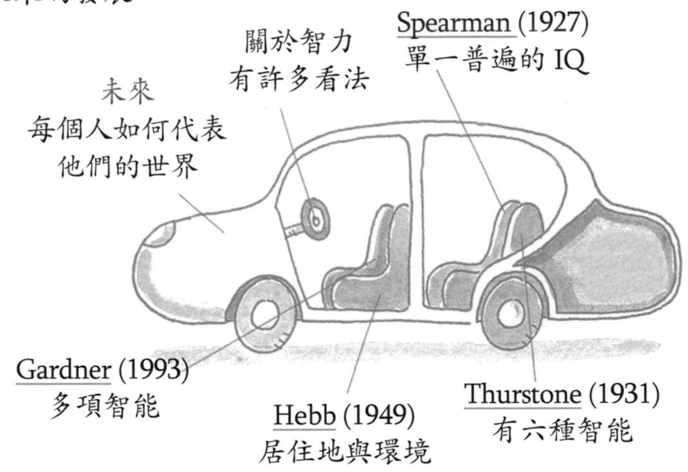


- ✔ 要記憶複雜的清單或公式，像是資產負債表，就用一系列的影像，以故事連結。
- ✔ 使用規模上（尺寸）與視覺上突出的影像，來區隔容易搞混的東西，例如關於類似理論的訊息。用金字塔階層來排列。

## 7 使用顏色

- 每個科目領域，使用一套不同的顏色組合。
- 在筆記中，從頭到尾都使用一種特定的顏色標示參考資料或公式，能讓你輕易看到它們。
- 為每個主題設定一個不同的顏色，你就可以一眼看到某頁涵蓋了什麼內容，還有哪些主題會一起被提到。這能使閱讀增加更多互動，也能使你更快找到訊息。

## 8 使用字詞記憶

- 將資料濃縮成關鍵字。
- 將資料組織成金字塔，放在標題之下（見 272–273 頁的概念金字塔）。
- 盡可能用最少的字，寫出你的資料，這個過程能鼓勵你與資料互動。

## 9 使用語義的記憶

- 花時間思考你發現的東西背後的涵義。比如說，誰受到它的影響？它對未來代表了什麼意義？可能會出現什麼改變？這項訊息可能會顛覆什麼理論？道德、法律上的後果是什麼？
- 為你已經寫下的東西，想一個不同的方法來表達。
- 決定該主題最重要的三個層面，或最重要的理論或想法。
  接著，決定哪一個最重要。
- 考慮一個科目與另一個之間有沒有什麼關聯性。

## 活動：組織訊息，幫助記憶

活動 11-2

- 花 15 秒閱讀表 A，然後把它蓋起來。
- 唱一首兒歌（避免在內心複誦）。
- 寫下你記得的字。
- 與表 A 對照，寫下你的得分。

表 A

| | | | |
|---|---|---|---|
| plum | elbow | giraffe | caravan |
| puppy | banana | foot | apple |
| pony | cherry | barge | bungalow |

- 現在，用表 B 進行一樣的過程，包括劃底線的字。就算你在第一個表的表現不好，也試試看吧。

表 B

| fruit | animal | home | body |
|---|---|---|---|
| plum | giraffe | house | foot |
| banana | puppy | apartment | knee |
| apple | donkey | bungalow | elbow |
| cherry | pony | caravan | hand |

你很可能記得比較多〈表 B〉的內容，因為：

- ✔ 將類似的項目集合在一起，有助於回想。
- ✔ 使用群組標題有助於回想。
- ✔ 看到只有四種訊息要記憶，能為這項工作設下可達成的限制。
- ✔〈表 B〉有許多內容也出現在〈表 A〉，重複閱讀能幫助回想。

# 08 將訊息組織成金字塔

Organizing information into pyramids

概念金字塔（見第 7 章第 272–273 頁）將相關的資料組織成金字塔，它們對記憶是很好的助力。在一個 1969 年的實驗中，Bower 與其他心理學家要求一群人學 112 個字。這些字經過分類，而且意義上有關聯，就像上頁的表 B，並組織成四個金字塔。到第三次時，大家都把這些字全記住了。相對地，第二組人也拿到同樣的字，也是排成金字塔，但這次的字是隨機放入的，它們在意義上並沒有關聯。第二組到了第三次時，還是只能記住 47% 的字。這表示以下兩件事很重要：

- 將訊息有意義地做連結
- 將想法組織成金字塔或概念金字塔

有些人偏好用圖形式筆記或其他圖像來組織訊息。結合圖形式筆記、概念金字塔和圖片，可以大大提升你回想的能量。

## 圖形式筆記與金字塔

圖形式筆記在構思想法和喚起回憶中的訊息時，最能發揮作用。組織良好的圖形式筆記較好記。在構思最初的圖形時，盡量發揮你的想像力，讓想法源源不絕地流出（見 213 頁）。假如最初的圖形裡沒有清楚的想法階層，就重整文字，放入一個概念金字塔中，這可能會花上一些時間，但能釐清你的思緒（見第 7 章）。將金字塔不同階層做顏色編碼。例如：

- 紅色用來標示主標題
- 粉紅色用來標示較不重要的標題
- 黃色和橘色用來標示中級的訊息
- 深綠色用來標示關鍵證據，而淺綠色標示關於證據的細節
- 深藍色標示特定的範例，淺藍色標示關於範例的細節
- 紫色標示參考資料（名稱和日期）
- 在關鍵訊息周圍畫圓圈、方塊或其他形狀，讓它突顯出來。

將圖形式筆記建立為一系列的概念金字塔，或是在圖形與金字塔之間轉換，對你可能會有幫助。你也可以只將一部分的圖形重新整理、轉換成概念金字塔，然後用膠水或膠帶，將這些金字塔貼在原來的圖形上。有許多空間能揮發各種想得到的應用方法。

圖形式筆記要多大，就可以多大，只要持續增加、連結訊息即可。

## 圖片和圖形式筆記

- 你可以選擇任何圖像當作記憶的基礎，就像第 422 頁建議的車子。
- 將圖像的每個部分，與你想記憶主題的某方面做連結。
- 你可以將圖像納入圖形筆記和金字塔中。將它們畫出來，或從雜誌裡剪下來，然後貼上去。
- 加上小型圖片，來增加你與資料間的互動，並使它在視覺上更容易記憶。圖片越好、越亮、越怪、越誇張，圖形就越容易記憶。

以下的範例將 213 頁的圖形式筆記其中一個單元加以發展。最初步的想法被整理成一個概念金字塔。用這種方式重新整理你的想法，能釐清不同想法間的關係，並將它們分組、排序。它也能突顯出你思考中的缺漏，以及提出新想法。

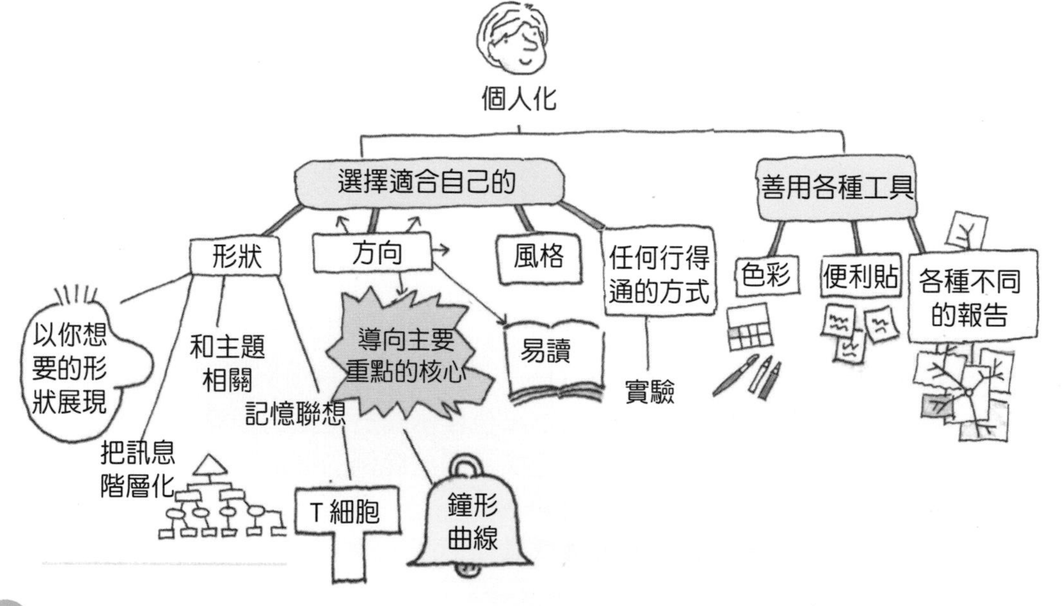

# 09 「組合」訊息

Chunking information

短期記憶容許我們將訊息存放個幾秒，而在我們將注意力集中於問題的不同層面上，像是在腦海裡記住一個電話號碼的同時，可以找一枝筆將它寫下來，或是在計算一個大於十的數字時，記得將數字填入下一個空欄中。

諾貝爾獎得主 Herbert Simon 發現，我們的短期記憶中，通常可以記住五組訊息（1974）。然而，一組訊息的大小可能有很大的變化：它可能是一個字或號碼、一個字詞、一則完整的故事，或如何往上算到一百萬。你可以自己試試看。

- ✔ 閱讀「小型組別」下的清單
- ✔ 蓋住這個清單，然後試著回想每個字詞確切的內容
- ✔ 用「大型組別」再做一次同樣的動作

不管組別尺寸大小，你應該能記得約略相同號碼的組別，例如五組兩個字的字詞，和五組較長的句子。

❤ 小型組別（2–4 個字）

| | |
|---|---|
| 生日快樂 | 不可能 |
| 流口水 | 小改變 |
| 禁止吸菸 | 白金漢宮 |
| 相本 | 新年 |

❤ 大型組別（10–15 個字）

西班牙的雨主要降在平原上。
沒有哪一行像表演事業這樣。
很久很久以前，有三隻小豬。
你逃避不了自己的良心。
在彩虹另一端，高高在上。
我希望你知道自己在幹嘛。
是否要活下去，是人生的大問題。
郵差 Pat 有頂很好的帽子。

## 「組合」能幫助長期記憶

同樣的原則，也能用來幫助組織長期記憶中的訊息。這對於複習考試尤其有用。舉例來說，假如一個主題內，你有 10 項參考資料要記憶，就將它們按你可能使用的次序排列，然後編一個故事，將它們連結在一個組合裡。為這則故事下個簡單的名字。故事內容越瘋狂，就越好記。要達到這個目的，不需要在意文法。範例中，名字以粗體標示。

這是一個有用的方法，可以用在任何你要記住、卻無法輕易連結的訊息上。你的課程資料大多自然地相連，因此去理解它整體概念，就能將它降低為一組，或少數幾組資料。

**範例**

**要記憶的名字**

| Gordon | Pilkington | Snodgrass |
|---|---|---|
| Collins | Rowbottams | Rider |
| Manchu | Ellis | Webster |

**連結故事**

**腳踏車故事**

Gordon 先生喝著琴酒，對面無表情的 Pilkington 先生大吼說，Snodgrass 需要修剪了，接著肚子痛的 Collins 小朋友就從腳踏車上一屁股（Rowbottam）跌下來。他們的第一名騎士（Rider）在嚼（Manchu-ing）一塊太妃糖，因為他的長靴（W-Ellis）卡到絞鍊了。他跌到蜘蛛網（Webster）上。

## 我們記得些什麼？

Flanagan（1997）主張我們能記得：

- 閱讀內容的 20%
- 聽到訊息的 30%
- 看到東西的 40%
- 說出口的 50%
- 做的事的 60%
- 我們讀到、聽到、看到、說，並且做的 90%

這些顯然不是科學數據，但它們顯示了使用不同感官與訊息互動的重要性。本章的目標為提供如何朝向 90% 記憶（或更高）邁進的概念。

參與 Bower 研究（見 425 頁）的人，能夠達到 100% 的記憶，而且還沒有用上多項感官。藉由結合這些策略，你能大大增加你的記憶潛能。

# 10 回顧

Review

記憶是一項動態的過程，有許多種方式可以加強它，假如一項方法不管用，可試試別項可能更適合你的方法。

研究你自己的學習風格與記憶偏好，試出記憶的新方法。創意和想像力是必要的元素。放鬆身心、享受記憶過程，並「把玩」訊息，直到你找到有幫助的記憶法，這些都能使你達成良好的記憶。要注意對某種訊息有用的方法，可能沒辦法用在別的訊息上，嘗試與犯錯是必經的過程。

你可以藉由完全使用大腦，加強你的記憶。注意你的左右腦偏好、三位一體大腦的行為，以及記憶過程的不同階段。你為訊息編碼、組織的方法特別重要。

好好掌管有意識的記憶，你可能會有驚人的進展！

# 複習與考試

學習大綱

- 思考考試的某些好處。
- 注意到一些常見的陷阱，並學習如何避開它們。
- 就長期與考前建立起一套複習方法。
- 考慮到除了複習之外需要的準備。
- 建立考試的對策與技巧。
- 學習處理壓力的方法，以幫助學習。
- 感覺到你對考試能有所掌握。

# 01 為什麼要考試？

Exams

不論你過去的表現是好是壞，面對考試都可能會帶來很大的壓力。你甚至可能會覺得憤怒，覺得是浪費時間，或你明明了解這些東西，卻無法在考試中表現出你的知識。

了解考試的理由、明白考試可能在某些方面對你有所助益，以及知道你對於整個過程有某些掌控權，能幫助創造出成功考試經驗所需要的積極心態。

## 考試的目的

考試的主要目的，是讓老師確認你了解課程內容，以及這份考試內容完全是你的東西。準備考試需要大量精力，以及不尋常的集中力，這造就出一種十分密集的學習。在任何其他的情況下，這樣的集中與密集是無法輕易複製的。

## 考試的一些好處

考試是有一些好處的！

- 考試中，你無法提供太長或太多細節的答案：你需要使用比平常作業中更少的資料。因此，比起額外的作業，考試較不需要深入研究與閱讀。
- 你不需要在結尾處寫出完整的參考資料或書目。
- 比起批改作業的老師，閱卷者通常較能接受潦草的手寫字、較小的文法與拼字錯誤，以及被遺漏的細節。
- 與持續的評分相比，你一整年下來承受的壓力較小。

# 02 考試前的複習技巧

Revision

考試的壓力能刺激你將學習統合起來，並察覺需要加強的部分。你可能會把壓力視為負面的東西，有失敗的可能性，或是視為正面的，是鼓勵你提高水準的一種挑戰。

## 考前的準備

- 整理你的筆記，從看起來有意思的東西中，歸納出必要的資料，能提醒你學過些什麼。
- 把筆記精簡成重要的標題、要點和參考資料（只放名稱和日期）。
- 將整個大題之下重要的提示製作成卡片，可以做成圖形式筆記或概念金字塔。
- 檢查自己的學習情況，與資料互動，然後將你學到的東西寫出來或錄下來。
- 回頭看你的筆記，找出有缺漏的地方。
- 重複進行三次寫和檢查的步驟，加強你的記憶。

## 利用過去的考卷

過去的考卷是你的最佳資源。一開始，考卷的用字可能令人退卻：問題可能顯得並不清楚，因為它們不能洩漏答案。重要的是，在考前去習慣這樣的風格。

- 記得每個問題都與課程某個領域相關。
- 你要找出那個連結，並且想出這個問題是要將你導向哪個議題。
- 看看有沒有重覆出現的問題。
- 要回答問題，你能將主題減少到多少？

## 選擇應複習的東西

- 複習的過程，就是選擇的過程。
- 選擇你要複習什麼主題。假如考試要考到三個主題，就複習至少五個主題。
- 針對每個主題，想出一些可能考到的問題答案，這樣你會覺得自己能夠應付這些主題之下的任何問題。
- 為每個主題選擇最重要的理論、參考資料與證據。在考前這麼做，比考試時做要容易得多了。
- 整理選出來的資料，讓它們更容易記得。（見第 11 章）

## 設下時間表

- 想出你需要多少時間來複習，要算入可能的「突發狀況」，以及放鬆的時間。
- 假如每個科目比重一樣，就平均分配不同科目、不同主題的時間。
- 另外預留練習考古題的時間。
- 見第 4 章的「時間管理」。

## 訓練寫的速度

品質與相關度，比量更重要。精準的答案能夠拿到高分。

然而，假如你作業大部分都使用文字處理，你的手寫速度可能會變慢。練習計時寫論文，或每天快速寫什麼東西都可以，能幫助訓練快速寫字需要用到的肌肉。

## 考試前閱讀新東西

關於是否應該在考前閱讀新東西，各方說法不一。它能幫助你的思路清晰，並帶你用較概觀的眼光來看待你的學習。然而，假如閱讀新東西造成你的困惑，就將焦點集中在現有的筆記即可。

# 03 如何做有效的複習？

Effective revision

| 10 項常見的複習陷阱 | 如何避開它們 |
|---|---|
| 1 **複習是最後時刻的工作** | 複習是為了準備考試、一種統合知識的方式。你能從課程一開始就計畫、並融入複習。以下是一些範例。<br>♦ 為課程做計畫、閱讀時，在另一張紙上，寫下不同的論文標題。在每個標題之下，做簡短的筆記或資料的頁碼對照。<br>♦ 在課程進行的過程中，讓你的筆記易讀、吸引人、且引人入勝，這能建立你的記憶。<br>♦ 可能的話，在學期一開始就利用索引卡，強記名稱、日期、關鍵細節（見 418 頁），就算之後忘記了，有助於記起來。<br>♦ 在考試前四週就開始密集複習。<br>♦ 提早在考前閱讀關於「考試」的單元。 |
| 2 **要把筆記從頭到尾看好幾遍** | ♦ 使用創意與互動的策略（見第 4 章與第 11 章）。這能使你保持警覺，也能幫助你整合資料。<br>♦ 不要只是閱讀，要以發現資料為目的而讀。最好的方法是針對可能考到的東西，尋找相關資料。去圖書館詢問有沒有課程過去的考古題，並自己發明問題。<br>♦ 與朋友討論考古題能讓過程更有趣。<br>♦ 在不看筆記的情況下計時寫論文，這可以透露哪些部分需要加強，還能訓練手寫速度以及在壓力下思考與寫作的能力。 |
| 3 **一再謄寫筆記** | ♦ 如果你是藉由「動態記憶」學習，這方法可能有幫助。採用不同的論文計畫能使你記憶猶新，並建立你對科目的想法。<br>♦ 有些人覺得重寫筆記會妨礙到對他們原來筆記的視覺記憶。這些人偏好建立一套良好的筆記、加上一系列索引卡片。<br>♦ 將資料減低為一系列的提示要點，再將一系列的提示要點縮減成一個關鍵字或影像。 |
| 4 **將論文寫出來，然後記下來** | ♦ 這十分浪費時間，又沒有建設性，不太可能會有同樣的問題出現在考試中。更好的方法是花時間在檢討與練習某範圍的答案上，好強記內容（見第 11 章）。這麼一來，你就能在考試期間有彈性地運用它們，針對題目選擇你需要的東西。 |

| | |
|---|---|
| 5 **想辦法拖延複習（例如要做的「急事」、看電視，或與家人朋友聊天）** | ♦ 製作一個複習時間表，為真正的緊急事件預留空間。在每項「急事」前，做一段複習。<br>♦ 將看電視或其他令你分心的事物當作是報酬，將它們放入時間表中。<br>♦ 見〈如何開始寫報告〉（第 250 頁）。<br>♦ 你可能想要有同伴。試試與其他學生一起複習，或在複習時找別人幫忙。向他們解釋一個主題：他們能不能了解你的解釋？他們能不能考驗你的記憶，或從筆記中找問題問你？ |
| 6 **「我沒辦法逼自己回去念書。」** | ♦ 回頭看第 4 章，檢查你的動機。<br>♦ 不要「逼」自己，而是藉由短期目標、挑戰、創意和同伴來鼓勵、吸引自己去念書。<br>♦ 確認你的時間表中，有預留足夠的休息時間。 |
| 7 **「我開始慌張，我覺得自己不可能成功度過，或是記得東西。」** | ♦ 與心態積極的人一起念書。<br>♦ 閱讀 449–453 頁關於「壓力」的部分，與第 11 章「記憶」。<br>♦ 穩當地朝小型目標邁進（第 133 頁）。<br>♦ 向大學裡的專業諮詢者談談。 |
| 8 **「那太無聊了，我會開始做白日夢，或懷疑為什麼我要自找麻煩。」** | ♦ 將念書時間分成許多段簡短的時間。<br>♦ 會覺得無聊，表示你沒有使用不同的互動式學習技巧，也沒有發揮創意。（見第 4 章與第 11 章）<br>♦ 找出方法，使學習更有變化。<br>♦ 從手邊的東西中找出不尋常的角度，或能總結出這樣東西的影像。想出能將看似無關的東西連結在一起的方法。自己發明一篇論文或一份考卷。 |
| 9 **「我事情太多，複習根本不可能。」** | ♦ 善加利用簡短的時間，像是在公車上、喝茶的休息時間等。<br>♦ 將工作分成較小的單位，隨身帶一些做。<br>♦ 在腦中記起一個考試的問題，隨時寫下想法。 |
| 10 **在強記起來之前，先不要複習下去** | ♦ 要一直回頭檢查你看過的東西，以及將資料縮減成較短的關鍵要點。<br>♦ 一直問自己：「我能如何利用學過的東西，來回答可能提出的問題？」<br>♦ 強迫記憶很耗時，好好利用空閒時間。 |

# 04 計畫表：複習計畫

Revision strategies





好的複習心態需要創意、互動學習技巧、高度的動機、時間管理、與他人良好的共事、寫作技巧，以及善用選擇權、批判思考與記憶的能力。你可以看到，假如你使用了前幾章建議的策略，你就已經朝好的考試成果邁進了。在下面的清單中，勾選你覺得有幫助的特定活動。將這些做成一個行動計畫（見 440 頁）。

**❶ 整個學期都抱著正確的複習心態**

- ☐ 讓你的筆記清楚、具視覺效果、色彩繽紛、具有活力、並且好記。預留多一點空間，日後可以加入新的資料。
- ☐ 課程進行的同時，將關鍵資料製作成索引卡。
- ☐ 每隔一段時間就看過一遍你的功課，這樣最後的負擔會減輕。
- ☐ 見上一單元的「10 項常見的複習陷阱」。

**❷ 謹慎使用時間**

- ☐ 盡量在學年早期開始。
- ☐ 做出一份複習時間表。
- ☐ 做一份優先順序安排表。（見 140 頁）
- ☐ 為複習做一個時間圓餅圖。（見 138 頁）
- ☐ 將零散的時間拿來做複習。

**❸ 保持積極心態**

- ☐ 將你的動機（見第 4 章）與心態導向考試，將困難視為可以用來建立新對策的挑戰。

**❹ 與他人合作**

- ☐ 安排與朋友一起複習的時間。

**❺ 尋求幫助**

- ☐ 向老師詢問考試答案與論文間的不同。

**❻ 使用記憶提醒點**

- ☐ 找出記憶提醒點（見第 11 章）。
- ☐ 將筆記粹取成關鍵點、關鍵字，以及記憶提醒點。
- ☐ 只記憶必要的資料，像是日期、名稱和公式。

**❼ 用耳朵複習**

- ☐ 將自己回答問題做錄音，聽自己的聲音能幫助記憶。

**❽ 保持身體健康**

- ☐ 睡眠、放鬆、做足夠的休息。

**❾ 利用前幾年的考古題**

- ☐ 看看哪些問題常出現。
- ☐ 腦力激盪，想出考古題的答案。
- ☐ 盡可能多做出幾份綱要計畫。
- ☐ 為自己寫題目計時，可建立寫字的速度，並做整體練習。
- ☐ 與他人討論問題，一起想出計畫。
- ☐ 事前考慮哪些細節需要排除在考試外。

# 05 自我檢測：你的複習策略與準備考試

Revision & exam preparation

## ❤ 你的複習策略與準備考試

- ☐ 1 我能找到參加考試對我的積極意義
- ☐ 2 我很清楚考試的時間
- ☐ 3 我知道每項考試會問多少問題
- ☐ 4 我能找出我需要為每項考試複習多少主題
- ☐ 5 我知道每個主題可能問題的範圍
- ☐ 6 我安排了一個實際的複習時間表，排出清楚的優先順序
- ☐ 7 我知道如何利用考古題思考答案
- ☐ 8 我已經開始練習快速寫出答案
- ☐ 9 我知道我需要使用哪些記憶策略來複習考試
- ☐ 10 我知道如何在考試中有效率地利用時間
- ☐ 11 我知道如何避免考試的陷阱
- ☐ 12 我知道考試作答與課程作業之間的差別
- ☐ 13 我知道如何處理壓力、並有效利用

**省思日誌 12-1**

- 你過去的複習策略與應考方式，如何幫助或妨礙你考試的成功？
- 下次考試時，你能如何改變或改善？

# 06 計畫表：複習的七項行動計畫

Seven-point action plan

| | |  | |
|---|---|---|---|
| 1 | 積極的心態 | 例如：檢查我的動機；給自己正面的訊息；在壓力下用功；接受挑戰。 | → 我會做些什麼來保持積極： |
| 2 | 時間 | 例如：在學年一開始用不同方式複習功課；組織一個時間表（140 頁的優先順序表或 138 頁的複習圓餅）；處理我不複習的藉口；利用空閒時間。 | → 我將： |
| 3 | 變化性 | 例如：用多次短時間念書；使用有變化、有趣的方式來複習。 | → 我將： |
| 4 | 強迫記憶 | 例如：重抄寫筆記、索引卡、做新的論文計畫、記憶提醒。 | → 我將： |
| 5 | 練習 | 例如：做考古題；在與考試同等的環境下念書；試過一遍考試流程。 | → 我將： |
| 6 | 對象 | 例如：可能的話，與他人共同複習。 | → 我將： |
| 7 | 選擇 | 我要複習哪些主題？在考試的情況下，我真正能用到多少細節？ | → 我將： |

# 07 考試的進階準備

Advance preparation for the exam

## ❶ 了解基本資料

- ☐ 你將有幾場考試？
- ☐ 考試時間是什麼時候？
- ☐ 考試科目是？
- ☐ 評分方式是什麼？
- ☐ 有沒有提供模擬考？
- ☐ 哪裡能找到考古題？
- ☐ 記錄這些資料，見 443 頁的考試清單。

## ❷ 了解「考試規則」

- ☐ 熟悉考卷上的規則：假如你是第一次在考試的壓力下閱讀，可能會顯得難以理解。它們通常會告訴你要在哪裡寫名字、准考證號碼，以及有多少問題要回答。（監考者可能會在考試開始時，將它們大聲唸出來。）

## ❸ 事先計畫考試時間

- ☐ 針對每份考卷，想出你將花多少時間在每個問題上，這樣你在考場就減少一件要做的事。當你進入考場時，將算好的時間寫在一張紙上，並不時看著它。

## ❹ 練習

- ☐ 就像別的事一樣，練習能使考試表現精進。就算你覺得自己還沒完全準備好，也盡量去參加模擬考，考試經驗是很重要的。假如沒有提供模擬考，就和朋友一起安排或自行安排。
- ☐ 挑出一份考古題，或自己命題。
- ☐ 安排好座位，看不到彼此的考卷。
- ☐ 在設定的時間限制內寫好答案，安靜地自己作答。
- ☐ 結束後，一起討論答案。

## ❺ 考試前一週

- ☐ 考試前一週要多喝水，避免脫水。
- ☐ 多動一動或運動，用掉多餘的精力。
- ☐ 每天放鬆地用功，讓你的思路清晰且集中。你可能還是會有些緊張的精力，這對考試是有用的。
- ☐ 記憶「王牌」卡上的資料。檢查你是否理解、記得這些東西。找出維持興趣和動機的方法。
- ☐ 為緊急狀況做計畫。在考試之前就安排好必要處理的事，同時尋求一些支援或替代方案，才有空做最後複習。
- ☐ 避免讓你覺得不安的人，例如特別有自信或是驚慌失措的人！
- ☐ 事前看考場，感受裡面的氣氛。

## ❻ 考試前一晚

- ☐ 檢查你手邊有的考試細節資料。
- ☐ 準備要用的東西，筆、尺、水、點心、准考證、身分證、毛衣等等。
- ☐ 避免驚慌的人。
- ☐ 吃些點心，睡前洗個令你放鬆的熱水澡。預留足夠的睡眠時間。

## ❼ 考試當天

- ☐ 考前要吃得足夠且營養，保持好體力。可以多補充像麵包或燕麥片這種碳水化合物的食物。
- ☐ 預留多餘的時間到達考場，避免耽擱。
- ☐ 計畫好在考場開放時到達，你可能要花些時間找座位。

# 08 檢核表：考試

Checklist: exams

科目：__________ 考試標題：__________

日期：______ 星期：______ 時間：______

校區：______ 大樓：______ 教室：______ 考試長度：______

- ☐ 我需要回答的問題數

- ☐ 準備：需要用來看問題、選擇問題、構思答案的時間

- ☐ 最後檢查：留時間來檢查邏輯、錯誤、問題標號正確、整理文字等

- ☐ 準備與最後檢查需要的總時間：

- ☐ 留給寫答案的時間（總時間減去準備與最後檢查的時間）

- ☐ 每個問題的分數：花在每個問題的時間開始寫下一個答案的時間
  1
  2
  3
  4
  5

- ☐ 考卷或考試環境是否有什麼特別需要注意的地方？

- ☐ 這份考卷能容許什麼樣的輔助，像字典、計算機等等？

- ☐ 我要帶什麼去考場？身分證？筆？色鉛筆？特殊器材？毛衣？水？方便吃的點心？

# 09 考試中的注意事項

In the exam

## ❶ 第一步

- ☐ 弄清楚自己的位置。
- ☐ 心情調整為積極、平靜且集中。
- ☐ 檢查你拿到的考卷是正確的。(錯誤是會發生的！)
- ☐ 慢慢閱讀指示，至少讀兩次。
- ☐ 按照要求填寫個人資料。
- ☐ 讀過整份考卷。就算你覺得有一面是空白的，也一定要兩面都檢查。
- ☐ 平均分配時間在配分相等的問題上。寫下你開始寫每個問題的時間。

## ❷ 選擇考試問題

- ☐ 每個問題至少讀過兩遍。
- ☐ 找出每個問題整體來說想要什麼。它與課程的哪個部分有關？這個問題導向哪個議題？
- ☐ 假如有看起來像是你做過的問題，在選擇之前，要小心看它的用字。用字的細微差異，可能會造成答案迴異。
- ☐ 勾選所有你有辦法做答的問題；把你最能回答得好的問題勾兩次。不要匆匆選擇，選擇能展現出你能力的問題，是很重要的。
- ☐ 針對你選出來的問題，標示出題目裡的關鍵字。注意問題有幾個部分。再一次用很慢的速度讀過問題，確認你沒有誤解任何關鍵字。到了這個階段，你可能會發現某個問題與你想的不同，而需要選擇一個不同的問題。
- ☐ 在另一張紙上，隨時記下你對選擇的問題有什麼想法。在每個想法旁邊，記下相對的題號。

### ❸ 寫考試問答題

使用與寫一般論文類似的程序：利用架構、組織、證據與清楚的邏輯，沒有這些，你將無法拿到高分。考試問答題會比較好寫，因為：

- ☐ 比起作業，需要比較少的證據和範例。
- ☐ 每個要點可以寫少一點。
- ☐ 你可以少寫一些背景細節。
- ☐ 你不需要提供參考書目，或詳細的參考資料。
- ☐ 文法上的小錯和拼字錯誤，以及較潦草的文字（假如可以閱讀的話），通常比較無關緊要。

### ❹ 腦筋一片空白怎麼辦？

- ☐ 不要太努力急著想起來。留下空白，晚點可能會想起來。
- ☐ 你可能太緊張了，做個你之前做過的放鬆運動（見 451–453 頁）。
- ☐ 使用〈如何開始寫報告〉的技巧（見 250 頁）。
- ☐ 一直寫下去。在另外的紙張上，寫下任何與這個問題有關的字句，這些最終會引發你的記憶啟動。
- ☐ 問自己問題，從最基本的開始：誰？何時？什麼？如何？直到你變得更集中為止。

## 使用金字塔問題來引導

將金字塔問題（見 276 頁）用歌曲、清單或榜單來記憶。利用它們在考場引導你的作答。假如你在要求速度之下很難進行組織、架構，或是在考試時腦筋一片空白，這個方法特別有用。

# 10 如何在考試中有好的表現

Doing well in exams

| 考試中常見的陷阱 | 應確實做好的基本動作 |
|---|---|
| ❶ 做傻事 | 一些傻事可能會造成考試資格的喪失，或是白白丟分。<br>☐ 確定你應考的日期和地點都是正確的。<br>☐ 檢查你拿到的考卷是對的。<br>☐ 記得要在答案卷上，寫上你的姓名或准考證號碼。<br>☐ 回答的題數要正確。<br>☐ 閱讀問題。<br>☐ 檢查試卷的背面。<br>☐ 在考試前提早了解有什麼需求。在考試時，安排時間來仔細檢查這類資料。 |
| ❷ 將考試神祕化 | 閱卷者不會花好幾個小時詳讀你的考卷，也不會看透你的答案，找出什麼你不知道的東西，你並沒有要傳送什麼「神奇的元素」。<br>☐ 閱卷者有一大堆考卷要看。他們想趕快把這些看完，每份只花幾分鐘看。他們可能會檢查導論和結論，來看看你的論點，並略讀過答案，來評量你的邏輯，檢查你是否使用課程內容來支持你的答案，並粗略評估答案值多少分。他們不太可能像老師批改課堂作業那樣仔細。<br>☐ 通常，第二名閱卷者也會進行同樣的過程，假如他不同意前一名閱卷者，便會詢問另外閱卷者的意見。只有特別不佳的文法、拼字錯誤或手寫字會突顯出來。 |

| | | |
|---|---|---|
| ❸ | **無法好好利用考試時間，回答的問題太少** | ☐ 在配分相等的問題上，分配相等的時間，而分數比重較大的，多花一些時間。<br>☐ 報酬遞減法則可以應用於花在任何一個問題的時間上。你在一個問題上花了兩倍的時間，卻不太可能得到兩倍的分數。<br>☐ 每題都寫出合理的回答，會比花所有時間寫了一些非常傑出的回答、卻完全沒寫其他問題，更容易過關。<br>☐ 假如你快用完分配在寫一題的時間，留下一些空白，最後可能有機會回頭寫。 |
| ❹ | **寫出你對於某主題知道的一切** | 把你知道的東西全寫出來、證明你知道這些，並沒有什麼價值。<br>☐ 閱卷者對於你知道多少東西，並沒有興趣。<br>☐ 如果你只是列出一大堆東西，可能根本拿不到分數。 |
| ❺ | **放棄架構與一般論文的寫作技巧** | ☐ 因為閱卷者要快速閱讀考卷，他們會很欣賞有清楚、良好架構的答案，好的導論與結論，正確的題目標號，以及容易閱讀、分類清楚的文字。<br>☐ 假如你的文字雜亂、無法閱讀或令人困惑，就會失去閱卷者的好印象。 |

# 11 自我檢測：考試策略

Exam strategy

| | 我是否⋯⋯ | 是 | 否 | 待辦或注意事項 |
|---|---|---|---|---|
| 1 | 小心閱讀整份考卷？ | ☐ | ☐ | |
| 2 | 遵照所有指示？ | ☐ | ☐ | |
| 3 | 完整回答正確題數的問題？ | ☐ | ☐ | |
| 4 | 良好地規畫時間，讓我能檢查答案？ | ☐ | ☐ | |
| 5 | 知道我會在每個問題上花多少時間？ | ☐ | ☐ | |
| 6 | 有效利用考試時間？ | ☐ | ☐ | |
| 7 | 每個問題至少看兩次？ | ☐ | ☐ | |
| 8 | 花時間想清楚所有問題的意思？ | ☐ | ☐ | |
| 9 | 問自己出題者想要問什麼？ | ☐ | ☐ | |
| 10 | 花足夠的時間考慮哪些問題對自己最有利？ | ☐ | ☐ | |
| 11 | 對自己該做的有自信？ | ☐ | ☐ | |
| 12 | 找出與練習過的問題類似的題目？ | ☐ | ☐ | |
| 13 | 發現我複習了足夠的主題？ | ☐ | ☐ | |
| 14 | 知道「好」答案是什麼樣子？ | ☐ | ☐ | |
| 15 | 知道哪種寫作風格是恰當的？ | ☐ | ☐ | |
| 16 | 知道正確的格式或版面？ | ☐ | ☐ | |
| 17 | （在紙上或在腦海裡）計畫我的答案？ | ☐ | ☐ | |
| 18 | 建立出清晰的論點？ | ☐ | ☐ | |
| 19 | 使用課程內容的資料為範例？ | ☐ | ☐ | |
| 20 | 嚴格遵守回答題目範圍內的東西？ | ☐ | ☐ | |
| 21 | 避免提出無關的細節而離題？ | ☐ | ☐ | |
| 22 | 避免花俏的用語和模糊不清的導論？ | ☐ | ☐ | |
| 23 | 包含一段導論和一段結論？ | ☐ | ☐ | |
| 24 | 考試期間保持集中？ | ☐ | ☐ | |
| 25 | 檢查答案有沒有錯誤？ | ☐ | ☐ | |
| 26 | 檢查答案看看合不合理？ | ☐ | ☐ | |

- 假如你對大部分的問題，回答都是「是」，那麼考試成功的機率就很高。
- 假如不是的話，回頭看看本書的相關單元，找出你需要練習的部分。
  假如你有不確定的地方，與你的老師談談。

# 12 如何處理壓力

Dealing with stress

輕微程度的壓力，能幫忙提供挑戰的刺激、興奮、與集中。有些人會特地尋求壓力，使生活更刺激。

配合交件日和考試的學習，對每個學生來說，帶來的壓力程度也不同。生活附加的壓力，例如缺錢、人際關係出問題、喪親之痛，或是工作、家庭、住宅的情況改變，都會增加你的壓力度。過多的壓力，可能會嚴重影響生理與心理健康、專注力與記憶力等。

假如你承受了過多的壓力，就要採取一些步驟來降低。壓力的跡象，可能有很大的不同。

| | 發現跡象：你是否有以下的狀況？ | 是 | 否 |
|---|---|---|---|
| 1 | 躺在床上睡不著，擔心事情？ | ☐ | ☐ |
| 2 | 當你沒在用功時就覺得有罪惡感？ | ☐ | ☐ |
| 3 | 容易感到挫折？ | ☐ | ☐ |
| 4 | 口乾舌燥、心跳沉重或有心悸的感覺、流手汗、反胃，或抽筋？ | ☐ | ☐ |
| 5 | 咬牙切齒或磨牙？ | ☐ | ☐ |
| 6 | 容易對別人動怒？ | ☐ | ☐ |
| 7 | 常常吃東西吃得很快，或毫無節制地吃？ | ☐ | ☐ |
| 8 | 藉由抽菸或喝酒來「放鬆心情」？ | ☐ | ☐ |
| 9 | 常常砸東西或摔壞東西？ | ☐ | ☐ |
| 10 | 注意到日漸增長的煩燥、想哭的情緒或情緒化？ | ☐ | ☐ |

| 知道你的臨界點 | 答案 |
|---|---|
| 1 你在什麼時候會開始情緒緊繃？ | |
| 2 當事情不如意時？ | |
| 3 當工作量增加時？ | |
| 4 當你努力想取悅太多人時？ | |
| 5 當其他人似乎把事情做得很糟，或比你優秀時？ | |
| 6 當你為自己設下不切實際的目標時？ | |
| 7 在塞車，或使用大眾運輸工具時？ | |
| 8 其他時刻？ | |

省思日誌 12-2

- 在你的日誌裡，列出你覺得最有壓力的時刻，或什麼讓你覺得緊張。
- 描述發生了什麼事。
- 你如何處理這些情況？
- 還有什麼是你能做的？

省思日誌 12-3

- 看看下一頁列出的建議，勾選你能嘗試的項目。
- 你會先試試哪一項？

# 13 計畫表：處理壓力

Managing stress

## 保持放鬆

### 1 適當的睡眠

- □ 以一天睡八小時為目標。
- □ 更多或更少睡眠，都可能使你疲累。

### 2 休息

- □ 不論你做什麼，都要常休息。

### 3 採用〈STOP!〉運動

- □ 讓自己暫停所有手邊的事，慢慢呼吸，或數到一百。
- □ 讓自己微笑，即使感覺困難。
- □ 伸展你的手，放鬆手指。讓你的手和腳靜止不動。
- □ 不停對自己重複「停止」，直到你平靜下來為止。

## 監控你的心理狀態

壓力與我們對挑戰採取的心態有關。使一個人驚慌的情境和感覺，可能會使另一個人興奮、感到有興趣。

### 1 聽聽腦子裡的聲音

- □ 若你很容易想著「我沒辦法……」、「別人就能……」或「我完全沒辦法……」，你需要改變想法了！
- □ 換個方向想：「我能夠……」、「我已經……」、「我可以……」、「我要……」。

### 2 質疑你的思考方式

問自己像這樣的問題：

- □ 有沒有別的思考方法？
- □ 我是不是過度完美主義？
- □ 以目前的情況來說，我是否對自己或他人要求過高？
- □ 我是否將事情做得太過火？
- □ 我這種心態對自己會有什麼影響？
- □ 我是否會為了自己無法控制的因素責備自己？
- □ 我能做些什麼來改善情況？

## 管理你的時間

### 1 有組織

- □ 做好組織，避免壓力。
- □ 製作時間表與行動計畫，避免可預測的危機與驚慌。
- □ 掌控你的時間。

### 2 設下優先順序

- □ 排定工作先後順序，以及你何時要做哪項工作。
- □ 決定哪些事可以暫緩，並且暫緩它們（見 140 頁）。

## 照顧好你的身體

### 1 做運動

- □ 做些需要精力的事，像是散步、游泳、跑步、玩遊戲、清理房間、整理花園等等。
- □ 用掉累積起來的精力，和多餘的腎上腺素（見 414–415 頁）。

### 2 飲食健康

- □ 檢查你都把哪些東西吃進身體裡。
- □ 你能不能裝少一點咖啡、菸、酒和化學物質進去身體裡呢？
- □ 你的身體是否需要更多能幫助它新陳代謝的成分，例如食物和水？

## 放鬆

### 1 款待自己

- □ 洗個放鬆心情的澡，不要趕時間。
- □ 點個蠟燭或用香精油來好好享受。
- □ 每天撥出一點時間，單純做你喜歡的事，或什麼也不做。
- □ 想辦法至少花 20 分鐘，自己靜一靜。

### 2 慶祝成功

- □ 回想你一天或一週的成就。
- □ 犒賞自己。

### 3 白日夢

- □ 想像地面是一片雲。或一片大大的棉花球，而你正往下陷進去、慢慢飄走。
- □ 想像你在魔毯上，往下看著移動的地面景色。你想造訪什麼地方？
- □ 想像你在山頂上，享受著美景。

## 4 進行放鬆運動

- [ ] 花時間有意識的放鬆

1 躺在地板上，或坐在舒適的椅子上。
2 閉上眼睛，慢慢吐氣好幾次。不要太用力。
3 假如你的腦子靜不下來，做〈STOP!〉運動（見 451 頁）。
4 注意你身體哪裡覺得緊張。

- [ ] 接著，以下每項都做個幾遍。

5 腳趾用力緊抓，數到三，然後放開來。重複這步驟數次。
6 用所有你能用到的肌肉，進行同樣的步驟，從腳趾頭一路往上到脖子。
7 將肩膀抬到耳朵旁，然後放下來。重複數次。
8 把所有臉部肌肉都擠在一起，然後放鬆。張大嘴巴，打個大呵欠。
9 想像自己在一個平和、美麗、安全的地方。
10 聽聽那裡的聲音，看看那裡的顏色。
11 它可以是任何地方，真實存在或想像的都行。
12 在你感到壓力時，這可以是你心靈的避風港。

## 5 平靜地呼吸

- [ ] 在放鬆之後，舒服地坐著或躺著。閉上眼睛。如果想要的話，播放使你放鬆的音樂。

1 想像你隨著每次吸氣，也吸進了平靜和安詳，每次呼氣時，就釋放出一些壓力。
2 想一個讓你覺得舒緩的字詞，在心中重複它。
3 照這樣做 10 分鐘，你想的話，可以更久一點。

- [ ] 如果你覺得這很困難，就安靜地休息就好。
- [ ] 冥想課程可能也有幫助。

### 進階閱讀

1.Wilkinson, G. 1997. *Understanding Stress.* London: British Medical Association ('Family Doctor' series).
2.Wilson, P. 1997. *Calm at Work.* London: Penguin.

# 14 回顧

Review

考試是你學期或一年學習中的高峰，這不只是對於課程內容，也是對於你建立的學習方法而言。許多幫助你考好試的策略，與任何作業需要的策略相似：組織、選擇、發展你的觀點與邏輯，以及有架構的寫作技巧。

這表示複習與準備考試並不是獨立的活動，無法與學年中進行的其他學習活動分隔。假如你一整年都穩定地學習，會更容易面對考試期。

不要把考試看得太重。假如你沒有通過，通常會有第二次的機會；如果你還是沒通過，它不是世界末日，人生不是只有考試，也有沒拿到學位的成功機會。你的健康、家庭與朋友，不值得你為了學位而犧牲。

將緊張帶來的精力與一些壓力視為常客。然而，要記得放鬆、使壓力維持在你能處理的程度內。記得出題者通常是你的老師，而他們通常希望你能考得好。他們會想辦法給你分數、幫助你過關。

考試可以是很刺激的時刻。考試結束時，你很可能會覺得自己真正了解了這門科目！考試一過，你可能會覺得鬆懈下來的感覺，做好心理準備。安排你喜歡且使你放鬆的活動當作獎賞。

慶祝你的成就！

# 第十三章

# 計畫你的下一步

## 學習大綱

- 指出你目前為止的學習成果。
- 評估你的成就。
- 了解「個人發展計畫」的意義。
- 指出你目前為止的個人計畫。
- 辨識你下一組個人進步的目標。

# 01 評估你的學習技巧

What you have achieved

本章提供你機會，來檢討你目前為止的成就。假如你已經讀過本書一個或多個章節，那你可以用第 457 頁的〈學習技巧的進步〉來記錄你對自己成就的評價。要對你的成就做出精確的判斷，既不低估也不高估，你需要考慮以下幾點：

1 你相信自己達成了什麼？
2 你現在能做到什麼之前做不到的事？
3 有什麼能證明你的成就，你如何知道自己成功了？
4 你的成就有什麼重要性，它有什麼意義，又帶來什麼幫助？
5 還有什麼是需要做而還沒做的？
6 永遠都有調整技巧，以使工作更有創意、更有效率、更少壓力等的空間。
7 除此之外，你如果不利用你的能力，可能就會失去該能力。
8 計畫好練習技巧的機會。
9 你希望為自己設下什麼樣的新挑戰？
10 你如何能增廣技能、拓寬人生觀、創造新機會？

學習技巧，是一套發展過程的一部分，本書建議的學習策略與概念，能應用在大多數的學習層面上，它們已經過不同程度的學生（包括研究生）有效地使用。然而，有些傳統上並不與「學習技巧」做連結的額外技巧，也對成功的學習有益。這些技巧一般較常與「個人發展」或「長遠職業發展」做聯想。提早廣加發展你的技巧與經驗，對於你的學術研究、職業成就與個人發展，都有正面的影響。

本章介紹個人發展的概念。它規畫出本書中已經處理過的個人發展，並開始進行針對更廣的個人成就設定目標的過程。

# 02 自我檢測：學習技巧的進步

Study skill achievements

使用下面的表格，來指出你達成的學習技巧或里程碑，以及達成的日期。釐清你評估的基準：你如何知道自己改進了？

姓名：　　　　　　　　　課程：

| 成果／里程碑典型 | 如何得知自己進步了 | 日期 |
|---|---|---|
| **❶ 為學習做準備（第 1 章）** | | |
| □ 1 我知道學生所會有的焦慮，並且能正面處理 | | |
| □ 2 我知道有哪些個人資源 | | |
| □ 3 我知道對課業準備的程度 | | |
| □ 4 我了解大學使用哪些教學方法，以及會面臨什麼要求 | | |
| □ 5 我明白獨立學習的意義 | | |
| □ 6 我能有效率地進行獨立學習 | | |
| **❷ 了解自己的學習（第 3 章 & 第 4 章）** | | |
| □ 1 我理解對學習與智力的態度，會如何影響到學習上的成就 | | |
| □ 2 我知道最理想的學習環境是什麼 | | |
| □ 3 我會為自己安排最理想的學習環境 | | |
| □ 4 我知道自己的學習風格，以及需要什麼來達到最佳學習 | | |
| □ 5 我使用自己偏好的方式來幫助學習 | | |
| □ 6 我知道學習習慣可能阻礙學習 | | |
| □ 7 我知道怎麼做會破壞自己的學習 | | |
| □ 8 我採用有效率的學習習慣與策略 | | |

**❸ 為學習做組織與計畫（第 4 章）**

| | | | |
|---|---|---|---|
| ☐ 1 | 我安排出恰當的學習空間 | | |
| ☐ 2 | 我整理檔案與資料 | | |
| ☐ 3 | 我整理電腦資料夾 | | |
| ☐ 4 | 我能在需要時，輕易找到資訊 | | |
| ☐ 5 | 我使用計畫表來組織要完成的學習任務 | | |
| ☐ 6 | 我具備有效學習需要的資源 | | |
| ☐ 7 | 我有效地事前預習上課的東西 | | |

**❹ 時間管理（第 4 章）**

| | | | |
|---|---|---|---|
| ☐ 1 | 我知道自己如何利用時間 | | |
| ☐ 2 | 我有效利用短而分散的時間 | | |
| ☐ 3 | 我有效利用我的日記和／或計畫表 | | |
| ☐ 4 | 我知道自己什麼時候學習效果最佳，並安排時間，讓自己能在這些時段內學習 | | |
| ☐ 5 | 我配合作業截稿日安排好工作 | | |
| ☐ 6 | 我知道恰當的節省時間對策 | | |
| ☐ 7 | 我能夠安排個人優先事項 | | |

**❺ 與他人共事（第 5 章）**

| | | | |
|---|---|---|---|
| ☐ 1 | 我能不打斷他人，專心聆聽 | | |
| ☐ 2 | 我能有效率地表達我的觀點 | | |
| ☐ 3 | 我鼓勵他人開口說話 | | |
| ☐ 4 | 我能辨識偏見或他人受到不公待遇時 | | |
| ☐ 5 | 我幫忙確認團體人的每個成員都有參與到，也受到良好的待遇 | | |
| ☐ 6 | 我知道能使團體良好運作的因素有哪些 | | |
| ☐ 7 | 我幫忙使團體更有效率地運作 | | |
| ☐ 8 | 我有效利用學習支持團體 | | |

### ❻ 做口頭報告(第 5 章)

| | | | |
|---|---|---|---|
| ☐ 1 | 我知道如何準備口頭或肢體的報告 | | |
| ☐ 2 | 我知道觀眾的需要，而且在他們聽一段報告時，需要會隨著改變 | | |
| ☐ 3 | 我能配合報告可用的時間規畫資料 | | |
| ☐ 4 | 我能適當使用視聽輔助器材 | | |
| ☐ 5 | 我報告時就算不是很有自信，也聽起來有自信 | | |
| ☐ 6 | 我與觀眾做恰當的眼神接觸 | | |
| ☐ 7 | 我在不急不徐的情況下，配合時間限制 | | |
| ☐ 8 | 我對問題回應良好 | | |

### ❼ 研究技巧(第 6 章)

| | | | |
|---|---|---|---|
| ☐ 1 | 我將一套對策應用在閱讀上 | | |
| ☐ 2 | 我有自信能找到作業需要的資源 | | |
| ☐ 3 | 我針對論文與報告所需，選擇正確種類與數量的資訊 | | |
| ☐ 4 | 我能夠針對博士論文的需要，選擇正確種類與數量的資訊 | | |
| ☐ 5 | 我有效使用圖書館與其他資源 | | |
| ☐ 6 | 我做的筆記容易使用 | | |
| ☐ 7 | 我有效利用上課時間 | | |

### ❽ 參考技巧；剽竊(第 6 章)

| | | | |
|---|---|---|---|
| ☐ 1 | 我知道剽竊的意義 | | |
| ☐ 2 | 我知道如何避免剽竊 | | |
| ☐ 3 | 我明白如何列出資料來源為參考資料 | | |
| ☐ 4 | 我一直適當地為作業列出參考資料 | | |
| ☐ 5 | 我知道如何寫出參考資料清單 | | |
| ☐ 6 | 我知道在小組中，如何做出個人的作業 | | |

## ❾ 寫作技巧（第 7–9 章）

| | | | | |
|---|---|---|---|---|
| □ | 1 | 我有自信動手進行寫作作業 | | |
| □ | 2 | 我將寫作作業分成容易達到的步驟 | | |
| □ | 3 | 我將寫作集中在規定的題目或問題上 | | |
| □ | 4 | 我了解學術寫作的要求（風格、版面安排、傳統等等） | | |
| □ | 5 | 我以分析的方式寫作 | | |
| □ | 6 | 我清楚地組織、架構想法 | | |
| □ | 7 | 我為內容排序，使它依清楚的邏輯走 | | |
| □ | 8 | 我遵守字數限制 | | |
| □ | 9 | 我遵守交稿期限 | | |
| □ | 10 | 我校潤自己寫的東西，讓它讀起來順暢、沒有錯誤 | | |

## ❿ 作業寫作（第 7–9 章）

| | | | | |
|---|---|---|---|---|
| □ | 1 | 我知道論文寫作有什麼要求 | | |
| □ | 2 | 我寫的論文能拿到想要的分數 | | |
| □ | 3 | 我明白各種寫作作業的不同處 | | |
| □ | 4 | 如果要求的話，我能想出好的標題 | | |
| □ | 5 | 我知道報告寫作有什麼要求 | | |
| □ | 6 | 我寫的報告能拿到想要的分數 | | |
| □ | 7 | 我知道個案研究寫作有什麼要求 | | |
| □ | 8 | 我知道該如何改善我寫作業的技巧 | | |

## ⓫ 學位論文（第 9 章）

| | | | | |
|---|---|---|---|---|
| ☐ | 1 | 我知道學位論文有什麼要求 | | |
| ☐ | 2 | 我能想出好的學位論文標題 | | |
| ☐ | 3 | 我能組織、安排我的時間，讓學位論文所需要的工作都能妥善處理 | | |
| ☐ | 4 | 我能將研究技巧應用在較大規模的計畫上，如學位論文 | | |
| ☐ | 5 | 我知道如何寫出一份學位論文 | | |

## ⓬ 自省與創意思考技巧（第 4 章）

| | | | | |
|---|---|---|---|---|
| ☐ | 1 | 我知道自省式思考的價值 | | |
| ☐ | 2 | 我固定挪出一些時間，做有條理的回顧 | | |
| ☐ | 3 | 我固定寫一份自省的日誌，來監控我的進步 | | |
| ☐ | 4 | 我有一套策略，用來發展創意性思考 | | |
| ☐ | 5 | 我對使用創意思考策略有自信 | | |
| ☐ | 6 | 我評估自己的進步 | | |
| ☐ | 7 | 我善加利用老師或同儕的評語，來改善表現 | | |

## ⓭ 批判、分析式思考技巧（第 10 章）

| | | | | |
|---|---|---|---|---|
| ☐ | 1 | 我知道「分析」的意義 | | |
| ☐ | 2 | 我在閱讀文章時，能批判式評估它的邏輯 | | |
| ☐ | 3 | 我能評估文章內提到的範例 | | |
| ☐ | 4 | 我能辨識文章與資料來源中的偏見與扭曲事實 | | |
| ☐ | 5 | 我能評估文章內引用的證據是否支持其結論 | | |
| ☐ | 6 | 我在使用證據支持我的論點時，應用分析式思考技巧 | | |
| ☐ | 7 | 我將批判分析式思考應用在自己的寫作上 | | |

## ⓮ 記憶（第 11 章）

| | | | | |
|---|---|---|---|---|
| □ | 1 | 我使用一些實用的記憶策略 | | |
| □ | 2 | 我對大腦如何運作有基礎的認知，並知道如何使用這項知識來幫助記憶 | | |
| □ | 3 | 我知道哪種記憶策略最適合我 | | |
| □ | 4 | 我運用策略，使我在需要時記憶必要的資訊 | | |
| □ | 5 | 我善加組織資訊，使我更容易記得它們 | | |

## ⓯ 複習與考試（第 12 章）

| | | | | |
|---|---|---|---|---|
| □ | 1 | 我了解複習功課的目的 | | |
| □ | 2 | 我定期複習功課 | | |
| □ | 3 | 我尋找課程內一貫的主題 | | |
| □ | 4 | 我經常找出有困難的部分，並加以處理 | | |
| □ | 5 | 我經常檢查自己理解多少 | | |
| □ | 6 | 我知道哪種複習策略最適合我 | | |
| □ | 7 | 我使用好的複習時間表 | | |
| □ | 8 | 我利用考古題或模擬考練習作答 | | |
| □ | 9 | 我仔細地閱讀考卷 | | |
| □ | 10 | 我知道哪類問題我回答得最好 | | |
| □ | 11 | 我規畫考試時間，確保每個問題都有得到相對分數該有的注意 | | |
| □ | 12 | 我為考試的作答擬定架構，使它的邏輯容易理解 | | |
| □ | 13 | 我按要求回答所有試題 | | |
| □ | 14 | 我在交卷前檢查答案 | | |

# 03 自我檢測：評估成果

Evaluating achievement

影印頁

指出一項使你特別開心或驕傲的進步技巧，你可以利用下面的表格來更詳細地分析你的成就，以及評量你的進展。在你完成這一頁後，你可能會想針對另一項成就進行同樣的步驟。

| 提示 | 評估 |
| --- | --- |
| ❶ 我達成了什麼<br>什麼改變了？（舉例來說，我現在能做到什麼之前做不到的事？） | |
| ❷ 我如何知道自己達成了<br>有什麼證據證明我的成就？（像是我的感覺、來自他人的評語，或分數的改變） | |
| ❸ 我做了什麼達到這項成就<br>我採取了什麼步驟？（我是否改變了態度、習慣或行爲？是否有好的策略？是否有尋求支援？是否有練習技巧？是否有檢討我的表現？） | |
| ❹ 這項成就的重要性或影響<br>這項成就的重要性或意義是什麼？（它爲何有影響或重要？我是否對它感到滿意或自豪？） | |
| ❺ 往下發展<br>這項成就日後能有什麼發展？（我能如何進一步調整它？我能不能將它應用在新的情境中？我的下一步是什麼？） | |

# 04 規畫你的未來

Planning your future

學習技巧活動，是更廣泛個人發展的一部分。個人規畫，並不是做了就忘的事，它是一個對未來的態度。它沒有界限，並沒有所謂的結束。個人規畫的過程將：

- ✔ 加深你對自己的了解
- ✔ 使你更清楚自己的動機
- ✔ 幫助你構思對於人生與職業真正想要的是什麼
- ✔ 幫助你面對自己的極限，並實際地處理這些極限
- ✔ 幫助你以他人的角度看自己
- ✔ 協助你針對較長遠的重要目標做規畫

## PDP（個人發展計畫）包含些什麼？

個人發展計畫（Personal Development Planning, PDP）包括：

### 1 自省

你自省的焦點會隨著時間改變，並將包括深入思考某些問題：

- ✔ 你是誰？
- ✔ 你想當什麼樣的人？
- ✔ 你想要什麼？
- ✔ 為何想要？
- ✔ 你人生中有什麼選擇？
- ✔ 你想要什麼樣的人生旅程？

### 2 增長的自覺

PDP 需要你注意自己的個別力量、興趣、靈感、偏好、特質與野心，以及你的弱點。

### 3 接收訊息

你可以看得到向你而展開的各種機會與選擇，並增廣見識。

### 4 負起個人責任

身為一個成年人，你能為自己的教育、訓練、選擇與未來，規畫負責。

### 5 發展策略，達到你想要的地方

PDP 幫助你計畫、設下目標、採取行動、發展技巧，並重新思考你的地位。

# 05 個人發展計畫的七大好處

Seven benefits of PDP

所有大學都有責任提供個人發展計畫，好讓學生一完成課業之後，就能為人生與工作做好更萬全的準備。

PDP 有許多好處，下面只是其中七項。

1. PDP 提供你更清楚的方向感和目標。許多學生並不清楚自己離開大學後要做什麼，可能因此在早期做出錯誤的選擇。
2. 方向與目的使學習更有意義。這能建立動機，你能將之導向達成學術上的目標。
3. 與 PDP 有關的自省、計畫式、分析與創意思考技巧，與課業學習息息相關，在大部分的生活情境上也都能派上用場。
4. PDP 將讓你更清楚自己在世界上扮演的角色，以及你想要什麼：這能進而使你對未來有更多的掌控。
5. 通常 PDP 活動會刺激你在離開大學後去發展不同技能，並參加能帶給你更廣大經驗的活動。這將使你能為更好的工作機會競爭，以及面對更寬廣的世界。
6. 基於對自己與自己的機會更清楚地了解，與事前的計畫，PDP 能增加你的自信。
7. 你將從學校的東西，不僅是一個學位而已。

活動 13-1

### 個人發展計畫

- 你會想補充哪些其他個人發展計畫的好處？
- 哪三項好處對你來說最重要？
- 哪些對你來說比較不重要？

# 06 已經進行的個人發展

Personal development already undertaken

本書前面的單元介紹了個人發展計畫的一部分。以下為一些範例：

## ❶ 理解在不同情境下的技能發展

- ✔ 辨識技能與個人特質（第 2 章）
- ✔ 了解個人學習風格（第 4 章）

## ❷ 計畫

- ✔ 設下目標與標的，讓你能衡量你的進展（第 133 頁與 481 頁）
- ✔ 釐清你想從大學學習中得到什麼，好增加集中力（緒論與第 2 章）

## ❸ 發展一套對策

- ✔ 利用想要的成果來引導策策略（第 4 章）

## ❹ 監控與評估表現

- ✔ 自我檢測（見 64 頁、110–111 頁、463 頁）
- ✔ 你的個人發展史
- ✔ 即使在你進大學前，就已經在進行個人計畫的過程中了。這可能包括了在學校選擇資格、為了獲得經驗選擇打工、選擇最適合你的大學，或搬回家裡。

**省思日誌 13-1**

- 你現在用什麼方式進行個人計畫，來做影響未來的選擇。舉例來說，你選擇如何使用時間、你如何選擇科目、如何選擇工作經驗、是否進行任何義工工作，以及其他課外活動？
- 你希望經由這些經驗達到什麼成就？
- 你能如何改善個人規畫，使你能為未來做更好的準備，並拓寬你的視野？

# 07 活動：個人發展史

Activity: Personal development history

❤ 勾選出你已經進行的個人規畫種類

- ☐ 1 研究並規畫一項重大的人生事件（像是小孩的出生，或換地方住）。
- ☐ 2 研究並規畫一個場合（像是宴會、渡假或慶典）。
- ☐ 3 為了在學校或大學，完成一項資格或課程，進行研究與計畫。
- ☐ 4 為了選擇大學，進行研究與規畫。
- ☐ 5 為了選擇大學課程，進行研究與規畫。
- ☐ 6 為了尋找打工或全職工作，進行研究與規畫。
- ☐ 7 企畫學生報告或工作報告。
- ☐ 8 思考過如何告知他人壞消息。
- ☐ 9 在忙碌的時間表中找平衡。
- ☐ 10 計畫你將如何長時間發展一項技巧（像是開車、使用電腦，或滑雪）。
- ☐ 11 在做選擇時，花長時間思考。
- ☐ 12 選擇特定的課程來發展自覺性（像是管理、諮詢，或面對個人挑戰的課程）。
- ☐ 13 進行課程來發展個人興趣。
- ☐ 14 為了挑戰你的想法、拓寬你的觀點而去旅行。

# 08 盡早做職涯規畫

Planning toward as career

## 提早規畫

假如你希望畢業後有好的工作，準備的工作就要盡早開始。只靠你的學科與成績本身，通常不足以使雇主印象深刻。他們也會想知道你能將他們重視的技能與特質發揮得多好。舉例來說，他們會想找能做到以下的事的人：

- ✔ 為自己、其他人與他們將被指派的工作負責任
- ✔ 做好長遠的計畫，面對日後的需求
- ✔ 發現並創造機會
- ✔ 能善加利用眼前的機會
- ✔ 表現出對雇主需要的理解
- ✔ 為個人發展與改善表現負責

理想上來說，你應該在第一年就開始計畫，這樣等到你畢業應徵工作時，你就站穩腳步了。

## 建立一份「完整的履歷」

應徵工作時，你曾參與的科目與課外活動都會被列入考量。在寫應徵履歷時，你將會問自己：

- ✔「我如何利用自己的時間……？」
- ✔「我做過的什麼事，能使這份履歷顯得突出？」
- ✔「什麼能讓這家公司考慮我，而非其他人？」
- ✔「我有什麼證據可證明我擁有對方需要的技能？」
- ✔「我能提供什麼經驗……？」

你花在大學的時間是一項投資。很明顯的，花時間在得到學位上是很重要的。然而，你不需要把所有時間全投入在學習上。有一些「聰明」的方法，可以利用時間，又能拿到學位，讓你在離開大學時，擁有一份完整的履歷。

一份完整的學生履歷，通常包含以下項目當中至少三項的「投資」：

- ✔ 學分科目
- ✔ 補充科目
- ✔ 技能發展
- ✔ 特殊的技能專長
- ✔ 工作經驗
- ✔ 志工活動
- ✔ 對社區作出貢獻
- ✔ 必須負責的職位
- ✔ 能轉換到職場上的廣泛技能

活動 13-2

**❤ 個人檔案**

- 以上列出的九個領域中，哪一項是你已經投資的？
- 現實上來說，接下來的六個月內，你能進行什麼活動，來發展你的個人履歷？

# 09 為就業做好準備

Career readiness

對於你目前能採取什麼步驟，來為日後畢業後應徵工作做好準備？

## 1 造訪職業諮詢服務中心

利用職業服諮詢務永遠不嫌早。第一年與第二年早期做下的選擇，可能會有深遠的影響。多數職業諮詢者會希望學生在第一年就造訪職業諮詢服務。早點談談你的志向與目標，能將你導向正確的方向，並節省日後的時間與金錢。

你的職業諮詢服務會有關於員工與不同職業的最新資料庫。看看你目前所修的科目，完整的職業與學術上的選擇有哪些，有將近一半的畢業生從事與主修科目沒有明顯關聯的職業。

## 2 職業服務能提供什麼

職業服務針對學生如何做最佳的利用時間提供建議，讓你能：

- ✔ 對於自己真正想要什麼樣的工作，建立一些想法
- ✔ 為你感興趣或最適合你的職業，選擇正確的科目
- ✔ 明白在你感興趣的工作領域中，雇主想要的技能與特質是什麼
- ✔ 盡量利用你身為學生能得到的機會
- ✔ 為你感興趣的工作事前提早做好準備
- ✔ 知道透過大學及其他管道，有哪些機會是你可以獲得的

大學職業服務常常會有工作研討會或類似的活動，來幫助你在求學期間得到學生打工，或工作實習的機會。

## 3 為職業諮詢準備問題

詢問職業諮詢專家以下問題，可能會有幫助：

- ✔ 以我的主修科目來說，有哪些工作機會？
- ✔ 讀我這門科目的學生，大部分都做什麼工作？
- ✔ 我需要什麼進一步的訓練，來

進入我想要的行業？

- ✔ 這門行業有什麼樣的競爭？
- ✔ 除了我的學位之外，雇主會想尋找哪些其他的東西？
- ✔ 我在大學能做些什麼，來增加進入我感興趣的領域中好工作的機會？

## 4 勞工市場趨勢

詢問職業諮詢者目前勞工市場的趨勢，以及這些會對你造成什麼影響。有些什麼樣的機會？

找出從你科系畢業的學生，都做些什麼樣的工作。決定你對這些工作是否感興趣。如果是的話，你能如何使自己具備這行業的競爭力呢？

假如你對這些工作不感興趣，也不需要緊張。有很多工作都開放給來自任何科目的學生。

## 5 決定什麼對你來說是重要的

許多學生認為，與職業諮詢者談談某一行的工作內容，是有幫助的。在你全心投入某條道路之前，先確認你了解這項工作做些什麼。要注意某些工作顯著的光環：搜尋表象之下的細節，例如每天的工作大概是什麼情況，並思考這是不是適合你。例如：

- ✔ 這類工作的員工是否都長時間工作？如果是的話，你是否對這樣的工作時間有心理準備？
- ✔ 你是否願意接受多年的試用工資，直到你完全符合資格為止？
- ✔ 你是否準備好為了追求你選的行業，而考取更多資格？
- ✔ 你負擔得起進一步的訓練費用嗎？
- ✔ 你喜歡通常被這類工作吸引的人嗎？
- ✔ 它是否需要到處旅行？如果是的話，你能接受嗎？
- ✔ 你是否可能要搬到其他地方，或其他國家？你介意嗎？
- ✔ 這工作有多少壓力？你能接受多少壓力？
- ✔ 這類工作是否有健康或安全上的風險？
- ✔ 這類工作對家庭生活的影響如何？你是否準備好接受這些影響？
- ✔ 你是否需要經常與同事進行社交？這會吸引你嗎？

你對這些問題的答案，不單只牽涉到你認為自己想要的工作，更牽涉到你想要什麼樣的生活，你想成為什麼樣的人，以及你希望與什麼樣的人相處。

## 6 做學習上的選擇

考慮你主修科目開放的所有選修會是值得的。想想你是否能：

- ✔修一門補充科目，讓你擁有少見卻有價值的專長
- ✔發展新技能或語言
- ✔發展國際觀
- ✔發展商業技能
- ✔發展相關的職業技能
- ✔為工作經驗創造機會

然而，要記住你的人生中會有許多學習的機會，讓你能補強曾經錯過的部分。

## 7 從人群中突顯出來

考慮你現在能利用什麼機會，讓你以後與其他人在工作或學術上競爭時，能「鶴立雞群」。

## 8 得到工作經驗

工作經驗是無可替代的，它建立一些透過學習難以獲得的技能與態度。工作經驗不一定要是相關的領域。假如你想畢業後很快進入某一行，在大學從事的任何工作經驗都有價值，尤其如果你從沒受人僱用過的話，你有許多選擇：

- ✔有工資的正職
- ✔志願工作計畫
- ✔教學與工廠實習混合課程、以工作為主的單元課程或工作實習
- ✔校內輔導計畫
- ✔駐校藝術家（針對藝術學生）
- ✔學生會的工作

## 9 建立你的履歷

在應徵工作時，你很可能被要求交一份履歷表（CV）。在履歷表上，你要列出教育與工作史、你的興趣，以及其他你參與過的活動。你的學業資格只是履歷的一部分。假如你在大學除了念書外，什麼也沒做，履歷上可能就沒什麼好寫，或在面談時沒什麼東西可討論。雇主可能會要求你

提供以下的範例：

- 你在哪裡展現過某些技能
- 你如何處理工作場合常遇到的某些狀況（像是面對大眾）
- 志願工作或公眾服務

事前計畫可以確保你至少建立一些經驗，讓你在應徵表上或面談時可以用到。這可能是工作經驗、表演、展覽或其他活動。

## 10 寫一份履歷

寫一份履歷，然後持續更新。維持好的記錄，並追蹤經驗、工作日期與雇主的地址。

## 11 更新你的個人記錄

做一份良好的個人記錄。每隔六個月，寫一段關於自己的概述，包含以下內容：

- 目前什麼東西最能啟發你？
- 你如何將現有的技能應用在新的情境中？
- 你在最近的經驗中，發展了什麼樣的個人特質？
- 你現在的長期目標是什麼？
- 你近期的目標是什麼？

## 12 拓寬你的生活經驗

找出方法拓寬你的人生觀、技能範圍，以及面對更廣泛人群的能力。在處理更多情境與場面中，建立你的自信。

認真考慮參與一些學習以外的活動。接受負責任的職位，讓你能展現你處理困難的能力，或發揮領導力。如果是工作，看看你能不能選修與工作相關的課程，好善加利用這項經驗，許多大學都有提供這些。考慮參加社區工作、學生會工作、戲劇、音樂或政治活動，大學校園通常都有各式各樣的活動。

# 10 終生學習？

Lifelong learning?

## 什麼是終生學習？

知識、科技與社會的快速變遷，意味著現在持續更新技能與專長是十分必要的。除此之外，現在也有更多的機會改行，或在大學畢業一段時間後發展特殊長。越來越多的雇主期望畢業生能投入持續個人發展（CPD），並對終生學習表現出贊同。

大專院校提供畢業生參加單元課程或短程企畫的機會，讓他們能在新領域發展專長，藉此對終生學習做出貢獻。如果你第一次在學業上並沒有做出理想的選擇，這對你來說將很有用。

## 發展學生的技能

隨著這本書接近尾聲，你可能覺得自己學到了一切關於技能發展的細節！的確，這可能是休息的好時候。然而，持續個人發展的挑戰會繼續下去。

- ✔ 沒有人能擁有一套能符合每個需要的完美技能與策略，一定總有什麼是可以改進或更新的。
- ✔ 在高中、大專院校的每個學習程度，需要的技能會比前一個程度更精密複雜。
- ✔ 每到一個新的程度，就會要求得更多。這表示你需要具備新策略與新的思考方式。

## 個人進展的新機會

許多大專院校現在都提供更廣泛的額外學習機會，包括以下：

- 研究所或更高程度的課程。
- 不同程度的短期課程，包括更新技能的課程。
- 持續職業發展課程。
- 額外單元課程：提供機會讓你配合個人需要，選擇少數幾項學習單元，而不用修滿新的學程。
- 終生學習獎，或其他短期課程：這些通常等於半年的大學學程，但花的時間比較長。
- 高低學位同時修習：這使學生能在長時間建立學分，來配合工作與生活情況。
- 校外學習：這些「持續教育」課程，使大家能在學分課程前或後發展興趣。
- 以工作為基礎的學習：大學的工作場所提供的課程，或與工作相關的學習，但以工作為中心。

即使是你在修習學位課程時，也值得花時間去了解可能有開放的未來學習選擇。這可能對現在的你選擇科目有幫助。舉例來説，你可能寧願將某些與未來工作相關的專長領域，留到你完成學位後，在未來再修習短期課程。

活動 13-3

### 辨識機會

- 有什麼機會開放給你，讓你能修正你的學位課程，或選擇能發展特殊專長的課程？
- 如果你現在的課程中，有某些部分你並不感興趣，可能移到未來再學嗎？
- 以工作為主的學習，有沒有機會拿到學分？

# 11 計畫表：下一步是什麼？成功的人生

Where next? Skills for success

本書對學術發展採用十分廣泛的學習。舉例來說，它提供以下機會：

- ✔ 建立你對一些概念的理解，可以支援學習的過程。
- ✔ 進行檢討活動，能增加你對自己學習發展的自覺性。
- ✔ 學著如何在與他人共事的同時，成功地學習。
- ✔ 發展排定優先順序、行動計畫與自我檢測的技巧。

這些發展技能在邁向學術、個人與職業上的成功上，大多具備其重要性，下一步是辨識出哪些技巧能有用地進一步發展。以下問卷能幫助探索比本書探討得更高深的經驗與技能，這能幫助你找出下一組個人目標。

| 知識、技能、特質、經驗 | 經歷過 | 想更了解 | 想更深入 | 重要性序順 |
|---|---|---|---|---|
| ❶ 了解成功 | | | | |
| ☐ 1 了解通往成功的個人方法 | | | | |
| ☐ 2 利用靈感來源 | | | | |
| ☐ 3 利用個人價值當作動機來源 | | | | |
| ☐ 4 明白成功的元素 | | | | |
| ☐ 5 協調你所做的努力 | | | | |
| ❷ 人際技巧 | | | | |
| ☐ 1 發展協調性 | | | | |
| ☐ 2 有技巧地聆聽 | | | | |
| ☐ 3 建立相互信任 | | | | |
| ☐ 4 對團體工作做出貢獻 | | | | |
| ☐ 5 對團體工作，使用「行動組別」 | | | | |
| ☐ 6 提供有建設性的批評 | | | | |
| ☐ 7 對他人的批評抱持開放的態度 | | | | |

| | | | | | |
|---|---|---|---|---|---|
| □ | 8 要堅定 | | | | |
| □ | 9 面對難相處的人 | | | | |
| □ | 10 談判技巧 | | | | |
| □ | 11 行使領導力 | | | | |

### ❸ 創意思考

| | | | | | |
|---|---|---|---|---|---|
| □ | 1 有效利用大腦改善表現 | | | | |
| □ | 2 用整個大腦思考 | | | | |
| □ | 3 建立個人創意的自信 | | | | |
| □ | 4 使用創意思考策略 | | | | |
| □ | 5 有創意地解決問題 | | | | |
| □ | 6 創造想法 | | | | |
| □ | 7 創意與冒險 | | | | |

### ❹ 解決問題與工作管理

| | | | | | |
|---|---|---|---|---|---|
| □ | 1 推敲問題 | | | | |
| □ | 2 解決問題的基本方法 | | | | |
| □ | 3 將策略應用在複雜的問題上 | | | | |
| □ | 4 辨識問題的解決方法 | | | | |
| □ | 5 排定行動計畫 | | | | |
| □ | 6 學會自動自發 | | | | |
| □ | 7 遵循一套行動計畫 | | | | |
| □ | 8 管理工作 | | | | |
| □ | 9 成功地管理企畫 | | | | |
| □ | 10 完成工作 | | | | |
| □ | 11 使用表現指標（PI） | | | | |
| □ | 12 評估個人競爭力 | | | | |

### ❺ 自我管理

| | | | | | |
|---|---|---|---|---|---|
| □ | 1 利用你生活的經歷，更了解自己 | | | | |
| □ | 2 善加利用學習風格、習慣與偏好 | | | | |

| | | | | |
|---|---|---|---|---|
| ☐ 3 將個人專長應用在新的問題上 | | | | |
| ☐ 4 處理改變、困惑和搖擺不定 | | | | |
| ☐ 5 辨識個人成功的障礙 | | | | |
| ☐ 6 建立正向的心態，來完成個人目標 | | | | |
| ☐ 7 面對「個人惰性」 | | | | |
| ☐ 8 在「邊緣」進行工作 | | | | |

## ❻ 檢討的藝術

| | | | | |
|---|---|---|---|---|
| ☐ 1 更了解何為「檢討」 | | | | |
| ☐ 2 了解「檢討執行者」的意義 | | | | |
| ☐ 3 知道進行檢討的不同方法 | | | | |
| ☐ 4 知道檢討的不同記錄方法 | | | | |
| ☐ 5 將檢討的工作在他人面前呈現 | | | | |

## ❼ 成功的應徵工作

| | | | | |
|---|---|---|---|---|
| ☐ 1 選擇畢業後的工作 | | | | |
| ☐ 2 知道自己想從雇主身上得到什麼 | | | | |
| ☐ 3 使用記錄進步的檔案與個人記錄 | | | | |
| ☐ 4 準備好的工作履歷表 | | | | |
| ☐ 5 寫出好的應徵信函 | | | | |
| ☐ 6 基於個人能力，做出好的應徵表 | | | | |
| ☐ 7 寫出好的履歷 | | | | |
| ☐ 8 使用網路找工作 | | | | |
| ☐ 9 殘疾者的應徵工作 | | | | |
| ☐ 10 準備工作面試 | | | | |
| ☐ 11 有效的面試技巧 | | | | |
| ☐ 12 開始新工作 | | | | |

## ❽ 記錄成果

| | | | | |
|---|---|---|---|---|
| ☐ 1 建立有效的個人記錄 | | | | |
| ☐ 2 記錄工作上能力的證明 | | | | |

# 12 計畫表：釐清個人目標

Clarifying personal targets

看看上一單元的活動〈計畫表：下一步是什麼？成功的人生〉，並記下你希望進一步發展的技能。在你找出的能力中，哪三項是你的優先選擇？為了集中你的思緒，針對你選出的三項目標完成以下表格。

| | 目標一 | 目標二 | 目標三 |
|---|---|---|---|
| ❶ 目標是什麼？ | | | |
| ❷ 建立這項技能的重點是？（對你有什麼好處？） | | | |
| ❸ 你將如何找出時間完成這件事？ | | | |
| ❹ 你將需要什麼支援或指導？你進行的時間、地點是？ | | | |
| ❺ 有什麼能當作你達成目標的指標？ | | | |

# 13 計畫表：PDP目標的行動計畫

Action plan for PDP goals

【目標】

| 主要要做的事情 | 要進行的步驟（里程碑） | 成功完成的指標 | 開始日期 | 預計完成日期 | 實際完成時間 |
|---|---|---|---|---|---|
| 1 | a | | | | |
| | b | | | | |
| | c | | | | |
| 2 | a | | | | |
| | b | | | | |
| | c | | | | |
| 3 | a | | | | |
| | b | | | | |
| | c | | | | |

# 14 現在該怎麼做呢？

What now?

雖然這是本書的結尾，卻不是你身為學生發展的結束。

## 善用這本學習手冊

本書在設計上，並非一次就能完成裡面的工作，在你的求學過程中，你會發現第一次錯過的好地方。不時瀏覽本書的內容，你可能會對自己注意到的東西感到驚訝。

## 監控你的進步

身為成年學生，你完全負起監控自己進步的責任。你寫的學習日誌，要回頭閱讀、記下你想法上的改變。回去看那些自我檢測問卷，再填寫一次。比較前後的作答，你注意到什麼改變？你的為人有什麼樣的改變？有什麼是你之前認為有改善的部分，現在卻忘記的？還需要注意它嗎？

## 需要幫助嗎？

如果你覺得事情不如你所期待的，和學習諮詢者、顧問、老師或導師約談。在見面時，帶著你遇到困難的實證，以及你想解決它們的企圖。老師如果能知道你靠自己能解決定什麼程度、你嘗試過什麼，以及他們需要集中在什麼部分提供支持，就能提供最好的幫助。如果你空手出現，他們可能難以提供什麼幫助。

## 回頭看，向前看

在這一章，你回到了本書的起點。本書一開頭，請你回顧你的技能，並辨識你的個人優先項目。你回顧了你的成果，並評估你覺得最重要的是哪些。你也開始找出個人發展的下一步。在高中與大學經歷過不同程度的學習，在一個階段的學習結束時，另一個階段將開始。這項個人發展的過程會是職業生涯的一大特色。你畢業後進行的許多工作，會期望你為這樣的過程負起責任：

- ✔ 評估自己的表現
- ✔ 辨識需要改善的領域
- ✔ 辨識你需要訓練的部分
- ✔ 發展一套對策與行動計畫來處理這些需要
- ✔ 監控自己的進步
- ✔ 評估成功的成果

雖然本書主要的焦點為學習技巧，本章鼓勵你以更廣的人生和職業志向為前提，思考你的技能發展。474–480 頁的最後活動，鼓勵你思考你已經發展的技能的不同層面，更進一步做省思。是不是要往下走，就在你個人了！祝你好運！並在課業中享受學習與成功的經驗！

# 大學生了沒：聰明的讀書技巧【暢銷彩色版】

*The Study Skills Handbook*

First published in English by Palgrave Macmillan, a division of Macmillan Publishers Limited under the title *The Study Skills Handbook*, 1st ed by Stella Cottrell. This edition has been translated and published under licence from Palgrave Macmillan. The Author has asserted the right to be identified as the author of this Work.

| | |
|---|---|
| 作　者 | Stella Cottrell |
| 譯　者 | 洪翠薇 |
| 編　輯 | 安卡斯 |
| 製程管理 | 洪巧玲 |
| 出版者 | 寂天文化事業股份有限公司 |
| 電　話 | 02-2365-9739 |
| 傳　真 | 02-2365-9835 |
| 網　址 | www.icosmos.com.tw |
| 讀者服務 | onlineservice@icosmos.com.tw |
| 出版日期 | 2017 年 3 月（二版一刷）　200201 |
| 郵撥帳號 | 1998620-0　寂天文化事業股份有限公司 |

劃撥金額 600（含）元以上者，郵資免費。
訂購金額 600 元以下者，請請外加郵資 65 元。
【若有破損，請寄回更換，謝謝】


**國家圖書館出版品預行編目資料**

大學生了沒：聰明的讀書技巧 / Stella Cottrell 作 ; 洪翠薇譯 . -- 二版 . -- [ 臺北市 ] : 寂天文化 , 2017 [ 民 106]　面 ; 公分 . --
【暢銷彩色版】
譯自：The Study Skills Handbook
ISBN　978-986-318-545-1（20K 平裝）
1. 學習方法　2. 讀書法

521.1　105024735